4世紀
百濟史研究

4世紀
百濟史研究

강 종 원

서경문화사

발간사

　동북아시아에 있어서 4세기는 변화와 격동의 시대였다. 따라서 어느 한 나라의 고립적 발전은 허용되지 않았다. 각 국가들은 자의든 타의든 간에 그 변화의 흐름 속에서 자국의 이익을 위해 부단히 노력하였다.

　백제 역시 이러한 변화의 과정에서 예외가 될 수 없었다. 백제는 대내적으로 중앙집권화를 통한 왕권강화를 도모하고, 대외적으로 백제의 위상을 드러내기 위한 많은 정책들을 시행하였다.

　그 동안 4세기에 대한 연구는 매우 제한적이었으며, 변화의 과정을 살펴보려는 노력이 그리 많지 않았다. 이는 사료의 부족 내지는 신빙성 문제에 기인하는 바가 컸다. 그러나 이제 『삼국사기』를 비롯해 당대를 기록한 사료에 대한 신빙성이 높아가고, 이를 새롭게 재해석하려는 노력들이 증가하고 있다. 이러한 흐름 속에서 4세기 백제의 성장과 발전과정을 체계적으로 이해해 보고자 하는 것이 본 글의 목적이라고 할 수 있다.

　필자가 백제사에 본격적으로 관심을 갖고 글을 쓰기 시작한 것은 그리 오래지 않다. 다만 학부때부터 백제의 왕도 가운데 하나였던 부여지역에서 발굴조사에 참여하면서 나름대로 관심을 가지고 있었을 뿐이었다. 대학원 석사과정에서는 신라 왕경에 대한 글을 준비하였다. 필자는 「신라 왕경의 형성과정」이라는 주제로 석사논문을 준비하게 되었는데, 이는 스승이신 윤무병 선생님의 권고에 의한 것이었다. 현재는 신라 왕경에 대한 연구가 고고학적 성과에 힘입어 매우 활발하게 이루어지고 있으나 당시에는 그리 활발한 편은 아니었다. 따라서 고고학적인 성과와 문헌자료를 통해 신라 왕경의 형성과정과 조방제에 대한 부분을 공부하도록 권하셨다. 그 결과 석사논문으로 제출된 것이 「신라 왕경의 형성과정」이다. 박사과정에 들어와서도 계속 신라 왕경의 형성과 조방제 등에 관심을 두고 있었다. 그러나 필자는 공주교대 박물관, 이어 충남대 고고학과 조교로 근무하면서 주로 옛 백제지역에 남아있는 유적에 대한 발굴조사에 참여하게 되었다. 이는 신라사를 전공하면서 발굴조사는 주로 백제와 관련된 유적을 조사하게 되는 모순을 갖는 것이었다. 이에 많은 고민을 한 결과 박사학위 논문은 전공을 바꾸어 백제사로 제출하기로 하였다. 이 과정에서 지도교수이신 김수태 선생님의 조언이 크게 작용하였다. 그리고 전공영역은 필자가 발굴조사에 많이 참여하고 있는 현실적 여건을 고려하여 고고학과 문헌을 함께 활용할 수 있는 분야를 택하기로 하였다. 그 결과 4세기 백제사에 대한 종합적인 검토를 통해 백제의 성장·발전과정을 미시적으로 파악해 보기로 하였다. 일반적으로 백제는 4세기를 경과하면서 중앙집권적인 고대국가체제를 이루었으며, 대외적으로 국가적 위상을 확보한 것으로 이해되고 있다. 그러나 그에 대한 구체적인 내용은 그리 밝혀지지 않았다. 따라서 문헌과 고고학적인 유적·유물을 통해 4세기 백제의 변화모습을 미시적이고 전체적으로 구명해 보고자 하였다. 그러나 공부를 해 가는 과정에서 문헌자료와 고고학적인 자료가 서로 융합되기에 매우 어렵다는 사실을 깨닫게 되었다. 이는 먼저 문헌사료의 부족과 신빙성 문제에 기인하는 바가 크지만 한편으로는 고고자료의 제한과 편년에 있어서 서로 일치하기 어려운 여러 문제 등이 있었기 때문이다. 이에 필자는 문헌을 중심으로 하면서 고고학적인 자료를 통해 보완할 수 있는 쪽으로 연구의 방향을 잡았다. 그 결과 도출된 주제가 「4세기 백제 정치사 연구」였다. 원래 필자는 백제가 귀족국가로 성립되는 과정을 구명해 보고자 하였다. 그러나 삼국시대에 귀족의 개념이 적용될 수 있는가 하는 문제 등 논란의 여지가 있어 이를 주제로 삼지 않았다.

본서는 필자의 박사학위 논문을 부분적으로 수정·보완한 것이며, 주제도 「4세기 백제사연구」로 하였다. 다만 이 글의 주제가 「4세기 백제사연구」이지만 백제가 4세기를 통해 중앙집권적인 귀족국가로 발전해 가고 있음을 구명하고자 의도하였다. 필자의 공부가 부족하여 그 논리적 근거가 너무 빈약하지만 앞으로 지속적으로 보완해 가고자 한다.

　필자가 대학생활을 하면서 역사학에 큰 관심을 두지 않았다가 학문의 길로 들어서게 된 것은 여러 선생님의 가르침에 의해서이다. 우선 필자가 학부때 발굴조사에 참여하여 현재까지도 그 분야에 종사할 수 있는 계기를 마련해 주신 윤무병 선생님을 비롯해 석사 및 박사논문을 지도해 주신 성주탁, 김수태 선생님의 學恩에 힘입은 바가 크다. 또한 학부 및 대학원 과정에서 가르침을 주신 권태원, 정덕기, 최근묵 선생님, 그리고 고고학과의 이강승 선생님, 한밭대 심정보, 공석구 선생님, 공주교대 유원재 선생님 등은 필자가 공부를 계속할 수 있도록 물심양면으로 많은 도움을 주셨다. 필자가 학문의 길을 가고, 또한 이 책이 나올 수 있었던 것은 여러 선생님들의 도움이 있었기에 가능하였다. 이 자리를 빌어 감사의 마음을 전하고 싶다.

　글에 많은 문제점이 있음을 잘 알고 있지만 부끄러움을 무릅쓰고 책을 내고자 한 것은 이를 계기로 그 동안 공부를 소홀히 해왔던 나 자신에 대한 채찍으로 삼기 위해서이다. 비록 보잘것 없지만 이 책이 나오기까지 많은 걱정을 해준 가족을 비롯해 주변 여러분께 진심으로 고마움을 느낀다. 아울러 출판을 허락해 주신 서경문화사 김선경 사장님을 비롯해 이 책이 그나마 체제를 갖추어 나올 수 있도록 노력해 주신 편집부 여러분에게도 감사의 말을 전한다.

2002년 11월　강종원

실린순서

서 론

서 론

1. 연구목적

4세기는 동아시아사에 있어서 일대 변혁의 세기였다. 백제는 이러한 변혁의 시기에 능동적으로 대처함으로써 중앙집권적인 귀족국가를 성립시켰다. 본 연구는 백제가 4세기를 경과하면서 대내적인 체제정비와 대외적인 세력팽창을 통해 중앙집권적인 귀족국가 체제를 확립하고 있음을 구명하고자 하였다.

4세기에 들어와 중국사상에서는 분열의 시대가 전개되었으며, 한국사상에서는 삼국이 내부적 통합의 에너지를 대외적으로 발산하는 과정에서 국가간의 대립과 갈등구도로 이행하였다. 중국은 漢人과 異民族이 함께 왕조를 성립시켜 병존함으로써 동진·16국의 분열시대를 이루었다. 5胡에 의한 중원침략으로 진이 남천하여 동진을 이루었으며, 화북에서는 5胡가 16國을 형성하고 있었다.

중국이 분열의 시대를 맞이하고 있는 것과는 달리 한국사상에서는 통합과 팽창의 움직임이 활발하게 나타나기 시작하였다. 고구려는 중국 군현세력을 축출함과 동시에 요동지역으로의 팽창정책을 재개하였다. 그러나 요동지역으로의 팽창은 고구려에 커다란 타격을 가져오기도 했으며, 결국 대북정책의 변화를 초래하기에 이른다. 이는 고구려의 남진정책으로의 전환과 동시에 한반도 내에서 새로운 긴장관계의 시작을 의미하는 것이기도 하다.

신라는 3세기대까지 진한의 여러 小國에 대한 복속을 어느 정도 마무리함으로써 연맹왕국의 토대를 마련하였다. 이어 4세기에 들어오면서부터는 대내적인 체제정비에 착수함과 동시에 대외적으로는 세력확장을 위해 가야지역으로의 진출을 시도하고 있다.

백제는 이미 3세기 고이왕대를 전후하여 독립적 성격의 부세력을 중앙의 일원적 지배체제로 편제시켜 나가면서 대외적으로는 북방의 중국 군현지역으로 세력팽창을 시도하였다. 그러나 군현세력의 강력한 저항에 부딪쳐 실패를 하게 되고, 결국은 왕권의 위축을 초래함으로써 왕위계승이 古爾系에서 다시 肖古系로 이행하는 등 새로운 정치적 변혁을 맞게 되었다. 따라서 4세기에 들어와 백제가 당면한 과제는 왕권의 안정을 회복하고, 체제의 재정비를 통해 변화하는 국제질서에 능동적으로 참여할 수 있는 역량을 키우는 것이었다.

한국사상에서 3세기가 각국이 각각의 역사발전 과정을 전개한 시기였다고 한다면 4세기는 삼국이 공동의 장 속에서 자국의 이익을 극대화하기 위해 능동적이고 적극적인 행동을 취하면서 서로 유기적인 관계 속에서 움직여 갔던 세기였다고 할 수 있다.

본고에서 연구의 대상으로 하고 있는 4세기는 백제사상에서의 시대구분을 따른다면 한성시기 가운데 전기에서 후기로의 이행기에 해당된다고 하겠다. 그리고 국가형태는 연맹왕국에서 중앙집권적 귀족국가로 이행해 가는 시기로 이해되고 있다. 이는 4세기가 그만큼 복잡한 역사변혁의 시기이었음을 의미하며, 백제사상에서 중요한 세기임을 말해 주고 있다. 즉 4세기는 왕계의 교립, 정치세력의 재편, 왕권의 변화, 경제력의 성장, 대외관계의 변화 등 정치·경제·사회상의 복합적인 변화가 일어나고 있는 시기인 것이다. 백제가 中央集權的인 貴族國家[1]로 발전할 수 있느냐 하는 문제는 4세기의 이와 같은 변화를 얼마나 효율적으로 극복해 나갈 수 있는가 하는 문제와 불가분의 관계에 놓여있게 되었던 것이다. 따라서 이러한 변화과정과 그 결과에 대한 연구는 백제의 중앙집권적 귀족국가의 형성을 밝히는 데 있어서 뿐만 아니라 이후 백제사를 이해하는 데 중요한 실마리를 제공해 주게 될 것으로 생각한다.

2. 연구사 검토

백제사에서 4세기가 가지는 중요성으로 인해 대부분의 연구자들은 이 시기에 대해 많은 관심을 기울이고 있으며, 또한 다양한 주제에 대한 연구가 이루어졌다. 그러나 대부분의 연구가 주제별 또는 통시대적인 접근을 하고 있어 4세기의 변화과정을 보다 미시적이고 종합적으로 살펴보는 데 어려움이 있다. 이를 극복하기 위해서는 한 시기를 횡으로 구획하여 다양한 문제들을 유기적인 관계 속에서 파악하려는 노력이 필요하다. 바로 이러한 점이 세기별 연구가 가지는 의미라고 하겠다. 이러한 관점에서 본고에서는 백제가 4세기에 중앙집권적 귀족국가로 이행하고 있음을 살펴보고자 한다. 따라서 연구

---

1) 貴族國家의 개념은 시대에 따라 다양하게 해석될 수 있겠으나 본고에서 말하는 中央集權的 貴族國家라는 용어는 聯盟體的 국가형태에서 中央集權化된 국가체제로 이행한 시점부터를 의미한다. 이 시기는 사회전반의 운동력이 中央을 중심으로 하게 되는데 예를 들면, 官僚組織·軍事組織·理念體系 등이 중앙의 질서체계 내로 편제되고 있으며, 특히 정치는 王을 정점으로 中央官職(官等)을 가진 官僚階層에 의해 운영되어 진다(朱甫暾, 「三國時代의 貴族과 身分制」, 『韓國社會發展史論』, 일조각, 1989 ; 朴漢濟, 「魏晋南朝 貴族制의 展開와 그 性格」, 『講座中國史 Ⅱ』, 지식산업사, 1989).

사도 이와 관련된 부분에 한정하여 검토하기로 하겠다.

먼저, 중앙집권적 귀족국가의 성립에 있어서 중요한 요소는 최고의 귀족이라고 할 수 있는 왕족의 성립을 의미하는 왕실의 고정이라고 하겠다. 4세기는 古爾系에서 肖古系로의 왕위계승권이 확립되는 시기로 파악되고 있다. 따라서 초고계로의 왕위계승과 관련된 연구들이 검토될 필요가 있다. 이와 관련된 논고로는 이기백의 선행연구가 있다. 그의 연구에 의하면 4세기의 왕위계승은 2단계로 구분할 수 있다. 즉, 4세기 전반(근초고왕 즉위시)까지는 형제상속기, 근초고왕 이후에서 전지왕까지는 형제상속에서 부자상속으로 넘어가는 과도기로 파악하고 있는 것이다.2) 그러나 왕위계승 문제에 있어서 왕실의 교립에 대한 구체적인 언급은 천관우에 의해 이루어졌다. 그는 백제 왕계를 크게 溫祚系와 沸流系의 문제로 이해하며,3) 溫祚 - 肖古系와 沸流 - 古爾系의 경쟁관계 속에서 왕위계승이 이루어졌다고 보았다. 이 때 근초고왕의 즉위가 왕계를 다시 초고계로 고정시켰다는 점에서 주목되고 있다. 그러나 백제의 왕성을 扶餘氏와 解氏로 구분하여 보는 입장에서 개로왕까지는 해씨계(비류계)이고, 이후부터는 부여씨계(온조계)라고 하는 이원적인 왕계로 파악하기도 한다.4) 이는 분서왕의 뒤를 이은 비류왕 이후의 왕위계승을 부여씨 내에서 직계인 초고계와 방계인 고이계 사이의 문제로 이해하며, 근초고왕의 즉위로 인해 초고계 직계로의 왕위계승이 이루어졌다고 보는 것이다.

다음은 『삼국사기』의 왕위계승 기록을 부정적인 측면에서 이해하는 견해들이다. 첫째는 근초고왕 이전의 왕계를 허구 내지는 조작

---

2) 李基白,「百濟王位繼承考」,『歷史學報』11, 1959, p.548.
　　특히 이러한 구분은 血緣關係 중심으로 王系의 연속이라는 입장에서 이루어졌다는 특징을 가지고 있다.
3) 千寬宇,「三韓攷」,『古朝鮮史・三韓史硏究』, 일조각, 1989, pp.325~329.
4) 盧重國,『百濟政治史硏究』, 일조각, 1988, pp.65~78.

으로 보아 이를 인정하지 않는 견해로 주로 일인학자들의 연구가 있으나 현재 커다란 의미를 가지고 있지는 못하다. 둘째는 근초고왕 이전의 왕위계승 관련기록과 그 기년에 대해서는 부정을 하지만 그 역사성은 어느 정도 인정을 하려는 견해이다. 이러한 연구로는 먼저 고이왕 이전의 백제 왕통계보는 불신을 하는 입장에서 근초고왕의 대두를 왕실교체로 보는 견해5)가 있다. 그러나 근초고왕과 그의 父인 비류왕을 고이왕 이전의 溫祚-肖古系로 보는 점에 대해서는 의문을 가지고 있다. 또한 4세기 정복왕조설의 입장에서 이 문제가 다루어지고 있기도 하다.6) 만주의 백제세력7) 가운데 온조계가 먼저 남하하였으며, 4세기 중반 이후에 다시 비류계 세력이 남하 伯濟國을 흡수하게 되었다는 것이다. 그리고 비류는 왕통계보상 11대 비류왕으로 재편집된 성격을 농후하게 지니고 있는 것으로 보았다.

온조신화의 형성과 전승과정을 통해 왕위계승 문제를 언급한 견해도 있으며,8) 고이계와 초고계가 동시기에 존재한 전혀 이질적인 집단일 가능성이 언급되고도 있다.9) 한편 백제왕실이 부여족의 후예라는 의식은 동명 숭배를 통해 전승되어온 관념적인 것이고, 적석총 유적의 주인공인 백제국의 지배집단들과 직접적인 관계에 있는 것은 압록강 유역의 고구려계 주민들이라는 견해10)도 제기되었다.

---

5) 李基東, 「百濟 王室交代論에 대하여」, 『百濟研究』 12, 1981, pp.60~64.
6) 李道學, 『百濟 古代國家 研究』, 일지사, 1995, pp.315~316.
7) 그러나 만주백제의 실체에 대해서는 아직 분명하게 밝혀져 있지 못하다 (兪元載, 「『晋書』의 馬韓과 百濟」, 『韓國上古史學報』 17, 1994, pp.155~156 : 金壽泰, 「백제의 만주기원설 검토」, 『百濟研究』 35, 2002).
8) 金杜珍, 「百濟始祖 溫祚神話의 形成과 그 傳承」, 『韓國學論集』 13, 1990.
9) 金起燮, 「漢城時代 百濟의 王系에 대하여」, 『韓國史研究』 83, 1993.
    즉, 肖古系로 이해되고 있는 비류왕과 근초고왕을 전혀 다른 계통으로 파악하면서 백제 왕실계보가 연속선상에 있다기 보다는 매우 분립적일 가능성을 지적하고 있다.
10) 李賢惠, 「馬韓 伯濟國의 形成과 支配集團의 出自」, 『百濟研究』 22, 1991, p.24.

그런데 고고학적인 입장에서 4세기 백제 지배세력의 변화문제는 대개 積石塚의 출현과 관련지어 설명되어 왔다. 즉 한강유역에서 출현하는 적석총 축조집단의 성격에 대한 문제라고 하겠다. 그러나 고구려식 적석총의 출현을 3세기 중반으로 보는 입장11)을 비롯해 4세기 중엽이후 문화적 요소의 이입에 의해 축조되었을 가능성 등도 제기되고 있어12) 고고학적인 측면에서 백제 지배세력의 변화문제는 아직 논의과정에 있다고 하겠다. 이 과정에서 근초고왕의 출계문제가 중시되는 이유는 석촌동 3호분이 근초고왕의 무덤일 것으로 비정되고 있기 때문이다.13)

이상에서 살펴본 바와 같이 4세기 왕위계승과 관련해서는 각각의 관점의 차이에 의해 다양한 견해가 제기되고 있다. 따라서 이에 대한 명확한 이해를 필요로 한다.

둘째는 4세기 정치세력의 존재양태 및 정국운영과 관련된 연구에 대한 이해가 필요하다. 특히 백제의 경우 4세기는 왕계의 변화뿐만 아니라 지방분권적인 부체제 단계에서 중앙집권적인 통치체제로 이행하는 시기였으며, 아울러 남부 마한세력의 복속을 비롯하여 주변국들과의 접촉, 중국·왜 등과의 교섭이 활발하게 전개되는 시기였다. 따라서 기존의 정치세력 뿐만 아니라 새로운 성향의 다양한 정치세력들이 출현하였을 것이다. 따라서 4세기는 이들 각 정치세력들과 왕과의 상호 역학관계 속에서 정국운영이 이루어졌다고 하겠다.

---

11) 林永珍, 「漢城時代 百濟의 建國과 漢江流域 百濟古墳」, 『百濟論叢』 4, 1994, pp.64~65.
12) 朴淳發, 「漢城百濟 成立期 諸墓制의 編年檢討」, 『先史와 古代』 6, 1994, pp.10~11 ; 「漢江流域의 基層文化와 百濟의 成長過程」, 『韓國考古學報』 36, 1997.
13) 金元龍·李熙濬, 「서울 石村洞 3號墳의 年代」, 『斗溪李丙燾博士九旬紀念韓國史學論叢』, 1987.

정치세력의 양상을 살펴볼 수 있는 연구로 이기백의 논고를 들 수 있다.[14] 그는 백제 왕위계승 문제를 다루는 과정에서 王族과 王妃族의 존재를 검토하고 있다. 그러나 왕위계승과 관련하여 제한적으로 다루고 있어 다른 정치세력의 존재양상에 대해서는 검토가 이루어지지 않았다.

한편, 지배귀족으로서의 왕족과 왕비족의 동향 뿐만 아니라[15] 나아가 大姓八族 가운데 하나인 목씨세력에 대한 연구를 통해 특정 귀족가문의 세력기반과 정치활동을 집중적으로 고찰한 논고도 발표되었다.[16] 그리고 근초고왕의 즉위과정에서 나타나는 배후세력에 대한 검토과정을 통하여 진씨 외에 새로운 정치세력의 존재를 상정하고, 이들의 등장과 권력구조상의 변화에 대한 검토가 가해지고 있기도 하다.[17] 또한 한성시기 정치세력 가운데 대표적인 세력이라고 할 수 있는 진씨 및 해씨를 중심으로 이들의 정치세력화 과정과 왕비족으로의 성립문제를 정국운영과 관련하여 고찰한 연구[18]를 비롯해 귀족층의 변천을 통해 백제사의 일면을 고찰해 보려는 시도도 있었다.[19] 그리고 4세기 백제 지배체제의 변동과정을 추구하는 가운데 새로운 정치세력의 등장과 기존 정치세력의 재편이라는 측면도 중시되었다.[20]

---

14) 李基白, 앞의 논문.

15) 盧重國, 「百濟王室의 南遷과 支配勢力의 變遷」, 『韓國史論』 4, 1978 ; 『百濟政治史硏究』, 일조각, 1988, pp.123~137.

16) 盧重國, 「百濟의 貴族家門 硏究」, 『大邱史學』 48, 1994.

17) 梁起錫, 「百濟專制王權成立過程硏究」, 단국대대학원 박사학위논문, 1990, pp.63~73.

18) 姜鍾元, 「百濟 漢城時代 政治勢力의 存在樣態 – 眞氏·解氏의 王妃族 成立과 관련하여 – 」, 『忠南史學』 9, 1997.

19) 井上秀雄, 「百濟貴族에 대하여」, 『百濟硏究』 13, 1982.

20) 文東錫, 「4~5世紀 百濟 政治體制의 變動」, 『韓國古代史硏究』 9, 1996, pp.198~210.

이상에서 정치세력과 관련된 논고들에 대해 살펴보았다. 그러나 이들의 연구는 대개 왕권과 밀접한 관련을 맺고 있는 정치세력들을 중심으로 서술되었다. 따라서 당시 다양한 정치세력의 존재양태 및 성격과 이들 상호간의 역학관계에 대해서는 소홀하게 다루어지고 있어, 이에 대한 보다 세밀한 검토가 요구된다.

다음은 정국운영과 관련된 연구이다. 4세기에 재위한 왕들의 정국운영에 있어서는 주로 근초고왕과 관련하여 다루어지고 있으며, 4세기 전반기에 40년간이나 재위하고 있었던 비류왕대에 대한 검토는 거의 이루어지고 있지 않다. 근초고왕과 관련해서는 백제사를 다루고 있는 거의 대부분의 연구에서 언급되고 있어 연구성과에 대한 별도의 검토가 용이하지 않다. 다만 근초고왕과 관련하여 가장 중시되는 것으로는 대외정복과 관련된 문제라고 하겠다.[21] 그 외에 근구수왕의 대외활동에 관한 약간의 언급이 있을 뿐이다.[22] 최근에는 4~5세기 정치변화를 다루는 과정에서 포괄적으로 다루어지고 있기도 하다.[23] 그러나 이러한 연구경향은 4세기 정국운영상에서 나타나고 있는 변화를 미시적으로 파악하는 데 한계가 있다. 특히 비류왕대에 대한 연구는 근초고왕대를 이해하는 데 절대적으로 필요함에도 불구하고 그 동안 연구가 없었다고 하는 점은 4세기의 변화과정을 계기적으로 파악하는 것을 어렵게 하였다. 따라서 각 왕들의 통치행위에 대한 개별적 분석을 통해 정국운영의 단계별 변화양상

---

21) 李丙燾,「近肖古王拓境考」,『韓國古代史研究』, 박영사, 1976.
　　千寬宇,「近肖古」,『人物로 본 韓國古代史』, 정음문화사, 1982.
　　金起燮,「百濟 近肖古王代의 北境」,『군사』29, 1994.
　　李熙眞,「4세기 중엽 百濟의 加耶征伐」,『韓國史研究』86, 1994.
22) 高寬敏,「百濟近仇首王의 對倭外交」,『朝鮮學報』133, 1989.
　　梁起錫,「百濟 近仇首王의 對外活動과 政治的 地位」,『百濟論叢』6, 1997.
23) 盧重國,「4~5世紀 百濟의 政治運營」,『韓國古代史論叢』6, 1994.
　　文東錫,「4~5世紀 百濟 政治體制의 變動」,『韓國古代史研究』9, 1996.

을 추적할 필요가 있다.

셋째, 중앙집권적 귀족국가의 성립과 유지를 가능하게 하였던 통치체제의 정비와 관련된 연구들이 검토될 수 있다. 이는 다시 중앙통치체제의 정비와 지방통치조직의 재편문제로 구분하여 이해할 수 있다.

먼저 중앙통치체제의 정비와 관련된 연구들은 주로 4세기, 특히 근초고왕대를 기점으로 백제가 중앙집권적 귀족국가로 이행하는 과정에서 나타나고 있는 문제들에 대한 검토라고 할 수 있다. 중앙관제의 기본적 골격이 늦어도 근초고왕대에는 성립되었을 것으로 보는 관점에서 중앙집권적 국가체제의 확립과 관련하여 국사의 편찬, 불교의 공인, 정복사업의 추진, 율령의 반포 등에 주목한 견해가 있다.[24] 그 외에 군사권의 장악, 도성제의 정비 등도 중요한 요소로 검토되고 있다.[25] 4세기 후반 백제의 정치운영이 좌평체제로 운영되고 있었던 점에 주목하고 있기도 한데, 왕족을 비롯한 특정 귀족세력(眞氏)이 권력을 배타적으로 독점함으로써 왕권을 강화할 수 있는 계기가 마련되었다는 것이다.[26] 나아가 전제왕권의 성립 요소로는 『서기』의 편찬, 불교의 수용 등을 주목하였다.[27]

이와 같은 검토를 통해 볼 때 일원적인 중앙집권적 통치체제의 성립과 관련해서는 관직체계 및 지배체제의 정비, 율령의 반포, 사서의 편찬, 불교의 수용시기 등에 관심의 초점이 두어졌음을 알 수 있다. 다만 이러한 여러 요소들이 4세기의 정국운영 과정에서 보다 체계적이고 유기적으로 설명될 필요가 있다.

다음은 지방통치조직과 지방지배의 문제이다. 백제 지방통치조직

---

24) 盧重國, 앞의 책, pp.107~112 및 214~224.

24) 盧重國, 앞의 책, pp.107~112 및 214~224.
25) 李道學, 『百濟 古代國家 硏究』, 일지사, 1995.
26) 梁起錫, 「百濟專制王權成立過程硏究」, 1990.
27) 梁起錫, 「韓國 古代의 中央政治」, 『國史館論叢』 21, 1991.

에 대한 연구는 현재 가장 많은 관심을 끌고 있는 분야이기도 하다.[28] 4세기의 지방 통치조직과 관련하여 『일본서기』 인덕기 41년조의 기록을 근초고왕대의 사실로 이해하는 입장에서 근초고왕대 檐魯制의 실시를 제기하는 견해가 있다.[29] 또한 담로제의 시행을 기존 部體制에 대한 보완책으로 여러 城에 대한 거점지배의 성격을 띠고 있는 것으로 이해하고 있기도 하다.[30] 이러한 견해는 새로운 영역의 확대와 밀접한 관련을 가지고 있는데, 담로제가 확립되는 시기를 새로운 영토확장이 이루어지는 근초고왕대일 것으로 보는 관점이 그것이다.[31] 이러한 관점에서 근초고왕이 369년 전라도지역의 마한세력을 복속하기 이전과 이후를 구분하여 이해하기도 한다. 즉 한성시대 전기는 部-城-村을 중심으로 하였으며, 한성시대 후기에는 금강 이북지역은 여전히 部-城-村制였으나 복속지는 일부 성에만 지방관을 파견하는 거점 지배방식을 취한 2원적 통치형태를 취했다는 것이다.[32] 이와는 달리 근초고왕대를 전후한 무렵에야 전

---

28) 백제 지방통치체제에 대한 연구성과는 다음의 논고를 통해 살펴볼 수 있다.
　　金英心, 「百濟 地方統治體制 硏究」, 서울대대학원 박사학위논문, 1997.
　　朴賢淑, 「百濟 地方統治體制 硏究」, 고려대대학원 박사학위논문, 1997.
　　李鎔彬, 『百濟 地方統治制度 硏究』, 서경, 2002.
29) 盧重國, 「漢城時代 百濟의 地方統治體制」, 『변태섭박사화갑기념사학논총』, 1985.
　　＿＿＿, 「漢城時代 百濟 檐魯制의 實施와 編制基準」, 『啓明史學』 2, 1991.
　　즉, 근초고왕대 이전은 5部의 유력자를 통한 간접통치인 5部體制였으며, 근초고왕 이후에 가서야 지방관이 파견된 지방통치조직이 성립되었다는 것이다.
30) 朴賢淑, 「百濟 初期의 地方統治體制 硏究」, 『百濟文化』 20, 1990.
　　＿＿＿, 「百濟 檐魯制의 實施와 그 性格」, 『송갑호교수정년퇴임논문집』, 1993.
31) 金周成, 「百濟 地方統治組織의 變化와 地方社會의 再編」, 『國史館論叢』 35, 1991.
32) 李道學, 「漢城 後期의 百濟 王權과 支配體制의 整備」, 『百濟論叢』 2, 1988.

국을 部·城·村體制로 편제하여 국가권력에 의한 지방세력 통제를 꾀하였으며, 이후 각 지역에서 성주의 역할이 증대되면서 부가 그 본래의 기능을 상실하게 되었다고 보기도 한다.[33]

지방통치조직의 정비는 지방지배라는 측면에서 지방관의 파견문제가 함께 검토되어 지고 있다. 백제 지방통치 방식을 간접지배에서 직접지배라고 하는 단계를 설정하고, 실질적인 지방통치는 지방관의 파견에서 비롯되었다는 것이다.[34] 이를 구명하기 위해 道使의 존재가 주목되고 있는데, 도사의 파견시기를 담로제의 확립과정 속에서 구하고 있으며, 이 때 파견된 지방관을 성주로 칭하였을 것으로 보았다.[35] 그런데 성주의 명칭은 3세기 초반부터 나타나고 있어, 그 파견시기도 3세기대로 올려보고자 하는 견해도 제기되었다.[36]

이상의 논고를 통해 4세기 백제 지방통치조직을 연구할 때 다음과 같은 측면에서의 검토가 필요하다. 즉, 지방에 대한 통치방식이 4세기 중반인 근초고왕대를 전후하여 어떠한 변화를 보이고 있으며, 영역의 확대문제와 어떠한 관련을 가지고 있는가 하는 점이다. 또한 4세기 중반을 전후하여 그 이전은 部城村(部)制로, 그 이후는 담로제로 파악하는 데 있어서 연구자에 따라 상당한 견해의 차이가 있을 뿐만 아니라 관련자료에 대한 이해방식에도 많은 문제가 내포되어 있어, 이에 대한 보다 실증적이고 명확한 이해가 필요하다. 아울러 중앙에서 각 지방에 대한 통제를 가장 효율적으로 수행할 수 있는 지방관의 파견시기 및 지방관의 성격문제가 함께 고찰될 필요가 있다.

33) 金起燮, 「百濟 漢城時代 政治體制 研究」, 한국정신문화연구원 한국학대학원 박사학위논문, 1997, pp.189~218.
34) 金壽泰, 「百濟의 地方統治와 道使」, 『百濟의 中央과 地方』, 충남대 백제연구소, 1997.
35) 盧重國, 앞의 책, p.245.
36) 金周成, 앞의 논문, pp.30~40.

넷째, 백제의 대외 팽창과정에 대한 연구이다. 백제의 대외적 팽창은 내부적 체제정비에 따른 응집력이 대외적으로 발산하는 과정에서 나타나고 있다는 점에서 중앙집권적 귀족국가의 성립과 발전이라는 측면과 관련하여 매우 중요하다. 이와 관련된 연구로는 근초고왕대의 영역팽창 내용이 핵심을 이루고 있다. 먼저 4세기 백제의 대외팽창은 비류왕 3년(306) 백제가 산동반도의 황현부근까지 진출했다고 하여 이미 비류왕대부터 비롯되었다고 하는 견해가 있었다.[37] 그러나 이에 대한 본격적인 검토는 이병도에 의해 이루어졌다.[38] 그는 근초고왕대 남으로는 마한 전역을 통일하고, 북으로는 고대방의 대부분 지역을 영유하였음을 밝히고 있다. 이러한 견해를 받아들여 근초고왕대 마한세력 뿐만 아니라 가야지역까지도 백제의 세력권 내에 편입되었다고 보기도 한다.[39] 전영래는 비류왕대에 마한의 옛 영역을 복속하였으며, 근초고왕대에는 섬진강 유역과 그 상류인 동부 산악지대를 제외한 전라남·북도 대부분의 지역까지 영향력을 미쳤다고 보았다.[40] 한편 백제가 근초고왕 때에 고구려를 제압하면서 대방고지에 진출할 수 있었던 것을 모든 마한세력을 정복·병합한 데서 우러나온 힘의 결집에서 구하기도 한다.[41]

그러나 최근에는 『일본서기』 신공기 49년조의 기록을 근초고왕대의 사실로 보는 견해와는 달리 이를 5세기경의 사실로 보는 입장에서 근초고왕대 가야 및 마한지역으로의 팽창사실에 이의를 제기하는 견해도 있다. 즉, 근초고왕대의 남방한계는 고부지역에 그치고

---

37) 鄭寅普, 『朝鮮史研究』(下), 1947, pp.199~202.
38) 李丙燾, 「近肖古王 拓境考」, 『韓國古代史研究』, 박영사, 1976.
39) 千寬宇, 「復元 加耶史」, 『문학과 지성』, 1977(가을).
   盧重國, 앞의 책, pp.117~122.
40) 全榮來, 「百濟南方境域의 變遷」, 『천관우선생환력기념 한국사학논총』, 1985.
41) 李基東, 「馬韓領域에서의 百濟의 成長」, 『馬韓·百濟文化』 10, 1987.

있으며, 웅진천도 이후에 와서야 비로소 전라남도 남부지역으로의
진출이 이루어지고 있다는 것이다.42) 이러한 맥락에서 온조왕 13년
조의 강역획정 기사를 근초고왕대의 사적을 소급한 것으로 보아43)
4세기 후반 근초고왕대까지도 백제의 영역이 충남·북지역을 벗어
나지 못한 것으로 이해하는 것이다.

이 외에도 4세기 백제의 대외팽창 과정에서 가야와의 관계에 대
한 연구들이 참고된다.44) 이들 연구는 4세기 특히 근초고왕대 백제
가 가야지역에 일정한 정치적 영향력을 행사하였음을 보여주고 있
다. 또한 백제가 비류왕대 고구려와 합세하여 낙랑·대방 등을 멸
망시킴으로써 중국 군현세력을 한반도에서 몰아냈다고 하는 견해
등도 있으나,45) 구체적인 설명이 없을 뿐만 아니라 그러한 내용이
기록을 통해서는 확인되고 있지 않다는 문제점을 가지고 있다.

다음은 고고학적인 유적·유물에서 나타나는 현상을 통한 백제
영역의 확대과정에 대한 연구이다. 이는 주로 전남 영산강유역에 분
포되어 있는 대형옹관묘의 존속시기 및 백제의 전형적인 묘제인 횡
혈식석실분이 이들 지역에서 출현하는 시기에 대한 검토를 통해 이
루어지고 있다. 이러한 연구는 대개 옹관묘를 근초고왕이 이들 지역
을 복속하기 이전에 사용한 묘제로 보는 견해46)와 이를 4세기 중

---

42) 李根雨, 「『日本書紀』에 引用된 百濟三書에 관한 研究」, 한국정신문화연
구원 한국학대학원 박사학위논문, 1994.
_____, 「熊津時代 百濟의 南方境域에 대하여」, 『百濟研究』 27, 1997.
43) 金起燮, 「近肖古王代 南海岸進出說에 대한 再檢討」, 『百濟文化』 24, 1995.
44) 李熙鎭, 「4세기 중엽 百濟의 加耶征伐」, 『韓國史研究』 86, 1994.
金鉉球, 「4세기 가야와 백제 야마토왜와의 관계」, 『韓國古代史論叢』 6,
1994.
李永植, 「百濟의 加耶進出過程」, 『韓國古代史論叢』 7, 1995.
金泰植, 「百濟의 加耶地域 關係史試考」, 『百濟의 中央과 地方』, 1997.
45) 權五榮, 「初期百濟의 成長過程에 관한 考察」, 『韓國史論』 15, 1986, p.91.
46) 安承周, 「百濟 甕棺墓에 관한 研究」, 『百濟文化』 15, 1983.

반~5세기 후반경으로 편년하는 입장에서 독자적인 정치력을 행사하고 있었던 집단이 축조한 묘제라고 보는 관점47)이다. 이러한 입장도 4세기에 이들 지역에서 백제의 영향력을 완전히 배제하지는 못하고 있으며, 대개 통치방식의 문제로 이해하는 경향이 강하다. 반면에 이 지역에 백제의 전형적인 묘제인 석실분이 유입되는 시기가 5세기말~6세기초라는 사실을 통해 4세기대 백제세력의 전라도 남부지역 진출을 부정하기도 한다.48) 따라서 현재 고고학적인 측면에서 백제의 대외팽창에 대한 접근은 제한적일 수밖에 없으며, 본고에서도 가급적 고고학적인 접근은 보류해 두고자 한다.

백제의 활발한 대외팽창 정책은 국제적인 외교관계를 통해서도 살펴볼 수 있다. 4세기 국제관계는 주로 백제의 중국 대륙진출설49)을 비롯해 왜의 칠지도 하사문제50)가 주류를 이루어 왔다. 그러나 이들 문제는 관점의 차이가 워낙 크므로 일단 보류하고, 본고에서는 4세기 정국운영상에서 나타나고 있는 사실적인 측면과 관련하여 접근하고자 한다. 이러한 측면에서 대동진 외교관계51) 및 대왜관계는 4세기 백제가 당면한 문제와의 관련성 속에서 검토될 필요가 있다.

---

47) 金元龍, 『韓國考古學槪說』, 일지사, 1986, pp.195~196.
   成洛俊, 「榮山江流域의 甕棺墓研究」, 『百濟文化』 15, 1983.
   崔夢龍, 「考古學的 側面에서 본 馬韓」, 『馬韓·百濟文化』 9, 1987.
48) 林永珍, 「榮山江流域 石室墳의 收容過程」, 『全南文化財』 15, 1983.
   李榮文, 「全南地方 橫穴式石室墳에 대한 一考察」, 『鄕土文化』 11, 1991.
49) 백제의 대륙진출설과 관련된 연구성과는 兪元載의 「『百濟略有遼西』記事의 分析」(『百濟研究』 20, 1989) 및 姜鍾薰의 「百濟 大陸進出說의 諸問題」(『韓國古代史論叢』 4, 1992)에 잘 정리되어 있어 참고된다.
50) 李道學, 앞의 책, pp.221~250.
   李基東, 「百濟의 勃興과 對倭國關係의 成立」, 『古代韓日文化交流研究』, 1990.
51) 徐榮洙, 「三國과 南北朝 交涉의 性格」, 『東洋學』 11, 1981.

3. 연구방향

백제사에서 4세기는 대내외적으로 획기적인 변화가 일어난 시기로 이해되고 있다. 그러나 문헌사 뿐만 아니라 고고학적인 측면에서도 그 변화양상을 명확하게 보여주는 자료는 많지 않다. 따라서 이 시기에 나타나고 있는 모든 변화양상들에 대한 유기적이고 종합적인 검토를 통해서만 그 변화모습을 그려낼 수 있으며, 그러한 의미에서 본고는 4세기 백제사에 대한 종합적인 연구서라고 할 수 있다. 이를 위해 본고에서는 다음 주제들에 대한 검토를 통해 백제가 4세기를 경과하면서 중앙집권적인 귀족국가로 성립되고 있음을 밝혀보고자 한다.

제1장에서는 肖古系 직계로의 왕위계승권 확립문제를 다루고자한다. 이를 위해 4세기 이전의 왕계문제를 간단히 살펴보고, 비류왕의 왕위계승 과정에 대한 검토를 통해 비류왕대에 와서 왕실교대가 있었음을 밝혀보고자 한다. 나아가 근초고왕이 비류왕과 부자관계로 기록되고 있으나 실제는 直子관계가 아니었다는 사실과 근초고왕대에 와서야 초고계 직계로의 왕위계승권이 확립되고 있음을 살펴 보겠다. 이는 최고의 귀족계층인 왕족의 성립과 관련하여 귀족국가로의 이행을 살필 수 있는 중요한 문제이기도 하다.

제2장에서는 4세기를 이끌어간 정치세력의 존재양태에 대해 검토하겠다. 정치세력의 핵심을 이루는 것은 왕을 포함한 왕족이므로 이들을 포함한 모든 정치세력을 상정하고, 이들이 중앙 정치세력과 지방세력으로 재편되어 가는 과정과 각 정치세력들의 시기별 존재양상과 정국운영상에서의 기능과 역할 등을 추적해 보고자 한다. 이를 통해 각 정치세력의 위상 및 성격변화 뿐만 아니라 정치세력 상호간의 역학관계도 살펴볼 수 있을 것이다.

제3장에서는 4세기에 재위하였던 왕들의 정국운영 과정을 검토

함으로써 왕권의 성격과 그 변화를 구명해 보고자 한다. 특히 4세기를 전반기인 비류왕대의 통치기와 근초고왕대 이후를 구분하여 비교·검토함으로써 정국운영상의 변화과정과 변화를 가능하게 하였던 원인 등을 찾아보고, 이를 통해 백제가 근초고왕대 중앙집권적 귀족국가로 형성되고 있음을 알아보겠다.

제4장에서는 중앙집권적 통치질서의 수립문제를 중앙통치체제의 정비와 지방통치조직과 지방지배라는 문제로 구분하여 검토하고자 한다.

먼저 중앙통치체제가 체계화되어 가는 모습을 관제 및 관등의 분화과정을 통해 알아보고, 중앙관제의 분화·정비에 따라 일원적 통치질서가 수립되고 있는 상황을 율령제에 입각한 통치행위와 『서기』의 편찬 등을 통해 살펴보겠다. 다음은 4세기 백제 지방통치조직의 재편과정과 지방지배의 양상을 部城制의 성립과 변화과정을 통해 살펴보고자 한다. 먼저 국가권력의 확대과정에서 나타나는 지방통치조직의 성립과 그 성격문제를 알아보고, 지방통치조직의 운영이라는 측면에서 지방관의 파견문제를 검토해 보겠다. 이러한 과정을 통해 백제가 4세기를 경과하면서 왕을 정점으로 한 중앙 중심의 질서체계를 갖추었음을 알 수 있을 것이다.

제5장에서는 4세기에 백제가 대외적으로 팽창해 나가는 모습을 검토하겠다. 4세기 전반의 대내적 안정을 바탕으로 4세기 후반에는 가야지역에 대한 정치적 영향력을 확대하고, 남부지역으로는 마한 세력에 대한 복속정책을 추진하게 된다. 백제의 이러한 대외 팽창정책은 매우 효과적으로 수행되었는데, 근초고왕 24년(369) 백제가 고구려의 내침을 받는 이유도 바로 여기에 있었다고 생각된다. 그리고 이를 토대로 대중·왜와의 외교관계를 적극적으로 추진하여 국제적으로 백제의 위상을 제고시키고 있다. 이러한 대외적 팽창은 백제가 명실상부한 중앙집권적 귀족국가를 이룩하는데 일조하였던 것이다.

이상에서 열거한 요소들에 대한 검토를 통해 4세기 백제사의 성
격을 구명하고, 이후 백제사의 전개과정에 대한 이해를 심화할 수
있기를 기대한다.

제 1 장
초고계의 왕위계승권 확립

제 1 장

초고계의 왕위계승권 확립

1. 4세기 이전의 왕계에 대한 검토

4세기 이전의 왕위는 溫祚-肖古系 및 古爾系의 교립에 의해 계승되고 있는 것으로 파악되고 있다. 그러나 정복왕조의 출현이라는 측면에서 새로운 왕조로의 이행문제도 제기되고 있다.[1] 따라서 4세기 왕위계승 문제를 구명하기 위해서는 이들 왕계의 성립과정에 대한 이해를 필요로 한다.

백제 건국의 주도세력은 부여계통의 고구려 이주민이었다고 하는 사실에 대해서는 대체로 의견을 같이하고 있다.[2] 그러나 건국에

---

1) 征服王朝說과 관련해서는 다음의 논고가 참고된다.
    李基東, 「百濟王室 交代論에 대하여」, 『百濟研究』특집호, 1982, pp.24~28.
    李道學, 「4世紀 征服國家論에 대한 檢討」, 『韓國古代史論叢』6, 1994.
2) 『三國史記』의 다음 기록은 이러한 사실의 반영이라고 하겠다.
    「秋七月 王作熊川柵 馬韓王遣使責讓曰 王初渡河 無所容足 吾割東北一百里之地安之」(『三國史記』23, 온조왕 24년)

대한 시조전승과 관련해서는 溫祚說[3]을 비롯하여 沸流說[4] 仇台說[5] 都慕說[6] 등이 전해지고 있어, 백제 건국기의 다원적인 사회상을 보여주고 있다.

한편 백제의 왕실 계보는 『삼국사기』 백제본기 및 『삼국유사』 왕력에 의하면 시조 온조로부터 시작하고 있다. 이들 사서에 기록된 백제초기 왕계를 보면 다음과 같다.

```
                                         ┌ 肖古(5) ─ 仇首(6) ─┬ 沙伴(7)
                                         │                    └ 比流(11) ─ 近肖古(13)
溫祚(1) ─ 多婁(2) ─ 己婁(3) ─ 蓋婁(4) ─┤
                                         └ 古爾(8) ─ 責稽(9) ─ 汾西(10) ─ 契(12)

近仇首(14) ─ 枕流(15) ─ 辰斯(16) ─ 阿莘(17) ─ 腆支(18) ─ 久爾辛(19) ─ 毗有(20) ─ 蓋鹵(21)
```

---

3) 『三國史記』 22, 백제시조 온조왕조, 「其父鄒牟 或云朱蒙 自北扶餘逃難 至卒本扶餘 … 溫祚都河南慰禮城 以十臣爲輔翼 國號十濟 是前漢成帝鴻嘉三年也」.

4) 『三國史記』 22, 백제시조 온조왕조, 「一云始祖沸流王 其父優台 北扶餘王解扶婁庶孫 母召西奴 卒本人延陁勃之女 … 遂與弟率黨類 渡浿帶二水 至彌鄒忽以居之」.

5) 『周書』 異域傳 百濟條, 「百濟者 其先蓋馬韓之屬國 扶餘之別種 有仇台者 始國於帶方」.
『北史』 列傳 百濟條, 「東明之後有仇台 篤於仁信 始立國于帶方故地 漢遼東太守公孫度以女妻之 遂爲東夷强國 初以百家濟 因號百濟」.
『隋書』 東夷列傳 百濟條, 「東明之後 有仇台者 篤於仁信 始立國于帶方故地 漢遼東太守公孫度以女妻之 漸以昌盛 爲東夷强國 初以百家濟海 因號百濟 歷十餘代 代臣中國 前史載之詳矣」.

6) 『續日本紀』 40, 延曆9年 秋七月條, 「夫百濟太祖都慕大王者 日神降靈 奄扶餘 而開國」.
『新撰姓氏錄』 右京諸蕃下 百濟條, 「同國都慕王十世孫貴首王云云」; 左京諸蕃下百濟條, 「百濟國都慕王十八世孫武寧王云云」; 河內諸蕃 百濟條, 「河內連 出自百濟國 都慕王男陰太貴首王也」.
그런데 都慕는 東明·鄒牟·朱蒙으로 고구려의 始祖를 말하는 것이며, 백제의 建國始祖와는 실질적으로 관계가 없다(李丙燾, 「百濟의 建國問題와 馬韓中心勢力의 變動」, 『韓國古代史研究』, 박영사, 1976, p.471).

따라서 『삼국사기』나 『삼국유사』의 기록을 그대로 받아들인다면 백제는 왕계의 변동없이 온조계에 의해 계승된 것으로 볼 수 있다. 그런데 시조 온조전승의 경우에도 온조와 비류가 형제관계로 설정되고 있을 뿐만 아니라 시조 비류설 등이 전해지고 있다. 이들 내용은 온조와 비류가 각각 성읍국가적인 기반을 가지고 있다가 비류국이 온조의 伯濟國으로 흡수되는 연맹왕국의 성립사실을 보여주는 것으로 이해할 수도 있다.[7]

한편 백제초기 왕계를 이원적으로 파악하는 견해도 있다. 이는 시조전승에서 주몽의 아들인 시조 온조설과 우태의 아들인 시조 비류설을 토대로 개루왕을 이은 제5대 초고왕과 제8대 고이왕의 계통을 각각 구분하여 이해하는 것이다.[8] 즉, 백제의 왕통은 朱蒙-溫祚-肖古系와 優台-沸流-古爾系의 양계가 존재하였으며, 이 양계에 의해 백제초기 왕위계승이 이루어졌다고 보는 견해이다.[9] 이러한 견해는 고이왕의 출자가 초고왕의 '母弟'라고도 기록되어 있어,[10] 이를 초고왕의 모의 제로 이해하면서 그 계통을 우씨로 파악하고 있다.

백제 왕성 가운데 온조계는 부여씨였다는 사실은 관련기록을 통해 볼 때 분명하다. 부여씨 왕성에 대해서는 「其世系與高句麗同出扶餘 故以扶餘爲氏」[11]라고 하여 부여씨임을 표방하고 있으며, 또한

---

7) 金杜珍, 「百濟始祖 溫祚神話의 形成과 그 傳承」, 『韓國學論集』 13, 1990, p.14.
　　百濟王系가 溫祚를 시조로 하여 구성될 수 있었던 것도 百濟史를 주도한 세력이 伯濟國의 溫祚系였기 때문였을 것이다.
8) 古爾王은 始祖 仇台說과 관련이 있으며, 백제건국의 실질적인 始祖를 古爾王에서 찾기도 한다(李丙燾, 앞의 논문, pp.472~476).
9) 千寬宇, 「三韓攷」 제3부, 『古朝鮮史·三韓史研究』, 일조각, 1989, pp.322~330.
10) 『三國史記』 24, 고이왕 즉위년, 「蓋婁王之第二子也 仇首王在位二十一年薨 長子沙伴嗣位 而幼少不能爲政 肖古王母弟古爾卽位」.

근초고왕대 동진과 외교관계를 맺는 가운데 「遣使拜百濟王餘句爲鎭東將軍領樂浪太守」[12]라고 하여 관작 수여시 근초고왕의 성이 여씨(부여씨)였다는 사실을 통해 확인되고 있다. 그런데 우씨도 왕족으로 기록에 보이고 있다.[13] 『삼국사기』 백제본기에서 비류왕대까지 나타나고 있는 왕족의 인명을 정리하면 다음과 같다.

시 기	인 명	관 계	관 직
온조왕 2년	乙音	族父	右輔
고이왕 9년	質	叔父	右輔
27년	優壽	王弟	内臣佐平
28년	優豆	?	内頭佐平
비류왕 18년	優福	王庶弟	内臣佐平

즉, 고이왕대 우수·우두, 비류왕대 우복이라는 인물이 보이는데, 이들은 모두 좌평의 직을 갖고 있으며, 王弟 또는 王庶弟로 기록되

---

11) 『三國史記』 23, 온조왕 원년.
12) 『晋書』 簡文帝紀, 咸安 2년 6월.
13) 古爾系 優氏를 지지하는 견해로는 다음의 論考가 참고된다.
   沈正輔, 「백제 王姓에 대하여」, 『韓國上古史』, 1989.
   金起燮, 「漢城時代 百濟의 王系에 대하여」, 『韓國史研究』 83, 1993, pp.20
   ~21.
   필자는 다음과 같은 이유에서 古爾王이 優氏라는 설을 따르고자 한다. 첫째, 優氏가 王族으로 나오고 있다는 점이다. 특히 優氏는 王과의 유기적인 관계 속에서 활동하고 있다. 둘째는 肖古系인 비류왕이 古爾系인 優福을 内臣佐平에 임명하였으나 優福이 반란을 일으키고 있는 점이다. 이는 우복이 나이 어린 契를 대신하여 왕위에 오를 수 있었던 古爾系 내에서 최우선권자였을 가능성을 보여주고 있다. 셋째는 근초고왕 이후부터 優氏의 존재가 보이지 않고 있는데(무녕왕 즉위년조에 1번 優氏의 존재가 보이고는 있으나 이미 정치세력으로서는 미약하다. 뿐만 아니라 優氏는 大姓八族에도 포함되고 있지 않다) 이는 근초고왕이 고이왕계에 대해 철저하게 탄압한 데서 비롯되었을 가능성을 추측할 수 있다. 결국 근초고왕의 즉위는 古爾系의 단절로 이어졌으며, 이는 근초고왕의 왕위계승권 확립의 결과로 볼 수 있지 않을까 생각된다.

고 있다. 이러한 사실에서 볼 때 고이계를 우씨, 주몽 – 온조 – 초고
를 부여씨로 이해할 수 있으며, 또한 양계사이의 왕실교체를 인정할
수 있지 않은가 생각된다.

그런데 『삼국유사』에 「其世系與高句麗同出扶餘 故以解爲氏」라고
하여 부여씨와 우씨 이외에 해씨도 왕족으로 기록된 내용이 보이고
있다.14) 이로 인해 해씨를 백제 왕성 가운데 하나로 이해하고 있기
도 하다. 먼저 해씨 왕성을 논하고 있는 학자로 末松保和를 들 수
있다. 그는 『삼국유사』 뿐만 아니라 『일본서기』의 내용15)을 토대로
고구려와 백제가 공통으로 해씨를 왕성으로 하고 있었을 가능성을
지적하고 있다.16) 그리고 신하 가운데도 해씨를 칭한 경우가 적지
않음을 지적하고 있어 해씨가 왕성임과 동시에 유력귀족 가운데 해
씨를 칭한 경우도 있었던 것으로 파악하였다. 그러나 해씨왕의 존재
와 해씨를 칭한 신하의 존재 및 이들의 관계 등에 대해서는 구체적
인 언급이 없다.

노중국 역시 해씨가 왕성임을 밝히고 있으나 末松保和와는 달리
백제 초기에 왕성이었던 해씨가 부여씨에게 왕위를 넘겨준 이후 유
력 귀족세력으로 존속한 것으로 이해하고 있다.17)

---

14) 『三國遺事』 2, 南扶餘 前百濟條.
15) 『日本書紀』 19, 欽明紀 14년 10월조, 「餘昌對日 姓是同姓 位是扞率 年
二十九矣」.
16) 末松保和, 「朝鮮古代諸國の開國傳說と國姓」, 『靑丘史草』 1, 1965, pp.36
~41.
17) 盧重國, 「解氏와 扶餘氏의 王室交替와 初期百濟의 成長」, 『金哲埈博士
華甲紀念史學論叢』, 1983, pp.118~120.
　　백제가 연맹을 형성하는 과정에서 解氏를 칭한 沸流勢力이 연맹 초
　기에 연맹장의 지위를 차지하였다가 뒤에 扶餘氏를 칭한 溫祚집단이
　연맹장(왕)의 지위를 세습하게 됨에 따라 解氏와 扶餘氏가 王姓으로
　나타나게 되었다고 한다. 그리고 解氏王으로는 '婁'을 王名의 末字로
　가진 多婁・己婁・蓋婁 3王으로 이들은 미추홀에 자리잡은 비류집단의
　왕으로 파악하고 있다(盧重國, 『百濟政治史研究』, 일조각, 1988, pp.65

그러나 이러한 견해가 설득력을 지니기 위해서는 북부를 칭하고 있는 해루가 온조왕 41년 우보에 등용되고 있는 사실을 비롯해 해씨왕인 다루왕과 해루와의 관계 등에 대한 보다 면밀한 검토가 필요하다. 또한 초고왕 이후 비류왕대 다시 왕족이 아닌 유력귀족으로 등장하기까지 해씨세력의 동향이 기록에 전혀 보이고 있지 않은 점도 의문이다. 뿐만 아니라 왕도인 한성지역에 부여씨와 함께 재지기반을 두고 있었던 것으로 나타나고 있는 점 등 이해하기 어려운 부분이 많은 것도 사실이다. 특히 『일본서기』 흠명기의 내용처럼 백제 왕자 여창이 고구려 원정기사에서 고구려와 같은 성을 표방하고 있다는 것은 末松保和의 견해대로라면 같은 해씨일 경우에 가능한 것이다. 그렇다고 한다면 해씨가 왕성으로 인식되는 것이 6세기까지도 계속되고 있었다는 것이 되나 이를 확인할 수 있는 기록이 없다.

그러면 왜 해씨가 왕성으로 『삼국유사』에 기록되고 있는가. 이에 대해 『삼국사기』에서

春正月 右輔乙音卒 拜北部解婁爲右輔 解婁本扶餘人也[18]

라고 하여 해루가 본래 부여인이었음을 명기하고 있는 내용이 주목된다. 부여왕족이 해씨를 칭한 사실은 고구려 시조 주몽이 해씨를 칭한 것[19]과 해모수가 부루를 낳은 후 「以解爲氏焉」한 것[20]을 통해 확인된다. 즉, 해씨는 부여에서 왕족이었던 것이다. 따라서 부여로부터 이주해 온 해루집단은 부여 내에서 왕족의 일파였던 것으로 파악된다. 이들이 어떠한 이유에서 인지는 모르지만 백제지역으로

~78).
18) 『三國史記』 23, 온조왕 41년.
19) 『三國遺事』 1, 고구려조.
20) 『三國遺事』 1, 북부여조.

이주하게 되었고, 지역적으로 가까운 백제의 북부지역에 정착하였던 것으로 보인다.21) 그러한 이유로 『삼국유사』에서는 부여인을 표방한 해씨를 왕성으로 표기하게 되었던 것이며, 실제 해씨는 백제의 왕성이 아니었다고 하겠다.

앞에서 백제 왕성으로 부여씨와 우씨가 있었음을 검토하였다. 즉, 온조-초고계가 부여씨였으며, 우씨는 고이왕대 왕족으로 나타나고 있으므로 고이계가 우씨였다고 하겠다. 특히 고이왕은 초고왕의 '母의 弟'로 기록되고 있어, 우씨는 고이왕이 즉위하기 이전에는 온조계와 인척관계에 있었던 것이 아닌가 생각된다. 다만 시조전승과 관련하여 고이계가 비류와 직접적인 계보관계에 놓여 있었는가는 분명하지 않다. 고이왕이 즉위 후 「西海大島」에서 전렵을 하는 등22) 미추홀과 어떤 관계가 있는 것이 사실이라고 한다면 미추홀을 기반으로 하였던 비류와의 관계를 전혀 배제할 수 없는 것도 사실이다. 그렇다면 이들 왕성인 부여씨와 우씨세력은 온조-비류설화에 의하면 왕성의 분지화에 의해 성립되었을 가능성도 생각해 볼수 있다. 그러나 온조-비류설화가 백제 건국기 지배세력의 다원성을 보여준다는 점에서 보면, 이를 연맹왕국 성립기에 있어서의 연맹관계로 이해할 수 있을 것이다. 따라서 왕성의 분지화보다는 교립이라는 측면에서 이해하는 것이 타당하다고 생각된다.

이상의 검토를 통해 볼 때 백제 초기부터 비류왕 이전까지의 왕계는 溫祚-肖古系와 古爾系의 양계로 구성되어 있었음을 알 수 있으며,23) 이들 양계는 인척관계와 같은 상당히 밀접한 관계에 있었

---

21) 千寬宇, 앞의 논문, pp.313~314.
22) 『三國史記』 24, 고이왕 3년.
23) 그러나 李丙燾는 백제본기에 나오는 고이왕 이전의 諸王記事에 대해서, 이들은 部落國家時代의 세습적 渠帥로 개국후에 추존된 王들이거나 혹은 개국 이래의 王統과 같이 후세 史家에 의해 윤색된 것으로 信用하기 어려운 기록으로 보기도 한다(李丙燾, 앞의 논문, p.476). 한편 百濟初期

던 것이 아닌가 생각된다. 따라서 4세기 이전의 왕위계승은 온조-
초고계와 고이계의 교립에 의해 이루어졌음을 확인할 수 있다.

2. 비류왕의 왕위계승

고이왕이 초고계인 사반이 어리다는 이유로 그를 폐하고 왕위에
오른 후 책계·분서 등 고이계 직계에서 왕위를 계승하였다. 그러
나 고이계는 계속되는 중국 군현세력과의 충돌에서 해를 당하였으
며, 이러한 과정에서 다시 초고계를 표방하는 비류왕이 왕위에 오르
게 된다. 비류왕(304~344)의 즉위는 고이계에서 다시 초고계로의
이행이라는 점에서 뿐만 아니라 재위기간이 동북아시아에 있어서
변혁의 세기였던 4세기 전반기 대부분을 차지하고 있었다는 점에서
주목될 필요가 있다.

이제까지 비류왕의 왕위계승과 관련해서는 많은 논의가 있어 왔
으나 아직까지 분명한 결론에 이르고 있지 못하다. 그 이유는 근초
고왕 이전의 왕위계승 기록을 불신하거나 또는 비류왕의 재위사실
에 대한 의구심에서 기인하는 것으로 생각된다. 본 글에서는 비류왕
의 존재를 긍정하는 입장에서 그의 출계문제를 왕위계승 과정을 통
해 구체적으로 살펴보도록 하겠다.

> A. 仇首王第二子 性寬慈愛人 又强力善射 久在民間 令譽流聞 及汾
>   西之終 雖有子 皆幼不得立 是以 爲臣民推戴 卽位(『三國史記』
>   24, 비류왕 원년)

王系記事의 신빙성 문제를 검토하고, 이를 긍정적인 입장에서 해석하고
자 하는 견해와 관련해서 梁起錫의 논고가 참고된다(梁起錫, 「百濟 專
制王權 成立過程硏究」, 단국대대학원 박사학위논문, 1990, pp.7~13).

비류왕은 구수왕의 제2자로 분서왕의 뒤를 이어 왕위에 오르고 있다. 사료 A를 통해서 이해할 때 비류가 왕위에 오를 수 있었던 표면적인 이유는 분서왕의 아들이었던 계가 어렸기 때문이며, 아울러 신민의 추대에 의해서 가능하였던 것으로 기록되고 있다.

이제까지 비류왕의 왕위계승에 대한 연구는 크게 세 가지 측면에서 이루어져 왔다.[24] 첫째는 비류왕의 즉위사실을 허구로 보는 견해인데, 이는『삼국사기』초기기록에 대한 불신에서 비롯되고 있다. 이러한 견해로는 대체로 일인학자들의 연구가 있는데, 근초고왕대 이전의 왕계를 허구 내지는 조작으로 보아 이를 인정하지 않는 견해이나 현재 커다란 의미를 가지고 있지는 못하다.[25] 다음은 비류왕의 즉위를 역사적 사실로 보는 입장인데, 이는 다시 두 가지로 구분하여 이해할 수 있다. 첫째는 비류왕의 즉위를 고이계에서 다시 초고계로의 왕위계승이라고 하는 측면에서 비류왕의 존재 자체에 대해서는 인정을 하면서 비류왕이 구수왕의 제2자라고 하는 기록에 대해서는 의문을 가지는 것이다. 대부분의 학자들이 이러한 입장을 견지하고 있으며,[26] 비류왕과 구수왕의 관계는 전왕조와의 의제적

---

24) 이러한 상이한 차이는『三國史記』의 초기기록에 대한 신빙성 문제에서 비롯되고 있다.『三國史記』초기기록의 신빙성 문제와 관련해서는 李道學의「百濟의 起源과 國家形成에 관한 재검토」,(『한국 고대국가의 형성』, 민음사, 1990, pp.105~170)가 참고된다.

25) 津田左右吉,「百濟に關する日本書紀の記載」,『滿鮮地理歷史硏究報告』8, 1921, p.106.
太田亮,『日本古代史新硏究』, 1928, pp.430~441.
　이와 관련해서 李基白(「百濟王位繼承考」,『歷史學報』11, 1959, pp.2~8)과 李基東(「百濟王室 交代論에 대하여」,『百濟硏究』특집호, 1982, p.22)의 논문이 참고된다. 다만 李基東은 비류왕의 즉위연대가 干支로 甲子年(304)인 것에 주목하여, 이를 참위설에 입각하여 근초고왕대에 조정 산출된 연대일 가능성이 큰 것으로 보기도 한다(李基東, 앞의 논문, p.27).

26) 李基白, 앞의 논문, pp.5~8.
李基東, 앞의 논문, pp.62~64.

인 기록으로 볼 수 있다는 것이다. 다른 하나는 비류왕의 존재와 왕위계승에 따른 기록을 사실 그대로 인정하는 견해이다.[27] 이와 같이 현재 비류왕의 왕위계승 문제는 논란의 여지를 남겨두고 있는 실정이다.

이에 대하여 먼저 필자의 생각을 밝히면, 비류왕의 존재와 그의 왕위계승이 고이계에서 초고계로의 왕실교체를 의미하고 있다는 것은 사실로 인정되며, 비류왕이 구수왕의 제2자일 가능성에 대해서는 의문을 가지고 있다. 이러한 입장에서 비류왕의 출계 문제를 살펴보기로 하겠다.

우선 비류왕의 왕위계승을 긍정적으로 해석하는데 있어서 제일 먼저 부닥뜨리는 문제는 구수왕의 제2자에 대한 기록이다. 기록대로 비류왕이 구수왕의 제2자라고 한다면 그의 나이가 110살이 되기 때문이다. 즉, 구수왕이 죽은 해(234)에 태어났다고 하더라도 고이·책계·분서왕의 재위기간(234~304) 70년을 거쳐 왕위에 오르고 있으며, 여기에 그의 재위기간 40년을 합하면 생존년수가 110년에 이른다. 이러한 사실은 고이왕의 재위년수와 함께 비류왕의 존재를 부정하는 근거가 되어 왔다.

그런데 이 문제에 대해서는 두 가지 견해가 있다. 즉, 구수왕과 연결시킨 것은 고이왕의 경우와 마찬가지로 전왕조와 결부시키고자 하는 데서 나온 계보상의 의제라고 하는 견해[28]와 이를 사실 그대로 믿는 견해[29]가 그것이다. 필자는 전자의 견해를 따르는 입장에

金聖昊, 『沸流百濟와 日本의 國家起源』, 지문사, 1985, pp.330~332.

27) 盧重國, 「百濟王室의 南遷과 支配勢力의 變遷」, 『韓國史論』 4, 1978, pp.51~58.
 梁起錫, 앞의 논문, pp.26~28.
 崔在錫, 「百濟의 王位繼承」, 『韓國學報』 45, 1986, pp.21~23.
28) 李基東, 앞의 논문, pp.26~28.
29) 梁起錫, 앞의 논문, p.27.

서 이를 역사적 사실로 믿는 견해에 대해 재검토하기로 하겠다. 우선 긍정적인 입장에서 비류왕이 왕위에 오를 수 있었던 이유는 다음과 같다. 첫째, 왕위계승권자인 분서왕의 장자 계가 어려서 정사를 돌볼 수 없는 상황이었다. 둘째, 비류왕의 군주로서의 자질과 선사능력이 뛰어났다는 점 등이다. 그리고 계보 문제에 대해서는『신찬성씨록』에서 비류왕을 초고왕의 손자로 명기하고 있는 점30) 등으로 보아 사실로 인정되며, 생존년수는 고이왕계가 개루왕 직계에 계보를 연결시키는 과정에서 생긴 기년상의 잘못에서 비롯되었을 것이라고 보는 것이다.31)

그렇지만 비류왕과 관련하여 본 글에서 구명하고자 하는 것은 왕위계승에 대한 문제가 아니라 비류왕이 과연 구수왕의 제2자인가 하는 점이다. 따라서 이 문제에 한정하여 검토해 보기로 하겠다. 먼저『신찬성씨록』에 보이는 비류왕이 速古王의 손이라고 하는 관계만를 가지고 비류왕이 구수왕의 直子라는 사실을 증명하기에는 미흡한 감이 있다는 점이다. 그 이유는 현전하는『신찬성씨록』이 초록이라고 하는 점과 백제관련 왕명을 비롯하여 그 세대수가 분명하지 않기 때문이다. 특히『신찬성씨록』의 내용 가운데 '速'자는 '肖'로도 기록되고 있는데,32)『일본서기』에서는 초고왕이 근초고왕을 지칭한다는 것은 주지의 사실이다. 더욱이『신찬성씨록』은 찬술 당시(815년)『일본서기』의 내용 가운데 일부분을 그대로 기술하는 등『일본서기』의 내용을 참고하였음을 볼 수 있다.33) 따라서『일본서기』에서 근초고왕을 肖古王34)・速古王35) 또는 照古王36)으로, 근

---

30)『新撰姓氏錄』3, 右京諸蕃下 百濟條,「春野連 速古王孫比流王之後也」.
31) 梁起錫, 앞의 논문, p.51.
32) 佐伯有淸著,『新撰姓氏錄の硏究』本文篇, 吉川弘文館, 1981, p.301.
33) 佐伯有淸著,『新撰姓氏錄の硏究』硏究篇, 吉川弘文館, 1981, pp.48~50.
34)『日本書紀』9, 神功紀 46년 3월・49년 3월・55년.
35)『日本書紀』19, 欽明紀 2년 4월.

구수왕을 貴須王[37]·貴首王[38] 또는 仇首王으로 기록하고 있음을
볼 때, 여기에서 속고왕은 근초고왕을 의미하며, 비류왕이 혹 침류
왕에 대한 오기가 아닌가 생각되기도 한다. 이러한 생각은 비류왕이
구수왕의 子가 아닐 가능성이 크다는 데서 더욱 그러하다.[39] 따라
서『신찬성씨록』을 통해서 비류왕이 구수왕의 제2자라는 사실을 증
명하기에는 미흡한 점이 있다.

다음은 '久在民間'이라는 기록에 주목하여 비류왕을 구수왕의
子로 보는 견해이다.[40] 즉, 비류왕이 '久在民間'한 것은 고이왕에
의해 사반이 폐위되는 상황에서 사반의 친동생인 비류는 고이계에
게 주목의 대상 또는 경계의 인물이었을 것이며, 이로 인해 구명을
위해 은신했던 것으로 해석하고 있다. 그러나 만일 구명을 위해 은
신했다고 한다면 바로 이어서 보이고 있는 '令譽流聞'의 기록과는
서로 맞지 않는다는 사실을 알 수 있다. 물론 왕족이 정치적인 이유
로 민간을 떠돌아 다닌 사실은 고구려 미천왕의 예에서 찾아볼 수
있다. 그러나 미천왕의 경우에는 남들에게 자신의 신분이 노출되는
것을 극력 피했으며, 북부 祖弗·동부 蕭友 등이 물었을 때에도

---

36)『古事記』應神紀 20년.
37)『日本書紀』9, 神功紀 49년·56년.
38)『日本書紀』19, 欽明紀 2년 4월.
39) 비록『新撰姓氏錄』중에 근초고왕을 의미하는 것으로 생각되는 '石野連
  出自百濟國人近速王孫憶賴福留也'(左京諸蕃下)나 근구수왕으로 볼 수
  있는 '廣津連出自百濟國近貴首王也'(右京諸蕃下)의 기록이 보이고 있
  으나, 근속왕의 경우 著本에 따라 國字 이하 5자가 빠진 경우, 또는
  '近肖古王'·'近速古王' 등으로도 기록되고 있음을 알 수 있다(佐伯有
  淸,『新撰姓氏錄の研究』本文篇, 吉川弘文館, 1981, p.287). 이러한 점은
  초고왕과 비류왕의 관계를 통해서 비류왕이 구수왕의 直子라는 사실을
  『新撰姓氏錄』을 통해 증명하기에는 미흡함을 말해 준다. 특히『新撰姓
  氏錄』은『古事記』나『日本書紀』의 보조사료로서 이용되고 있다는 점에
  유의할 필요가 있다.
40) 盧重國, 앞의 책, pp.124~125.

'予野人非王孫也'라고 하여 자신의 신분을 감추었던 것과 비교할 때 비류왕과는 전혀 상황이 달랐음을 알 수 있다.[41]

더욱이 미천왕의 재위기간(300~331)과 비류왕의 재위기간(304 ~344)이 공교롭게 서로 상당부분 일치하고 있다. 이는 약간의 차이는 있을지라도 두 나라의 사회구조가 비슷했었다고 할 때 서로 상이한 입장이 될 수 있었던 것은 '久在民間'하게 된 성격이 서로 달랐음을 의미하는 것으로 보아야 할 것이다. 따라서 비류왕이 '久在民間 令譽流聞'했다고 하는 사실은 오히려 그가 구수왕의 실제 아들이 아닐 가능성을 더욱 반증해 주는 기록으로 볼 수 있는 것이다. 그렇다면 비류왕이 구수왕의 제2자를 표방한 것은 그가 실제 아들이 아니었음에도 불구하고 혈연관계를 전왕조와 연결시키기 위해 의제적으로 사용한 것이라고 하겠다.

그러면 비류왕의 계보는 어디에서 구할 수 있을까? 우선 비류왕이 구수왕의 제2자를 표방한 것으로 보아 고이계와는 계보를 달리하고 있으며, 초고계의 일파임은 사실이었던 것으로 생각된다.[42] 그러나 비류왕의 계보에 대한 언급은 즉위 당시의 기록 밖에는 없다. 따라서 비류왕이 즉위할 당시의 상황을 통해서 그의 출자를 살펴보아야 한다. 먼저 그가 재위 이전에 '久在民間'하였다는 것과 신민의 추대에 의해 왕위에 오르고 있는 점 등으로 보아 당시 강력한 정치세력을 형성하고 있지는 못했던 것으로 파악된다. 이 점은 자력으로 왕위에 오르지 못했음을 의미한다.

그러나 '令譽流聞'한 사실에서 상당한 명망을 얻고 있었음을 알 수 있다. 또한 분서왕의 아들이 어린 관계로 고이계를 대신하여 왕위에 오르고 있다는 점에서 그가 고이계와 정치적으로 경쟁관계에

---

41) 『三國史記』 17, 미천왕 즉위년.
42) 第二子 문제는 근초고왕의 왕위계승을 다루면서 상세하게 언급하고 있으므로 참고하기 바란다.

놓여 있었던 정치세력도 아니었던 것으로 생각된다. 그러면 이러한 조건을 충족시켜 줄 수 있는 세력은 누구일까? 우선 고이왕에 의해 폐위된 사반왕의 직계는 아니었으며, 아울러 고이계와도 일정한 정치적 관계에 놓여 있어야만 한다. 그렇다고 한다면 비류왕은 계보관계로는 초고계와 연결을 가지면서 인척세력이 고이계일 가능성을 상정해 볼 수 있다. 이는 왕 18년에 우복을 내신좌평으로 임명하고 있는데, 그가 왕서제로 기록되고 있는 사실을 통해서도 추정될 수 있지않나 생각된다.[43] 고이계가 우씨였음은 고이왕 27년 내신좌평 우수가 왕제로 기록되고 있고, 왕 28년에는 우두가 내두좌평에 임명되고 있는 사실을 통해서 알 수 있다.[44] 이러한 상정이 가능하다면 비류왕은 초고계 인물로서 고이계와는 인척관계에 놓여 있었던 것이 아니었나 생각된다. 뿐만 아니라 우복은 고이계의 일파였던 이유로 왕서제로 기록될 수 있었을 것이다.[45] 즉, 비류왕은 범초고계로서 고이계와 인척관계에 있었으며, 고이계가 중국 군현세력에 의해 해를 당하는 과정에서 정치적 입지를 강화시킴으로써 왕위에 오를 수 있었던 것으로 추정된다. 비류왕이 어떠한 과정 속에서 정치적 입지를 강화시켰는가는 구체적으로 확인할 수 없다. 다만 그가 '슈 譽流聞'하였다는 사실을 통해 왕위에 오를 수 있는 일정한 여건을 조성하고 있었음을 알 수 있다.

그런데 비류왕이 초고계의 직계가 아니었을 것이라는 점은 비류

---

43) 『三國史記』24, 비류왕 18년, 「春正月 以王庶弟優福爲內臣佐平」.
44) 『三國史記』24, 고이왕 27·28년.
　　 그런데 비류왕은 백제왕 系譜에서 볼 때 古爾系가 아니고 肖古系로 부여씨 출신이므로 그의 庶弟인 優福도 역시 부여씨 출신이며, 따라서 '優'는 姓으로 볼 수 없다는 견해도 있다(盧重國, 「解氏와 扶餘氏의 王室交替와 初期百濟의 成長」, p.114).
45) 이에 대해 沸流와 溫祚, 肖古와 古爾가 형제로 설정된 것과 마찬가지로 擬制的 血緣일 개연성이 높다고 보기도 한다(金起燮, 「漢城時代 百濟의 王系에 대하여」, 『韓國史研究』83, 1993, p.41).

왕을 이어 다시 고이계인 계왕이 즉위하고 있는 사실을 통해서도 확인된다.

汾西王之長子也 天資剛勇 善騎射 初汾西之薨也 契王幼不得立 比流
王在位四十一年薨 卽位(『三國史記』 24, 계왕 즉위년)

분서왕의 장자이었던 계는 너무 어리다는 이유로 왕위에 오르지 못하고, 대신 초고계인 비류에게 왕위가 넘어갔다. 그리고 비류왕 사후 다시 왕위가 계왕에게로 이양되고 있다. 그러나 계왕의 즉위는 몇 가지 문제점을 내포하고 있다. 첫째는 비류왕 즉위시 계가 어려 고이계에서 초고계로 왕위가 바뀌고 있는데, 비류왕 사후 다시 계가 왕위를 계승하고 있다는 점이다. 이는 초고계를 대신해 고이왕이 즉위한 이후 고이계에서 왕위를 계속 잇고 있었던 사실과 대비되는 것이다. 둘째는 비류왕 18년 고이계인 우복이 내신좌평에 임명된 후 반란을 일으켰다가 토벌되었는데, 이 사건으로 고이계는 일대 타격을 받았을 것임에도 불구하고 계가 왕위에 오를 수 있었던 점이다. 셋째는 왕위에 오른 후 만 2년만에 죽고 왕위가 다시 초고계로 바뀌었으며, 이 과정에서 계왕의 직계에 대한 언급이 전혀 없다는 사실이다. 이와 관련하여 실제 계왕이 재위하지 않았을 가능성이 제기되고도 있으나[46] 사료상에 분명히 왕위를 이은 사실이 보이고 있으므로 일단 사실성은 인정해도 좋을 것으로 보인다. 그러나 계왕과 관련해서는 즉위시의 내용과 왕 3년 사망기록밖에 없어 더 이상의 검토는 어려운 실정이다.

그러면 이러한 의문들을 어떻게 이해하여야 할까? 필자는 이를 근초고왕의 대두라는 측면에서 파악하고자 한다. 즉, 계왕의 즉위는

---

46) 金哲埈, 「百濟社會와 그 文化」, 『韓國古代社會硏究』, 지식산업사, 1982, pp.49~50.

비류왕의 직계로의 왕위계승을 차단하기 위한 방편이었을 것이며, 이러한 정국상황 하에서 계왕의 직계 등에 대한 기록이 누락되었을 것이다. 즉, 계왕이 왕위에 오르게 되자 근초고왕은 진씨세력을 지지기반으로 하여 비정상적인 방법으로 왕위를 자신이 승계하였던 것이다.[47)

3. 근초고왕의 즉위와 왕위계승권 확립

앞에서 근초고왕의 즉위에 억지가 작용하였을 것으로 추정하였다. 다음은 근초고왕의 왕위계승 과정을 사료를 통해 검토해 보도록 하겠다. 먼저 관련 사료로는 『삼국사기』 및 『삼국유사』에 다음과 같은 간략한 기록만이 보이고 있다.

> B - 1. 比流王第二子也 體貌奇偉 有遠識 契王薨 繼位(『三國史記』
>   24, 근초고왕 원년)
>   2. 近肖古王 比流王第二子 丙午立 理二十九年(『三國遺事』 1,
>   왕력 1)

근초고왕의 출자에 대해서는 일반적으로 초고계로서 비류왕의 제2자라고 하는 내용에 대해 별다른 의문이 제기됨이 없이 그대로 받아들여지는 경향이 있었다. 물론 근초고왕 이전의 기록을 불신하는 입장에서 근초고왕대 새로운 왕조의 출현이라는 측면에서의 검토는 있어 왔지만, 근초고왕이 비류왕의 직자인가 아닌가에 대한 구

---

47) 契王이 肖古系에 의해 살해되었거나 아니면 일시 근초고왕과 양립하다
   가 제거되었을 가능성이 농후하다고 보는 견해도 있는데(權五榮, 「백제
   의 성립과 발전」, 『한국사』 6, 국사편찬위원회, 1995, p.37), 근초고왕 2
   년조의 기록을 통해 볼 때 肖古系 直系에 의한 외압이 있었음은 분명하
   다고 생각된다.

체적인 검토는 없었다. 다만 비류왕의 왕명이 온조의 형으로 기록된 비류와 음상사한 것과 재위시의 정책성향이 크게 다른 것 등에 의하여 직자관계가 아닐 가능성에 대한 언급이 있었으며,[48] 최근에 비류왕과 근초고왕을 이질적인 계통으로 보려는 견해가 제기되었다.[49]

사료 B에서 보면 근초고왕은 비류왕의 제2자로 계왕의 뒤를 이어 왕위에 오르고 있으며, 외견상 왕위계승에 문제가 없는 듯 보이고 있다. 그런데 비류왕 사후 근초고왕이 즉위하기까지의 왕위계승 과정을 통해 나타나고 있는 몇 가지 사실에 의해 근초고왕과 비류왕과의 관계에 대해 의문을 갖지 않을 수 없다. 다음은 이러한 의문점에 대해 구체적으로 검토함으로써 비류왕과 근초고왕의 관계를 밝히고, 그 출계 문제를 구명해 보고자 한다.

먼저 근초고왕이 비류왕의 아들이라는 점에 의문을 갖게 하는 것은 비류왕의 사후 계왕이 즉위하고 있다는 사실이다.[50] 비류왕은 초고계로 고이계인 계왕을 대신하여 왕위에 올랐던 인물이었는데 비류왕 사후 초고계가 계속해서 왕위를 승계하지 못하고 있다. 더욱이 비류왕에서 계왕으로의 왕위승계가 자연스럽게 이루어지고 있는 것처럼 기록되어 있다. 이러한 사실은 전에 초고계인 사반을 대신하여 왕위에 올랐던 고이왕의 경우[51] 그가 죽은 뒤 고이왕의 아들이 왕위를 이었다는 사실과 비교해 볼 때 납득하기 어려운 점이 있다. 비류왕의 경우 분서왕의 아들인 계가 어리기 때문에 비류왕이 대신 왕위에 올랐는데, 고이왕의 경우에도 같은 이유로 인해 사반을 폐하고 왕위를 계승하였던 것이다.[52] 그런데 고이왕의 경우에는 그의

---

48) 金杜珍, 앞의 논문, p.25.
49) 金起燮, 앞의 논문, pp.28~34.
    姜鍾元, 「百濟 近肖古王의 王位繼承」, 『百濟研究』 27, 1997, pp.11~17.
50) 『三國史記』 24, 계왕 원년.
51) 『三國史記』 24, 고이왕 원년.

직자에게 왕위를 승계시켰음에도 불구하고 비류왕의 경우에는 다시 고이계인 계왕에게로 왕위가 이어지고 있는 것이다. 이 문제는 당시 고이계의 정치적 입지와 관련시켜 이해할 필요가 있다. 고이계인 우복이 비류왕 18년 내신좌평에 임명된 후[53] 왕 24년에 북한성에서 반란을 일으켰으나 결국 토벌되는 사건이 발생했다.[54] 난이 진압되는 과정에서 고이계는 일대 타격을 입었을 것이며, 이는 바로 계의 세력약화를 초래하였을 것이다. 이와 같은 상황에서 근초고왕이 비류왕의 직자이었다면 비류왕 사후 그가 왕위를 승계하는 것은 당연하였을 것이다. 그럼에도 불구하고 계가 왕위를 승계하고 있다는 사실은 이해하기 어려운 점이라고 하겠다.[55] 따라서 계왕의 왕위계승에는 어떤 정치적 의도가 내재해 있을 가능성을 추측할 수 있다.

둘째는 근초고왕의 王名에서 볼 수 있는 것처럼 초고계를 계승한다는 의미에서 앞에 '近'자를 붙이고 있다는 점이다.[56] 이미 초고계로의 왕위계승이 비류왕대에 이루어졌음에도 불구하고 다시 근초고왕대에 이를 새삼 강조하는 것은 비류왕을 이어 고이계인 계왕

---

52) 그런데 沙伴은 실제 왕위에 오르지 못했을 가능성이 있다고 하는 견해 (李基白, 앞의 논문, p.549)는 契王의 즉위와 관련하여 주목된다.

53) 『三國史記』24, 비류왕 18년.

54) 『三國史記』24, 비류왕 24년.

55) 이는 근초고왕의 위업으로 보아 이미 비류왕대에 상당한 정치적 역량을 가지고 있었음을 추측할 수 있다는 점에서 볼 때 더욱 그러하다. 계왕이 재위 3년만에 돌연 사망한 점에도 의문의 여지가 있으며, 특히 계왕의 후계문제에 대해 아무 언급이 없다는 점은 근초고왕이 실력에 의해 왕위를 계승하였을 가능성을 보여준다. 이러한 상황에 대하여 계왕이 실권을 잃었거나 또는 실제로는 재위하지 않았으나 뒤에 와서 삽입되었을 가능성이 있다고 하는 견해가 있다(金哲埈, 앞의 논문 pp.49~50). 그러나 계왕의 존재가 분명히 보이고 있는 점에서 후자일 가능성은 상정하기 어렵다. 그렇다면 계왕이 실권을 상실한 상태에서 명목상 왕위를 승계하였을 가능성이 크며, 이는 계왕을 이해하는 데 있어서 주목되는 사항이다.

56) 金哲埈, 앞의 논문, p.50.

이 즉위하였던 사실 때문만은 아닐 것이다. 이는 비류왕이 초고왕의 직계가 아니며, 근초고왕이 초고왕과 직계관계에 있음을 암시하는 것으로 볼 수 있지 않을까? 나아가 비류왕과 근초고왕의 관계가 직자관계가 아닐 가능성을 보여주는 것이다.[57] 즉, 근초고왕의 왕명에 초고왕에 "近"字를 붙여 사용한 것은 초고왕과의 계승관계를 강조하기 위한 것임과 동시에 왕위계승상에 있어서 초고계 직계의 등장을 공표하는 것으로 이해해야 할 것이다. 비류왕이 비록 초고계의 일파임은 사실이지만 구수왕의 제2자가 아니었으며,[58] 근초고왕 역시 비류왕의 직자가 아닌 동시에 오히려 肖古王－仇首王－沙伴王에 직접 연결되는 혈연관계에 있었던 것으로 보아야 한다.

셋째는 근초고왕 재위시 보여준 정치성향이 비류왕과는 전혀 다르다고 하는 점에서도 그들의 관계를 읽을 수 있지 않을까 생각된다. 즉, 근초고왕은 활발한 대외정책을 펴고 있으나 비류왕은 주로 내정에 치우치고 있음을 볼 수 있다. 물론 정치성향만을 통해서 직자관계를 살피기에는 한계가 있을 것이다. 그러나 근초고왕대는 활발한 대외전쟁을 비롯하여 주변국들과의 긴밀한 외교관계를 맺고 있음에 비하여 비류왕대는 전혀 그렇지 못하다. 만일 근초고왕이 비류왕의 直子라고 한다면 어떠한 형태로든 부왕과 근초고왕의 정치노선상에서 어떠한 공통적 요소를 찾아볼 수 있을 것이다. 그럼에도 불구하고 공통점이 전혀 찾아지지 않는다는 것은 그들의 정치적 기반이 원천적으로 달랐을 가능성을 말하는 것이며, 이러한 점은 그들

---

57) 近肖古王이 比流王의 아들이라고 기록되어 있기는 하지만, 比流라는 왕명은 무언가 溫祚王系와는 이질적인 반면에 근초고왕과 그의 태자 근구수왕은 역시 溫祚－肖古王系를 분명히 표방하고 있다는 점에서 근초고왕이 아무래도 비류왕과는 이질집단이었을 가능성을 지적하는 견해가 있다(金杜珍, 앞의 논문, p.25).
58) 비류왕과 구수왕과의 관계는 다음 第二子의 用例에 대한 검토과정에서 자세하게 설명되고 있다.

■ 기단식적석총인 석촌동 3호분(근초고왕의 무덤으로 추정되고 있다)

의 일반적인 관계 즉, 직자관계에 의문을 갖게 하기에 충분하다.

넷째는 비류왕 후기의 정국운영상에 보이는 현상을 통해 추정해 볼 수 있다. 비류왕은 비록 臣民의 추대에 의해 왕위에 올랐던 인물이었으나[59] 재위전기를 거치면서 어느 정도 왕권의 강화를 이루었음은 『삼국사기』 백제본기 비류왕조의 기록을 통해 살펴볼 수 있다. 그런데 진씨세력이 재등장한 비류왕 30년[60] 이후에 들어오면서는 정국운영에 있어 상당히 위축된 측면을 보여주고 있다. 진씨세력은 근초고왕대 이후부터는 왕비족으로 등장하고 있는데, 근초고왕과 인척관계를 맺은 것은 비류왕대 후기로 추정된다. 따라서 근초고왕이 비류왕의 직자라고 한다면 진씨세력이 비류왕과는 밀접한 관계에 놓이게 되므로 왕권을 강화하는 데 유리했을 것이다. 또한 두 세력간의 정치적 연합관계를 통해 보다 강력한 정국운영을 수행해 나갈 수 있었을 것이다. 그러나 실제는 그러한 추론과는 달리 비류왕의 정치활동에 대한 기록이 지극히 소략하게 기술되고 있다.[61] 즉, 진씨세력의 재등장이 비류왕의 정국운영에 걸림돌로 작용하였던 것으로 보인다. 그렇다면 이 시기의 정국상황을 어떻게 이해할 수 있을까? 이는 근초고왕의 정치세력화라는

---

59) 『三國史記』 24, 비류왕 원년.
60) 『三國史記』 24, 비류왕 30년.
61) 이와 관련해서는 제3장 1절 '眞氏勢力의 재등장과 王權의 약화'를 참고하기 바란다.

측면에서 해석될 수 있으며, 그 원인은 결국 근초고왕이 비류왕과는 계보를 달리하고 있다는 사실에서 찾을 수밖에 없다고 생각된다.

그러면 근초고왕이 비류왕의 둘째 아들로 기록되어 있는 점을 어떻게 해석할 것인가가 문제이다. 이를 위해서는『삼국사기』백제 본기에서 사용된 제2자의 용례에 대한 검토가 필요하다.

C - 1. 蓋婁王之第二子也 仇首王在位二十一年薨 長子沙伴嗣位 而 幼少不能爲政 肖古王母弟古爾卽位(제8대 고이왕조)

　　2. 仇首王第二子 性寬慈愛人 又强力善射 久在民間 令譽流聞 及汾西之終 雖有子皆幼不得立 是以 爲臣民推戴 卽位(제11 대 비류왕조)

　　3. 比流王第二子也 體貌奇偉 有遠識(제13대 근초고왕조)

　　4. 近仇首王之仲子 枕流王之弟 爲人强勇 聰惠多智略 枕流之薨 也 太子少故叔父辰斯卽位(제16대 진사왕조)

　　5. 牟大王之第二子也 身長八尺 眉目如畵 仁慈寬厚 民心歸附 (제25대 무령왕조)

　　6. 明王第二子 昌王薨 卽位(제28대 혜왕조)

사료 C에서 보는 바와 같이 둘째 아들의 신분으로 왕위에 오르고 있는 경우는『삼국사기』백제본기의 기록을 통해서 모두 여섯 차례가 보이고 있다. 그런데 진사왕의 경우는 근구수왕의 仲子로 기록되어 있어 '第二子'와는 용례가 다를 뿐만 아니라 침류왕의 弟로 분명하게 기록되어 있으므로 논외로 한다.

그럼 고이왕의 왕위계승 문제부터 살펴보기로 한다. 그 동안 고이왕이 개루왕의 아들이라는 기록에 대해서는 많은 논란이 있어 왔다.[62] 사실 고이왕이 개루왕의 둘째 아들일 경우 개루왕이 사망하

---

62) 고이왕의 왕위계승과 관련해서는 다음의 논고에 잘 정리되어 있어 참고
　　된다.
　　李基東, 앞의 논문, pp.55~60.

는 해(166)에 출생했다고 하더라도 286년 그가 사망하는 때까지의 연령이 120세가 되고 있어 일반적으로 납득하기 어렵다. 또한 그가 왕위에 오르는 시점의 나이는 최소한 68세 이상이 되고 있는데, 왕 3년에 서해의 큰 섬에 전렵을 나가 사슴 40마리를 잡았다[63]고 하는 등 그의 재위시의 활동과 관련시켜 볼 때 이해하기 어려운 부분이 많이 있다. 따라서 고이왕이 개루왕의 둘째 아들이라고 기록되어 있는 것은 계보상의 의제일 뿐 신빙성이 없으며, 계보상 구수왕과 연결시키기 위한 목적에서 이루어졌을 가능성이 크다고 볼 수 있다.[64] 그렇다면 고이왕이 초고왕의 母弟라는 것은 '同母弟'라기 보다는 '母의 弟'로 해석될 수 있으며,[65] 결국 고이왕은 개루왕의 둘째 아들이 아님에도 불구하고 '第二子'로 기록되었음을 알 수 있다.

다음은 비류왕의 경우인데 앞에서도 언급하였듯이 비류왕이 구수왕의 둘째 아들일 경우 우선 문제되는 것이 고이왕과 마찬가지로 생존연수의 문제이다. 즉, 구수왕이 234년에 사망했으므로 그 해에 출생했다고 하더라도 그가 사망한 344년까지는 110세가 되어 상식적으로 믿기 어려운 부분이 있다. 또한 비류왕이 '久在民間 令譽流聞'했다고 하는 기록을 통해 그가 구수왕의 실제 아들이 아닐 가능성을 추측할 수 있다.[66] 그럼에도 불구하고 '第二子'로 기록되고

梁起錫, 앞의 논문, pp.45~50.

63) 冬十月 王獵西海大島 手射四十鹿(『三國史記』 24, 고이왕 3년)

64) 李基東, 앞의 논문, p.59.
　　이와 立論은 다르지만 古爾王을 肖古王의 同母弟로 보아 扶餘氏 출신으로 파악하면서 蓋婁王은 解氏系 왕이므로 부여씨계인 고이는 개루와는 계보상 연결되지 않는다고 보기도 한다(盧重國, 「解氏와 扶餘氏의 王室交替와 初期百濟의 成長」, p.128). 다만 고이왕은 優氏로 여기서는 고이왕이 계보상 개루왕과 연결되지 않는다는 사실만을 지적하고자 한다.

65) 千寬宇, 앞의 논문, pp.326~327.

66) 이와 관련해서는 앞의 2절 '比流王의 王位繼承' 부분을 참조하기 바란다.

있는 것이다. 따라서 구수왕과 연결시킨 것은 고이왕의 경우와 마찬가지로 전왕조와 결부시키고자 하는 데서 나온 계보상의 의제라고 보는 것67)이 합리적이라고 할 수 있다.

무령왕 역시 동성왕의 둘째 아들이 아님은 분명한 사실로 인정된다. 무령왕의 즉위와 관련해서는 『일본서기』에 다음과 같은 기록이 보이고 있다.

末多王無道 暴虐百姓 國人共除 武寧王立 諱斯麻王 是琨支王子之子
卽末多王 異母兄也68)

즉, 『일본서기』 무열기 4년조에 「백제신찬」을 인용하여 무령왕을 동성왕의 異母兄이라고 하는 이설을 기록하고 있다. 이러한 사실에 대해 문주왕 이후 한동안 계속되던 비부여씨 왕계는 동성왕(비부여씨)의 피살 이후 부여씨 왕계인 무령으로 되돌아 왔다고 하여 동성왕과 무령왕의 出系가 다름을 지적하기도 하며,69) 무령왕은 곤지의 아들로 제24대 동성왕의 異母兄이라는 사실과 더불어 異說王系의 출현배경을 설명하고 있기도 하다.70) 따라서 무령왕이 동성왕의 둘째 아들이 아니라고 하는 사실만큼은 분명하다고 하겠다.

그러나 제28대 혜왕의 경우만은 별다른 문제점이 보이고 있지 않다. 더욱이 혜왕의 경우 『일본서기』 흠명기에도 성왕의 둘째 아들이었음이 명기되어 있어,71) 그 사실성을 확인할 수 있다.

---

67) 李基東, 앞의 논문, p.63. 그러나 李基東은 비류왕을 溫祚-肖古王系로 보는 데는 의문을 갖고 있으며, 이들의 王系를 溫祚王系가 아닌 전혀 새로운 세력의 출신일 가능성을 제기하고 있어 관점의 차이를 보이고 있다.

68) 『日本書紀』 16, 武烈紀 4년.

69) 千寬宇, 앞의 논문, p.332.

70) 李道學, 「漢城末 熊津時代 百濟王系의 檢討」, 『韓國史硏究』 46, 1984, pp.11~17.

이상 第二子의 용례를 검토한 결과 제28대 혜왕의 경우만을 제외하고는 모두가 사실과 다르며, 실제 아들이 아닐 경우 전왕과 혈연관계를 부회하기 위해 사용된 것으로 파악할 수 있다.[72] 따라서 근초고왕의 경우에도 단지 비류왕과의 혈연관계를 나타내기 위해 둘째 아들로 기록하였을 뿐 실제 父子관계가 아닐 가능성을 생각하기에 충분하다.[73]

그렇다면 근초고왕은 비류왕과 그 왕계를 달리하고 있었을 것인가? 그러나 기록상 비류왕도 분명 초고계를 표방하고 있다(사료 C-2). 따라서 왕계를 달리했을 가능성보다는 초고계 내부의 문제 즉, 초고왕 직계와 방계라고 하는 가계상의 변화로 파악할 수 있는 것이다. 이는 같은 초고계 내에서 비류왕 가계와 근초고왕 가계가 병존했을 가능성을 의미하는 것이기도 하다.

결국 근초고왕의 왕계를 어디에서 구해야 할 것인가는 명확해진다. 근초고왕의 '近'이 초고왕을 계승한다는 의미에서 붙여졌다고 한다면 근초고왕의 왕계는 바로 초고왕에서 찾아야 할 것이기 때문이다. 그렇다고 한다면 근초고왕은 혹 고이왕에 의해 폐위된 사반왕의 직계일 가능성이 크지 않을까 생각된다. 즉, 초고계의 직계는 방계인 비류왕이 즉위함으로써 어느 정도 정치적인 활동을 재개

---

71) 『日本書紀』 欽明紀 16년 2월, 「百濟王子餘昌 遣王子惠[王子惠者威德王之弟也]奏曰 聖明王爲賊見殺…」.

72) 이에 대해 「二子」 곧 「非長子」로 설명된 계승자는 예외없이 정변 내지 왕실교체의 주인공으로 상정되는 존재로 정상적이지 않은 과정을 통해 왕위에 오른 인물들을 설명하는 방법으로 「二子」 왕위계승이 사용되었다고 보는 견해도 있다(金起燮, 「漢城時代 百濟의 王系에 대하여」, 『韓國史硏究』 83, 1993, pp.7~13).

73) 근초고왕의 즉위를 비상시에 적용되는 우수자 계승원리에 의한 것으로 이해되기도 하나(梁起錫, 앞의 논문, pp.63~64) 당시가 비상시기로 규정될 만한 분명한 이유가 보이고 있지 않으므로, 그 보다는 왕위승계를 둘러싼 肖古系 直系와 傍系의 권력투쟁의 산물로 해석하는 것이 타당하지 않나 생각된다.

할 수 있었을 것이며, 진씨세력과 인척관계를 맺는 과정을 통하여 정치적 입지를 강화시킬 수 있었던 것으로 볼 수 있다. 그리고 근초고왕의 즉위는 초고계 직계로의 왕위계승권이 확립되는 계기가 되었다고 하겠다.

근초고왕 이후부터는 부자상속이 한동안 이루어지고 있다.[74] 근초고왕 이후 4세기 말까지의 왕위계승 기록을 보면 다음과 같다.

> D-1. 一云諱須 近肖古王之子 … 近肖古在位三十年薨 卽位(『三國
>   史記』24, 근구수왕 즉위년)
>   2. 近仇首王之元子 母曰阿爾夫人 繼父卽位(위의 책, 침류왕 즉
>   위년)
>   3. 近仇首王之仲子 枕流之弟 爲人强勇 聰惠多智略 枕流之薨也
>   太子少故叔父辰斯卽位(위의 책 25, 진사왕 즉위년)
>   4. 或云阿芳 枕流王之元子 初生於漢城別宮 神光炤夜 及壯志氣
>   豪邁 好鷹馬 王薨時年少 故叔父辰斯繼位 八年薨 卽位(위의
>   책, 아신왕 즉위년)

위의 사료 D를 보면, 근초고왕에서 근구수왕 – 침류왕으로의 왕위승계는 부자상속에 의해 이루어지고 있으며, 계위상에 있어 특별한 문제가 없었던 것으로 보인다. 그런데 침류왕 사후 직계로 왕위계승이 이루어지지 않고, 근구수왕의 仲子이며, 침류왕의 아우인 진사왕이 즉위하고 있다. 그리고 진사왕 즉위의 표면적인 이유는 침류왕의 장자가 어리다는 것이었다. 그런데 이와 관련하여 『일본서기』에 다음과 같은 기록이 보이고 있어 주목된다.

百濟枕流王薨 王子阿花年少 叔父辰斯奪立爲王[75]

---

74) 李基白은 이 시기를 百濟 王位繼承上에 있어 과도기로 설정하고 있기
   도 하다(李基白, 앞의 논문, p.580).
75) 『日本書紀』9, 神功紀 65년.

즉, 진사왕이 왕위를 찬탈한 것으로 기록되어 있는 것이다.[76] 이는 진사왕의 왕위계승 과정시 알력이 있었을 가능성을 시사하는 것이다. 그리고 다음의 기록은 이러한 상황을 뒷받침해 주고 있다.

E-1. 冬十月 高句麗攻拔關彌城 王田於狗原 經旬不返 冬十一月
　　　　薨於狗原北宮(『三國史記』 25, 진사왕 8년)
　2. 百濟辰斯王立之失禮於貴國天皇 故遣紀角宿禰 羽田矢代宿禰
　　　　石川宿禰 木菟宿禰噴讓其无禮狀 由是 百濟國殺辰斯王以謝
　　　　之 紀角宿禰等 便立阿花爲王而歸(『日本書紀』 10, 應神紀
　　　　3년)

진사왕의 즉위에 문제가 있었던 것과 마찬가지로 진사왕의 죽음에도 의문이 제기되고 있다. 이에 대해 『일본서기』에서는 백제국이 진사왕을 살해했다고 기록하고 있다. 『삼국사기』에도 진사왕이 전렵을 나갔다가 狗原의 북궁에서 훙거한 것으로 기록되어 있는 것으로 보아 진사왕의 죽음에 문제가 있었던 것만은 사실이었던 것으로 생각된다.[77] 『일본서기』에서의 '百濟國'은 아마도 백제 '國人'으로 볼 수 있지 않을까 생각된다. 삼국에 있어서 왕위계승과 관련하여 국인의 존재가 자주 등장하고 있는 사실[78]에서 '百濟國'은 백제 '國人'으로 대체할 수 있을 것이다. 침류왕의 원자이었던 아신은 결국 국인의 도움으로 왕위에 오르게 되었으며, 국인은 아신왕 2년 좌장에 임명되는 진무를 중심으로 하는 진씨세력이었을 것으로 생

---

76) 盧重國, 앞의 책, pp.132~133.
77) 李道學, 「漢城 後期의 百濟 王權과 支配體制의 整備」, 『百濟論叢』 2,
　　1990, pp.288~291.
　　梁起錫, 「한성시대 후기의 정치적 변화」, 『한국사』 6, 국사편찬위원회,
　　1995, p.47.
78) 南在祐, 「新羅上古期의 '國人'層」, 『韓國上古史學報』 10, 1992, pp.378
　　~381.

각된다. 그러나 근초고왕계 내에서의 왕위계승이라는 점과 진씨세력이 여전히 왕비족을 형성하고 있었던 점으로 보아 정치적 변화는 크지 않았다고 할 수 있다.[79] 결국 백제는 근초고왕의 즉위로 인해 이전의 분립적인 왕위계승에서 초고계 직계로의 단선적인 왕위계승으로 이행하였음을 볼 수 있다.[80]

이상에서 4세기 왕위계승 문제에 대해 살펴보았다. 중앙집권적 귀족국가의 성립에 있어서 왕실의 고정이 갖는 의미는 매우 중요하다. 그것은 왕실이 고정됨으로써 일원적 왕위계승이 가능하게 되고, 아울러 왕권의 안정에 따른 강력한 정국운영이 이루어질 수 있기 때문이다. 4세기에 있어서 왕위는 비류왕의 즉위로 인해 고이계에서 범초고계로 이행하게 되었다. 그러나 계왕의 즉위로 왕계가 다시 고이계로 바뀌었으나, 이는 근초고왕의 왕위계승 과정에서 나타난 일시적 현상이었다. 그리고 근초고왕의 즉위로 인해 초고계 직계로의 왕위계승권이 확립되었다. 근초고왕대 백제의 대외적 팽창은 이러한 왕실의 안정과 무관하지 않다. 따라서 4세기 정복왕조와 같은 전혀 새로운 왕조의 출현을 상정하기 보다는 4세기 이전 왕계와의 연속선상에서 왕위계승 문제를 이해해야만 백제의 계기적 발전과정을 추적할 수 있다.

---

79) 姜鍾元, 「百濟 漢城時代 政治勢力의 存在樣態」, 『忠南史學』 9, 1997, pp.12~13.

80) 특히 근초고왕 직계로의 왕위계승권 확립과 관련하여 주목되는 점 가운데 하나는 당대에 子·孫子의 존재가 등장하고 있다는 사실이다. 근구수는 『三國史記』 근초고왕 24·26년조에 나타나고 있으며, 침류는 『日本書紀』 神功紀 52년(372)조를 통해 확인할 수 있다. 이러한 현상은 근초고왕 직계의 정치적 위상이 이미 확고하게 확립되어 있었음을 보여주는 것이 아닌가 생각된다.

제 2 장
정치세력의 존재양태

제 2 장
정치세력의 존재양태

1. 비류왕대의 중앙 정치세력

대개 왕을 중심으로 한 전제정치가 시행되기 전까지 중앙 정치는 유력한 정치세력들과의 역학관계 속에서 이루어진다. 특히 정치제도 또는 관료조직이 완비되지 못한 상황, 또는 왕권이 미약한 상황에서 유력한 세력의 정치적 영향력은 더욱 크게 작용하고 있다.

4세기 중앙의 정치세력을 형성하는 존재로 가장 특징적인 것이 왕위계승상에 있어서 주도적 역할을 하고 있는 세력이다. 비류왕대는 왕위계승과 관련하여 臣民의 존재가 보이고 있는데, 신민은 4세기 전반을 특징지우는 대표적 중앙 정치세력이라는 점에서 이들을 둘러싼 세력 재편과정에 대한 검토가 필요하다.

먼저 신민으로 대표되는 비류왕대의 정치세력을 확인할 수 있는 기록으로는 비록 단편적이기는 하지만 『삼국사기』 백제본기의 다음 내용이 주목된다.

A - 1. 仇首王第二子 性寬慈愛人 又强力善射 久在民間 令譽流聞
　　　 及汾西之終 雖有子皆幼不得立 是以 爲臣民推戴 卽位(『三國
　　　 史記』24, 비류왕 원년)
　　2. 夏四月 謁東明廟 拜解仇爲兵官佐平(위의 책, 비류왕 9년)
　　3. 春正月 以王庶弟優福爲內臣佐平(위의 책, 비류왕 18년)
　　4. 秋十月 修宮室 拜眞義爲內臣佐平(위의 책, 비류왕 30년)

　　비류왕은 고이계를 대신하여 범초고계로서 신민의 추대에 의해
왕위에 오른 인물이다. 따라서 중앙세력을 형성한 존재로는 왕족을
비롯하여 그를 추대한 신민으로 기록된 세력들에서 찾을 수 있겠다.
그런데 신민이 구체적으로 누구를 가리키는지 분명하지 않다. 따라
서 신민의 존재에 대한 구체적인 검토가 필요하다. 『삼국사기』백
제본기에서 신민이라는 용례는 비류왕 원년조 이외에 온조왕 원년
조[1] 한 곳밖에는 보이고 있지 않다. 그런데 온조왕 원년조에 보이
고 있는 신민은 말 그대로 신하와 백성을 모두 포함하고 있다. 그러
나 비류왕대의 경우 신민은 신하와 일반 백성을 함께 지칭하는 것
이 아니라 정치세력으로서 왕위계승에 관여할 수 있는 귀족층을 의
미하고 있음을 알 수 있다.[2] 이는 신라의 경우 왕위계승 과정에 참
여하고 있는 세력으로 국인과 같은 존재라고 하겠다.[3] 즉, 귀족세
력들의 추대에 의해 비류왕이 왕위에 오르고 있는데, 이들이 당시
유력한 정치세력을 형성하게 되었을 것이다.

---

1) 『三國史記』23, 온조왕 원년, 「遂慙悔而死 其臣民皆歸於慰禮」.
2) 李基白은 臣民에 대하여 일반 국민을 가리키는 것이 아니라 부족장격
　 의 귀족층을 말하는 것이겠고, 혹은 그들 중에서도 유력한 일파를 지칭
　 하는 것일지도 모르는 일이라고 지적하였다(李基白, 「百濟王位繼承考」,
　 『歷史學報』11, 1959, p.544).
3) 南在祐, 「新羅上古期의 ‘國人’層」, 『韓國上古史學報』10, 1992, pp.369
　 ~377.
　 백제의 경우에도 왕위계승과 관련하여 ‘國人’의 존재가 보이고 있다
　 (『三國史記』25, 전지왕 원년, 「國人殺碟禮 迎腆支卽位」).

그럼 당시 어떤 세력들이 신민의 범주에 포함될 수 있었는가 검토해 보기로 하겠다. 먼저 신민 속에는 비류왕과 혈연관계에 있는 초고계 즉, 왕족세력을 들 수 있겠다. 비록 왕족의 존재가 기록을 통해서는 확인되지 않으나 비류왕이 고이계를 이어 범초고계로서 왕위에 오르고 있는 점에서 당시 가장 유력한 정치세력 가운데 하나로 범초고계를 포함시킬 수 있을 것이다. 특히 고이왕이 초고계인 사반을 폐하고 왕위에 올랐던 사실에 비추어 볼 때, 다시 초고계가 왕위에 오를 수 있었다고 하는 사실은 그들이 이미 고이계를 능가할 정도로 정치기반을 회복하였음을 반증하는 것이다. 그리고 초고계가 다시 부상할 수 있었던 이유는 고이계의 약화에서 찾을 수 있겠다. 즉, 고이왕을 이어 즉위한 책계왕은 13년에 한과 맥인의 침략을 막아내는 과정에서 전사하였으며,[4] 분서왕은 낙랑태수가 보낸 자객에 의해 피살되는 상황이 발생했다.[5] 이는 한편으로는 고이계의 대중국 군현정책의 실패를 의미하는 것이기도 하며, 두 번에 걸친 왕의 죽음으로 인해 고이계는 타격을 받게 되었을 것이다. 결국 이러한 과정에서 세력약화를 초래하였으며, 반대로 초고계가 다시 세력을 강화시킬 수 있는 계기가 마련되었다. 따라서 비류왕대 가장 유력한 중앙세력으로 부상한 것은 범초고계인 비류왕을 중심으로 한 왕족이었다고 하겠다.

그러나 비류왕이 '臣民의 추대'에 의해 왕위에 올랐다는 사실을 통해 볼 때 초고계의 정치적 입지도 일정한 한계가 있었을 것이다. 따라서 초고계 이외에 비류왕을 지지한 다른 정치세력이 존재하였을 것이다. 이 때 신민의 존재로 비류왕 9년 병관좌평에 임명되는 해구[6]로 대표되는 해씨세력이 주목된다. 고이왕대 초고계를 물리치

---

4) 『三國史記』 24, 책계왕 13년, 「秋九月 漢與貊人來侵 王出於爲敵兵所害薨」.
5) 『三國史記』 24, 분서왕 7년, 「冬十月 王爲樂浪太守所遣刺客賊害薨」.
6) 비류왕 9년에 보이고 있는 解仇와 문주왕 4년에 보이는 解仇가 同名이

고 고이계가 왕위를 계승할 때도 왕족 버금가는 세력이었던 진씨가 일정한 역할을 함으로써 이후 진씨가 유력한 정치세력으로 활동하였던 예를 찾아볼 수 있다.[7] 그렇다면 비류왕 9년에 나타나는 해구의 존재는 일단 비류왕을 추대한 신민 가운데 가장 유력한 한 세력으로 보아도 문제가 없을 것이다.[8]

다음은 해씨가 어떠한 과정을 거쳐 정치세력화하였으며, 비류왕의 지지세력이 되었는가 검토해 보기로 한다. 해씨세력의 등장과 관련해서는『삼국사기』에 다음의 기록이 보이고 있다.

> B - 1. 春正月 右輔乙音卒 拜北部解婁爲右輔 解婁本扶餘人也 神識淵奧 年過七十膂力不愆 故用之(『三國史記』 23, 온조왕 41년)
>
> 2. 春二月 右輔解婁卒 年九十世 以東部屹于爲右輔(위의 책, 다루왕 7년)
>
> 3. 夏四月 謁東明廟 拜解仇爲兵官佐平(위의 책, 비류왕 9년)

위의 사료 B는 해씨가 왕비를 배출하기 이전 유력한 정치세력으로 등장하는 과정을 보여주는 기록이다. 해씨가 중앙정치에 등장하는 것은 온조왕 41년 해루가 우보에 임명되는 것에서 시작된다. 이

라는 사실에 의해 비류왕대 해구의 실재성에 의문을 제기하기도 하나 (李弘稙,「百濟人名考」,『韓國古代史의 研究』, 신구문화사, 1987, p.353) 이를 同名異人으로 보는데 별 무리가 없으므로(盧重國,『百濟政治史研究』, 일조각, 1988, p.126) 필자도 비류왕대의 解仇를 실재 인물로 보는 견해를 따른다.

7)『三國史記』에서 고이왕대 진씨 관련 기록은 왕 7년·13년·14년·28년 조에 나타나고 있어 가장 유력한 세력가운데 하나였음을 알 수 있다. 특히 진씨세력은 백제초기 국가의 발전과정에서 군사적 활동이 빈번하였음을 볼 수 있으며, 이러한 군사적 활동을 바탕으로 유력한 정치세력으로 작용하였음을 알 수 있다(梁起錫,『百濟 專制王權成立過程 研究』, 단국대학원 박사학위논문, 1990, pp.55~57).

8) 盧重國, 앞의 책, pp.125~126.

때 해루가 등용되는 이유는 「神識淵奧 年過七十瞽力不愆」이라고 하여 다분히 가상적인 요소가 있으며, 아마도 해루가 부여인이었다는 것으로 보아 백제 건국세력과 같은 부여족 출신이기 때문에 가능했던 것으로 생각된다.[9] 그런데 해씨는 다루왕 7년 해루가 죽은 후 한동안 기록에 보이지 않다가 비류왕 9년에서야 다시 등장하고 있다. 그런데 여기서 문제가 되는 것은 어떻게 해구가 비류왕의 즉위시 많은 영향력을 행사할 수 있었겠는가 하는 점이다. 이를 위해서는 해루 이후 해씨세력이 약 280여 년간 유력한 정치세력으로 활동하지 못했었음에도 불구하고 비류왕의 즉위시에 중요한 역할을 할 수 있었던 배경에 대해 살펴볼 필요가 있다.

먼저 주목되는 사실은 해루가 북부를 칭하고 있는 것이고, 또 하나는 본래 扶餘人이었다고 하는 점이다. 북부를 칭한 사실에서 당시 해씨의 재지기반이 북부였음을 알 수 있다. 그러나 본래 부여인이었다고 하는 것은 이들이 북방의 부여지역으로부터 이주해 와서 언제인가 백제의 북부지역에 정착한 세력임을 의미한다. 이는 해씨가 북부의 토착세력이 아니었음을 말해 주는 것이다.[10] 북부의 토착세력으로는 다루왕 10년 우보에 임명되는 북부를 칭한 진회라고 하는 진씨세력[11]이 보인다. 이후 진씨는 유력한 정치세력으로 활동하게

---

9) 李鍾旭, 「百濟의 國家形成」, 『大邱史學』 11, 1976, pp.53~55.
   梁起錫, 「熊津時代의 百濟支配層硏究」, 『史學誌』 14, 1980, p.4.
   특히 고구려의 경우에도 주몽과 같이 부여에서 남하해 온 3人 가운데 陜父가 大輔의 직에 있었던 점과 대비시켜 이해할 수 있다(『三國史記』 14, 유리명왕 22년). 이 大輔의 職은 대무신왕대는 左·右輔의 명칭으로 나타나고 있어, 이 때 분화된 것으로 생각되며, 백제의 左·右輔와 같은 직능을 가졌던 것으로 볼 수 있다(위의 책, 대무신왕 8·10년조). 따라서 온조왕대 右輔에 임명된 解婁도 온조왕과 같은 扶餘系 출신으로 백제의 건국과정에서 일정한 역할을 함으로써 右輔의 직에 등용되었을 가능성이 크다.

10) 李鍾旭, 앞의 논문, pp.54~55.

11) 『三國史記』 23, 다루왕 10년.

되는데, 그 기반이 북부였다. 따라서 한동안 북부에 해씨와 진씨가 함께 존재하였음을 알 수 있다. 해씨세력은 다루왕 7년 해루가 사망한 이후 기록에 나타나지 않다가 비류왕 9년에 다시 보이고 있으며, 전지왕 원년(405)에 다시 '漢城人' 해충이 보이고 있다.12) 그런데 해루 이후 해씨는 북부를 칭하고 있지 않다. 특히 해충이 '漢城人'으로 기록되고 있는 사실은 주목된다. 이는 해씨가 언제인가 한성지역으로 그 재지기반을 옮겼음을 의미하는 것으로 이해할 수 있기 때문이다. 그러면 언제 해씨가 북부로부터 한성지역으로 옮겨 왔을까? 이 문제는 최초로 관직에 진출하는 해루에서 해답을 찾을 수 있을 것이다. 특히 그가 본래 부여인이었다고 하는 사실은 백제의 건국 주체세력과 같은 부여족임을 나타내는 것이기도 하다. 이로 인해 해루가 우보의 직에 임명될 수 있었으며, 또한 이 때 그 재지기반도 한성으로 옮겨왔던 것으로 추정된다.13)

이후 해씨세력은 한성 내에서 유력한 정치세력 가운데 하나로 활동하게 되었다. 그러한 이유로 중앙정치에서 일정한 입지를 구축할 수 있었으며, 비록 해씨세력이 해루 사망이후 고이~분서왕대에는 기록에 나타나고 있지 않지만 비류왕의 즉위에도 관여할 수 있었던 것이다. 이로 인해 비류왕 9년 해구가 병관좌평에 임명될 수 있었으며, 또한 당시 유력한 정치세력을 형성하게 되었을 것이다. 다만 해씨세력이 비류왕이 즉위하기 이전까지는 기록에 나타나고 있지 않았던 사실에서 한동안 중앙정치에서 배제되었던 것으로 보인다. 당시 해씨의 이러한 정치적 상황은 비류왕이 재위전에 '久在

---

12) 『三國史記』 25, 전지왕 원년, 「旣至國界 漢城人解忠來告曰…」.
13) 이는 전지왕 元年에 등장하는 解忠이 漢城人을 칭한 사실에서 확인할 수 있다. 그리고 解婁가 扶餘人을 칭하고 있는 점으로 보아 北部가 원래의 재지기반이 아닌 부여로부터 이주해 와서 정착한 지역였음을 알 수 있으며, 그로 인해 쉽게 재지기반을 漢城地域으로 옮길 수 있었던 것으로 보인다.

民間'하였던 사정과 잘 부합된다. 즉, 해씨세력은 재지기반을 한성으로 옮긴 후 고이계 왕조에는 유력한 정치세력으로 참여하지 못하고 있었으며, 이러한 사정으로 범초고계이었던 비류왕과도 정치적 유대관계를 맺을 수 있었던 것이 아닌가 생각된다. 그런데 해씨세력이 고이계 왕조에서 유력한 정치세력으로 활동하고 있지 않았다는 점은 한편으로는 비류왕이 즉위하는 데에 있어서 커다란 정치적 영향력을 제공하지 못했을 가능성도 배제할 수 없다. 비록 해씨세력이 비류왕의 즉위에 일정한 기여를 하였을 것임에는 틀림이 없으나, 비류왕이 왕위에 오르는데 오로지 해씨세력의 지지만으로 가능하였을까 의문이 남는 것이다. 이러한 의문은 비류왕을 추대한 신민 가운데 해씨 이외에 당시 정치적 영향력을 가지고 있었던 또다른 세력의 존재를 상정하게 되는데, 비류왕이 즉위하기 이전에 제1의 정치세력을 형성하고 있었던 것은 당연히 왕족인 고이계 우씨세력이었다.

비류왕은 고이계인 분서왕의 뒤를 이어 추대에 의해 왕위에 오르고 있다. 따라서 그가 즉위하는 데 있어서는 해씨 이외에도 고이계 가운데 일부 지지세력이 있었을 가능성을 생각하게 한다.14) 이때 주목되는 것이 비류왕 18년조에 나타나고 있는 왕서제 우복의 존재이다.15) 비류왕은 재위 18년에 우복을 내신좌평에 임명하고 있는데, 이는 고이계와의 정치적 연합을 의미하는 것으로 볼 수 있다. 아울러 비류왕이 즉위할 당시에 고이계 가운데 그를 지지한 세력이 있었을 가능성을 생각하게 한다. 만일 비류왕의 즉위에 대해 고이계

---

14) 比流王의 즉위를 汾西의 불의의 死後 왕위계승을 둘러싸고 古爾系와 前直系였던 肖古系가 다투다가 초고계의 승리를 통해 얻어진 것으로 이해하기도 한다(盧重國, 「百濟王室의 南遷과 支配勢力의 變遷」, 『韓國史論』 4, 1978, pp.55~56). 그러나 고이계 優福이 內臣佐平에 임명되고 있는 사실을 통해 볼 때 비류왕의 왕위계승시 고이계와의 王位繼承戰은 없었던 것으로 생각된다.

15) 『三國史記』 24, 비류왕 18년.

세력이 모두 반발을 보였다면 우복의 내신좌평 임명이 가능했었겠는가? 특히 이와 관련하여 「及汾西之終 雖有子 皆幼不得立」[16] 및 「汾西王之長子也」[17]라는 기록이 주목된다. 즉, 분서왕에게는 자식이 있었으나 모두 어려서 왕위를 잇지 못했다고 하는 것과 계왕이 분서왕의 장자였다는 사실로 보아 1명 이상의 왕자들이 있었음을 알 수 있다. 그리고 우복이 내신좌평에 임명되는 시점에 이들은 장성하여 일정한 정치적 영향력을 확보하고 있었을 것이다. 이는 비록 비류왕이 범초고계로서 왕위에 올랐지만, 여전히 고이계도 일정한 정치세력을 형성하고 있었을 가능성을 말해주는 것이다. 그런데 왕 24년 내신좌평에 임명되었던 우복이 북한성에서 반란을 일으키고 있다.[18] 우복의 반란은 두 가지 면에서 중요한 사실을 보여주고 있다. 첫째는 그가 독립적 성격의 군사적 기반을 여전히 가지고 있었으며, 그 재지기반은 한강 이북의 북한성 일대였을 것이라는 점이다. 이는 당시 왕권하에 군사권이 일원적으로 편제되지 못하였음을 의미한다. 둘째는 비류왕에 대한 고이계의 지지가 시종일관 지속되지는 않았다는 점이다.

그렇다면 왜 우복이 반란을 일으키고 있는 것일까. 이는 우복이 비류왕의 왕위계승을 지지한 고이계의 일파와는 성향을 달리하는 세력이었을 가능성을 보여준다. 즉, 고이계 내에서도 비류왕을 지지한 세력과 그렇지 않은 세력이 존재하고 있었을 것이기 때문이다. 그렇다고 할 때 우복은 나이 어린 계왕을 대신하여 분서를 이어 왕위에 오를 수 있는 최우선권자이었을 가능성을 추측해 볼 수 있다.[19] 그렇지만 비류왕은 초기 왕권의 안정을 바탕으로 자신의 미

---

16) 『三國史記』 24, 비류왕 즉위년.
17) 『三國史記』 24, 계왕 즉위년.
18) 『三國史記』 24, 비류왕 24년.
19) 李基白은 優福이 비류왕의 뒤를 이어 왕위를 계승할 수 있는 최우선권자였을 가능성을 지적하면서도 우복이 庶弟(異母弟)였기 때문에 왕위

약한 정치적 기반을 강화시킬 목적으로 범고이계와의 연합정책을 추구하게 되었던 것으로 생각된다. 이러한 과정에서 비류왕은 비록 자신을 지지하고 있지는 않지만 고이계 내에서 가장 유력한 인물이었던 우복을 내신좌평에 임명하여 회유와 동시에 중앙 통치조직 내로의 편제를 시도하였던 것으로 파악된다.20) 그러나 우복은 반란을 일으키게 되며, 결국 난은 실패를 하게 된다. 난의 실패는 고이계 전체에 일대 타격을 주었을 것이다. 비류왕의 뒤를 이은 계왕의 즉위와 3년만의 훙거를 비롯하여 계왕의 子에 대한 언급이 없는 것은 당시 난이 실패함으로써 고이계가 몰락했음을 의미하는 것으로 받아들일 수 있기 때문이다. 그러나 비류왕이 즉위할 당시나 적어도 우복이 내신좌평에 임명되는 시점까지 고이계는 여전히 유력한 중앙 정치세력을 형성하고 있었다고 생각된다. 그러한 점에서 고이계 역시 중앙 정치세력의 범주에 포함시킬 수 있다.

그런데 난이 진압된 이후 등장하는 인물의 추이가 주목된다. 즉, 비류왕 30년에 진의가 내신좌평에 임명되고 있는 것이다(A-4).21)

를 계승할 자격이 없어 반란을 일으키게 된 것이 아닐까 추정하고 있다(李基白, 앞의 논문, pp.547~548). 이는 우복을 肖古系로 보는 견해에서 출발하고 있음을 알 수 있다. 그러나 우복은 분명 古爾王系와 밀접한 관련이 있는 인물로 보아야 한다. 따라서 우복은 비류왕의 뒤를 이어 왕위에 오를 수 있었던 인물이라기 보다는 오히려 나이 어린 계왕을 대신해 분서왕의 뒤를 이어 왕위에 오를 자격이 있었던 인물로 볼 수 있겠다. 그러나 臣民에 의해 비류왕이 왕위에 올랐으며, 결국 우복이 반란을 일으킨 것은 바로 왕위에 대한 도전이었다고 할 수 있다.

20) 물론 유력한 정치세력을 중용하는 것이 비류왕에게 일정한 부담으로 작용하였을 것임은 사실이다. 그러나 優福을 중용할 수밖에 없었던 것은 비류왕대 왕권이 가지는 한계로 볼 수 있다. 즉, 강력한 정치적 기반을 가지고 있는 정치세력들을 중앙정치에 등용함으로써 왕권의 안정화를 꾀했던 것으로 볼 수 있다. 그러나 한편으로는 왕권의 전제화를 제약하는 요인으로 작용하게 되었을 것이다.

21) 그런데 여기서 優福이 난을 일으켰다가 진압된 것은 24년이며, 眞義가 內臣佐平에 임명된 것은 왕 30년으로 6년의 시간차가 나고 있어 이를

진씨세력이 북부에 재지기반을 가진 왕족 버금가는 유력한 세력이었음은 이미 지적된 바22)이지만 비류왕대 초기 진씨를 대신하여 해씨가 등장하고 있는 것은 정치세력의 변화를 의미하는 것으로 받아들일 수 있다. 그러나 優福의 난을 계기로 다시 진씨세력이 재등장하고 있는데,23) 난을 진압하는 데 일정한 기여를 한 결과라고 하겠다. 이러한 사실은 비류왕대 후기에 중앙 정치세력의 재편이 이루어지고 있음을 의미한다.

다음은 契王代의 정치세력에 대해 검토해 보기로 한다. 계왕은 재위기간이 만 2년에 불과해서 기록을 통해 정치세력을 확인할 수는 없다. 단지 계왕이 고이계라는 사실에서 정치세력으로 우선 고이계를 꼽을 수 있을 것이다. 그러나 계왕의 왕위계승에 많은 의구심이 있고, 재위기간도 짧아 정치세력으로서 크게 활동하지는 못했을 것이다. 특히 비류왕 24년 우복의 난이 실패함으로써 고이계세력은 일대 타격을 받았을 것이며, 이후 정치적 영향력은 크게 위축되었을 것이다.

계왕대 주목되는 정치세력은 비류왕 후기에 재등장한 진씨세력

직접 연결시키는데 문제가 없는 것도 아니다. 그러나 갑자기 眞氏勢力의 존재가 나타나는 것과 관련지어 설명할 만한 뚜렷한 사실이 보이고 있지 않다. 굳이 들자면 같은 달에 宮室을 수리한 것밖에는 없는데, 이것과의 관련으로 인해 眞義가 內臣佐平에 임명되었다고 생각하기에는 미흡하다. 따라서 眞義의 內臣佐平 임명은 優福의 난을 진압하는 데 있어서 일정한 공헌을 한데 따른 결과로 보아도 무방하다. 그렇다고 할 때 6년이라는 시간적인 오차는 優福의 난이 진압된 시기와 관련지어 설명해야 하겠다. 즉, 기록에 따르면 優福이 난을 일으킨 것과 진압한 것이 모두 비류왕 24년으로 되어 있으나 이를 그대로 해석할 것이 아니라 난을 일으킨 것은 24년이나 난이 완전히 진압된 것은 비류왕 24년에서 眞義가 內臣佐平으로 임명되는 30년 이전으로 볼 수 있지 않을까 한다.

22) 李基白, 앞의 논문, pp.571~572.
23)『三國史記』24, 비류왕 30년.

이다. 진씨세력은 우복의 반란을 진압하는 과정에서 재등장하면서 중앙 정치세력화하였던 것으로 보인다. 이러한 상황에서 고이계인 계왕의 즉위는 진씨세력에게 일정한 압력으로 작용될 소지를 가지고 있다. 그러나 계왕의 즉위가 독자적인 힘에 의해 이루어졌는지에 대해서는 의문이 있으며, 재위기간도 만 2년에 불과하였다는 사실에서 볼 때 계왕은 진씨세력에게 압력을 행사하지 못했을 것으로 생각된다. 따라서 비류왕 말기에 중앙에 진출한 진씨세력은 계왕대에는 유력한 중앙 정치세력으로 정국운영에 참여할 수 있었던 것이다.

이상에서 검토한 결과 비류왕대 중앙의 유력한 정치세력으로는 범초고계를 비롯하여 해씨세력, 고이계인 우씨세력, 비류왕 말기에 등장하는 진씨세력 등을 확인할 수 있었다.24) 그리고 이들 중앙 정치세력의 특징은 재지기반을 토대로 사병적 성격의 군사력을 소유하고 있었으며, 또한 왕위계승시에는 일정한 정치적 영향력을 끼쳤던 존재들이었다는 사실이다. 이러한 점으로 인해 비류왕이 왕권을 안정화시켜 나가는 과정에서 이들 정치세력들을 중용하지 않을 수 없었던 것으로 생각된다.

이상에서 비류왕대 중앙 정치세력의 존재양태에 대하여 살펴보았다. 백제초기 중앙관직에 임명되고 있는 인물들을 보면 대부분 부를 토착기반으로 하는 세력이었음을 알 수 있다. 그러나 이러한 현상이 3세기에 접어들면서 점차 다양화되어 가고 있다. 즉, 중앙의 관직에 진출하여 일정한 정치적 입지를 획득해 가는 관료적인 성격을 가진 중앙세력과 여전히 부에 재지기반을 두고 있으면서 정치적 영향력을 행사하고 있는 부세력이 그것이다. 이러한 현상은 4세기 전반기에도 마찬가지였으며, 특히 이들 가운데 비류왕의 왕위계승

---

24) 다만 진씨세력은 비류왕 말기에 등장하여 계왕대를 거쳐 근초고왕대에 이르러 유력한 정치세력으로 활동하게 되므로 근초고왕대의 중앙세력에서 다루기로 하겠다.

표 1. 정치세력의 추이(고이왕~비류왕)

연 대		인 명	관 직	분장임무	관계	비 고
고이왕	7년	眞忠	左將	内外兵馬事		
	9년	質	右輔		叔父	
	14년	眞忠	右輔			
	27년	眞勿	左將	兵馬事	王弟	
	28년	優壽	内臣佐平			
		眞可	内頭佐平			
		優豆	内法佐平			
		高壽	衛士佐平			
		昆奴	朝廷佐平			
		惟己	兵官佐平			
책계왕	원년	帶方王女와 결혼				
비류왕	9년	解仇	兵官佐平			
	18년	優福	内臣佐平		王庶弟	반란
	30년	眞義	内臣佐平			

(전거 : 『삼국사기』)

에 깊숙히 관여한 세력들은 중앙의 정치세력으로 성장함으로써 그
들의 정치적 입지를 확대시켜 나갔음을 알 수 있다.

2. 근초고왕 이후의 중앙 정치세력

근초고왕대는 중앙집권적 통치체제가 마련되는 시기로 파악되고
있다. 그로 인해 부의 독자성이 점차 소멸되고, 아울러 부를 토대로
활동하던 정치세력의 분화를 초래하게 되었다. 이러한 과정에서 부
세력은 중앙 정치세력 즉, 중앙귀족으로 편입되거나 아니면 재지기
반을 토대로 지방세력화함으로써 그들의 정치적 입지를 확보해 가
게 되었을 것이다.[25] 따라서 정치세력은 중앙에서 활동한 귀족세력

---

25) 대개 中央貴族은 중앙집권적인 국가체가 형성되는 과정에서 聯盟王國
   시대에 병합·정복된 크고 작은 城邑國家의 지배층이 首都로 옮겨 와

과 그 이외에 지방을 토대로 활동한 세력으로 구분하여 이해할 필
요가 있다. 그리고 근초고왕대 이후부터 아신왕대까지는 왕계의 변
화없이 근초고왕계에서 왕위를 잇고 있으며, 왕비족 또한 진씨세력
에서 계속 차지하고 있었다. 그러한 점에서 4세기 후반의 정치세력
은 근초고왕대 활동한 세력에서 크게 변화가 없었던 것으로 생각된
다. 따라서 근초고왕대에 활동한 중앙 정치세력을 중심으로 그 존재
양태를 살펴보기로 하겠다.

1) 왕비족의 성립과 중앙 정치세력

근초고왕대의 대표적 중앙세력으로는 왕족인 초고계 직계를 비
롯하여 왕비족으로 성립되는 진씨세력이 있으며, 이 외에 특정한 직
무와 관련하여 등장하고 있는 인물들을 찾을 수 있다.

먼저 근초고왕대 활동한 중앙 정치세력과 관련하여 확인되는 존
재로는 다음과 같은 인물들이 있다.

C-1. 春正月 祭天地神祇 拜眞淨爲朝廷佐平 淨王后親戚(『三國史
記』24, 근초고왕2년)
2. 王遣太子以兵徑至雉壤 急擊破之(위의 책, 근초고왕 24년)
3. 至是 得博士高興 始有書記 然高興未嘗顯於他書 不知其何許
人也(위의 책, 근초고왕대)
4. 至於水谷城之西北 將軍莫古解諫曰 嘗聞道家之言(위의 책,
근구수왕 즉위년)
5. 百濟人 久氏 彌州流 莫古三人 到於我土曰 百濟王 聞東方有
日本貴國 而遣臣等令朝其貴國(『日本書紀』9, 神功紀 46
년)
6. 百濟王使久氏 彌州流 莫古 令朝貢(위의 책, 神功紀 47년)

서 살게 되고, 또한 중앙의 지배체제 속에 편입됨으로써 나타난 것으로
이해되고 있다(李基東,「貴族國家의 形成과 發展」,『韓國史講座』1(古
代篇), 일조각, 1986, pp.209~217).

7. 春三月 以荒田別 鹿我別爲將軍 則與久氏等 共勒兵而度之
   至卓淳國(위의 책, 神功紀 49년)

　　근초고왕대 중앙 귀족세력의 중핵을 차지한 것은 왕을 중심으로
한 왕족이었다. 이를 바탕으로 근초고왕은 군사권을 직접 운용함으
로써 강력한 왕권을 행사하였다. 특히 태자로 하여금 직접 군사권을
운용하게 한 것은 이를 반증하는 것이다. 비록 태자에게 兵馬事의
일을 분담시킨 것이 근초고왕대가 처음은 아니다. 온조왕 28년에 개
루를 태자로 삼고 內外兵事의 일을 위임한 사실이 있다.[26] 그러나
직접 군사를 지휘하여 전쟁에 참가하고 있는 것은 근구수의 경우가
처음으로, 이는 왕권의 강화와 관련하여 매우 주목되는 사실이다.[27]
또한 근초고왕대 초고계 직계로의 왕위계승권이 확립되었다는 것은
곧 왕족이라고 하는 배타적 특권을 가진 세습적 귀족의 출현을 의
미한다.
　　다음은 조정좌평에 임명된 진정의 존재를 통해 진씨세력이 중앙
의 유력한 정치세력을 형성하고 있었음을 알 수 있다. 북부를 칭한
세력으로는 진씨와 해씨가 보이고 있다. 그런데 해씨는 '本扶餘人'
이라고 하여 북방으로부터 이동해 온 세력이었으며, 이후 중앙에 진
출하여 중앙세력화하고 있다. 따라서 북부의 토착세력으로 주목되
는 것은 진씨라고 하겠다. 진씨세력은 비류왕대 우복의 난이 진압된
이후 재등장하고 있는데, 북부에 재지기반을 두고 있는 가장 유력한
정치세력이었음을 알 수 있다.[28] 백제 역사에서 진씨가 등장하는

---

26)『三國史記』23, 온조왕 28년.
27) 太子는 王位를 승계할 인물로 제2인자였음은 분명하다. 다만 太子를 王
　　族의 범주에 포함시킬 수 있는가는 문제가 없지 않다. 여기서는 다만
　　王을 정점으로 하여 그외 王族의 활동을 참고로 검토하는 데 의미가
　　있다.
28) 眞氏가 解氏와 더불어 早期부터 유력한 세력으로 등장하고, 또 北部소
　　속인 것으로 보아 온조계를 따라 남하한 부여계일 것으로 보는 견해가

것은 건국기부터였던 것으로 생각된다. 이들은 북부라고 하는 재지 기반을 토대로 일찍부터 정치세력화하여 중앙에서도 일정한 입지를 확보하고 있었던 것으로 보인다.

진씨의 정치세력화 과정을 보여주는 기록으로는 다음이 있다.

D-1. 冬十月 右輔屹于爲左輔 北部眞會爲右輔(『三國史記』 23, 다루왕 10년)

2. 秋九月 命北部眞果領兵一千 襲取靺鞨石門城(위의 책, 초고 왕 49년)

3. 夏四月 拜眞忠爲左將 委以內外兵馬事(위의 책, 고이왕 7년)

4. 秋八月 魏幽州刺史毌丘儉與樂浪太守劉茂 朔方太守王遵伐高 句麗 王乘虛遣左將眞忠 襲取樂浪邊民(위의 책, 고이왕 13 년)

5. 春正月 祭天地於南壇 二月 拜眞忠爲右輔 眞勿爲左將委以兵 馬事(위의 책, 고이왕 14년)

6. 二月 拜眞可爲內頭佐平(위의 책, 고이왕 28년)

7. 秋九月 修宮室 拜眞義爲內臣佐平(위의 책, 비류왕 30년)

먼저 사료 D-1을 통해서 다루왕 10년(37)에 진회가 우보에 임 명되었음을 알 수 있다.[29] 우보의 직에는 대개 왕족 내지는 유력세 력 가운데서 임명되고 있다. 따라서 진씨세력이 우보의 직에 임명되

있다(千寬宇, 「三韓攷」 3, 『古朝鮮史·三韓史研究』, 일조각, 1989, p.314). 그러나 진씨는 다루왕 10년에 등장하여 계속 북부를 칭하고 있었던 것 으로 보아 북부를 떠나지 않았음을 알 수 있으며, 이러한 상황이 근초 고왕초까지 계속되고 있다. 이는 진씨세력이 북부에 공고한 토착기반을 두고 있었음을 의미한다. 따라서 진씨는 해씨와 같은 이주민이 아닌 재 지토착세력으로 파악해야 한다.

29) 多婁王 7년 東部 屹于가 右輔에 임명되는 경우도 왕 3년에 靺鞨과의 전투에서 승리하여 왕으로부터 말 10필과 租 500석을 하사받고 있다. 따라서 屹于는 동부지역을 재지기반으로 하면서 독자적인 部兵을 거느 리고 있었음을 알 수 있으며, 이로 인해서 右輔에 임명될 수 있었던 것 으로 생각된다(『三國史記』 23, 다루왕 3년 및 7년).

었다는 사실은 그들이 일찍부터 상당한 정치적 입지를 확보하고 있었음을 의미한다. 그리고 그들의 재지기반이 북부였음을 보여주고 있다.[30] 진씨는 북부를 기반으로 중앙에서도 상당한 정치적 위상을 확보할 수 있었음을 알 수 있는 것이다.

그런데 진씨세력이 활발하게 중앙 정치세력으로 등장하는 것은 고이왕대에 와서의 일이다. 사료 D-3에서 보면 진충이 새로 신설된 좌장에 임명되어 '內外兵馬'의 일을 관장하게 된다. 그리고 고이왕 14년에는 진충이 우보에, 진물이 좌장에 임명되고 있다. 고이왕대 진씨세력이 중앙정치에서 두각을 나타내는 이유에 대해서는 대체로 고이왕이 사반을 폐하고 즉위하는 데 있어서 진씨가 지지세력으로서 많은 영향을 끼쳤을 것이라고 하는 견해가 지배적이다.[31] 그러나 이러한 견해와는 다른 입장에서 진씨세력의 중앙진출을 이해할 필요가 있다. 진씨세력은 당시 북부에 재지기반을 두고 있었으며, 전통적으로 많은 군사력을 소유하고 있었던 유력한 정치세력였다. 따라서 고이왕이 진씨세력을 중앙관직에 임명하여 그들을 회유함과 동시에 또한 중앙 통치체제하에 편제시키고자 했을 가능성을 생각할 수가 있다.[32] 고이왕은 비초고계로서 왕위에 오른 인물로 사반을 폐하고 즉위하는 과정에서 억지가 작용하였다. 따라서 즉위 이후에 자신의 왕위계승에 불만을 가진 세력들에 대한 회유가 필요하였으며, 이러한 목적에서 고이왕은 7년 좌장직을 신설하여 진충을

---

30) 北部의 구체적인 위치는 알 수 없으나 천관우는 대략 한성의 북방으로 '帶方故地'에 비정하고 있으며(千寬宇, 앞의 논문, p.315), 權五榮은 北部의 실체를 북한강 유역에 분포하고 있는 적석총의 존재를 주목하여 대개 춘천 중도 일대에 비정하고 있다(權五榮,「初期百濟의 成長過程에 관한 一考察」,『韓國史論』 15, 1986, pp.51~53).
     그리고 部의 성립에 대해서는 盧泰敦의「三國時代의「部」에 關한 研究」(『韓國史論』 2, 1975)가 참고된다.

31) 盧重國, 앞의 책, p.127.

32) 이재운,「百濟 支配勢力의 變遷」,『全州大論文集』 15, 1987, pp.330~331.

등용하였던 것이 아닌가 한다.[33]

그런데 당시 최고위의 직으로 좌보와 우보가 있었음에도 불구하고 새로 좌장직을 신설하여 진충을 임명한 이유가 분명하게 보이고 있지 않다. 따라서 좌장직의 신설을 군사권을 왕권하에 편제하고자 설치한 직으로 이해하기도 한다.[34] 이 문제는 고이왕대의 정국운영 상황을 통해 이해할 수 있다. 고이왕은 병마권을 관장하는 좌장의 직이 있었음에도 불구하고 왕 27년 병관좌평을 신설하여 外兵馬事를 분장시키고 있다. 이는 좌장의 권한을 분화시키려는 의도에서 비롯되었을 것이며, 동시에 28년에는 병관좌평에 새로운 인물인 유기를 등용하고 있다. 뿐만 아니라 다양한 정치세력을 국정에 참여시키고 있다. 특히 책계를 帶方王女와 혼인을 시키는 등 중국 군현정책에 있어서도 유화적인 입장을 취하고 있다.[35] 이러한 일련의 정책

---

33) 물론 자신을 지지하지 않는 세력을 兵馬事를 운용하는 직에 임명하는 것은 커다란 위험부담이 있다. 따라서 실제 진씨가 고이왕의 즉위에 불만을 가진 세력이었겠는가 하는 문제가 제기될 수 있다. 그러나 진씨세력은 이미 북부를 기반으로 강력한 군사력을 소유한 상태였다. 이는 진씨세력을 방치하더라도 고이왕에게 있어서는 커다란 정치적 부담이 되었음을 의미한다. 따라서 좌장직을 신설, 眞忠을 임명함으로써 중앙의 통치체제내에 편제시킴과 동시에 이들 지역에 대한 정치적 영향력을 확대하고자 하였던 것으로 보아야 할 것이다.

34) 盧重國, 「4~5世紀 百濟의 政治運營」, 『韓國古代史論叢』 6, 1994, pp.147~148.
  실제 사료 D-4에서 보면 왕이 좌장 眞忠을 파견하여 낙랑의 邊民을 襲取하고 있어, 좌장이 왕의 통제를 받고 있었던 것으로 이해할 여지도 있다.

35) 특히 고이왕 25년에는 靺鞨과도 우호적인 관계를 맺고 있는데, 이는 백제사상 고이왕대가 유일하다(「靺鞨長羅渴獻良馬十匹 王優勞使者以還之」 『三國史記』 24, 고이왕 25년). 이러한 이유로 古爾系를 서해안 가까운 경기도 북부지역에 위치한 세력으로, 濟紀에 말갈로 표기된 집단 가운데 하나로 보기도 한다(金起燮, 「漢城時代 百濟의 王系에 대하여」, 『韓國史研究』 83, 1993, pp.17~27). 그러나 이 때의 말갈과의 우호관계는 고이왕대 동남방지역의 경영에 따른 것이 아니었나 생각된다. 이는 신

은 궁극적으로는 진씨세력의 군사적 역할을 제한하는 결과를 가져왔을 것이다. 이는 결국 고이왕 7년 좌장직의 신설이 강력한 군사력을 보유하고 있었던 진씨세력을 회유하기 위한 목적 뿐만 아니라 이들을 중앙통치체제 내에 편제시킴으로써 왕권을 강화하고자 하는 정치적 목적을 지닌 것으로 보인다.[36]

특히 고이왕대는 부명 冠稱의 소멸, 새로운 관제의 설치 등을 통해 각 부세력을 중앙의 질서체계 내로 편제함으로써 국왕 중심의 지배체제를 수립하고자 하였다. 이 과정에서 많은 군사력을 보유한 진씨세력은 가장 큰 걸림돌이 되었을 것이므로 왕권의 안정을 위해서는 진씨세력과의 일정한 타협이 불가피하였기 때문이다. 다만 진씨세력이 북부라고 하는 재지기반을 가지고 있었기 때문에 왕권과의 결탁여부가 세력 약화와 어느 정도 밀접한 관련이 있었는지 확인할 수는 없지만 이후 중앙정치에서의 입지가 점차 약화되었을 것으로 생각된다.

이와 같은 흐름 속에서 정치적으로 취약해진 진씨세력이 재등장할 수 있는 기회가 왔다. 진씨세력이 재등장할 수 있었던 요인은 두 가지 측면에서 검토될 수 있다. 첫째는 직접적인 원인으로 볼 수 있는 것으로, 비류왕 24년 우복의 반란이다. 비류왕은 고이계와의 정치적 연합차원에서 우복을 내신좌평에 임명하였는데, 그가 북한성

라와의 관계를 통해 확인된다. 고이왕대는 신라와 2회의 화해시도가 있기는 하였으나(고이왕 28·53년) 7회에 걸친 신라침입 사실이 있으며(고이왕 7년·22년 9월·10월·33년·39년·45년·50년), 모두 백제의 선제공격이라는 점에서 동남방 지역으로의 진출의도를 파악할 수 있다. 또한 고이왕 9년 南澤에 稻田을 개발하고 있는 사실도 이와 관련하여 주목된다(「命國人開稻田於南澤」,『三國史記』24, 고이왕 9년).

36) 특히 고이왕은 28년 2월에 남당에서 정치를 수행하고 있는데, 이는 왕권의 강화를 의미하는 것으로 이해되고 있다(梁起錫,「百濟專制王權成立過程硏究」, pp.59~62 ; 李道學,「漢城末 熊津時代 百濟王系의 檢討」,『韓國史硏究』46, 1984, p.283).

에서 반란을 일으켰던 것이다. 따라서 진씨세력은 우복의 난을 진압하는 과정에서 자연스럽게 재등장할 수 있는 기회를 맞게 되었던 것으로 보인다. 다음은 주변정세의 변화에 따른 긴장관계의 조성이다. 즉, 고구려가 중국 군현세력을 축출함으로써 그 동안 완충지대의 역할을 해오던 군현세력이 소멸되었다. 이로 인해 백제는 고구려와 북쪽의 국경을 같이하게 됨으로써 이 지역에서의 군사적 긴장관계가 증대하게 되었던 것이다. 북부에 기반을 두고 있었던 진씨세력은 전통적으로 우세한 군사적 기반을 지니고 있었으므로 주변상황에 의해 재등장할 수 있는 분위기가 고조되었던 것이다. 이러한 상황에서 진씨세력은 비류왕 24년 우복의 난을 계기로 다시 자신들의 입지를 강화할 수 있었으며,[37] 비류왕 30년 내신좌평에 임명되면서부터는 유력한 중앙 정치세력으로 부상하게 되었던 것이다.

그러나 진씨가 중앙귀족화하는 것은 근초고왕대에 와서의 일이다. 진씨는 근초고왕 즉위시 절대적 지지세력으로 작용함으로써 왕비족이 되었으며, 왕족 다음가는 정치적 영향력을 확보하게 되었다. 진정이 왕후의 친척으로서 성품이 사납고 어질지 못하며, 또한 일을 처리함에 있어서 매우 세밀(臨事苛細)하였고, 세력을 믿고 모든 일

---

37) 眞氏의 재등장과 관련하여 주목되는 사실은 解氏의 존재이다. 解氏勢力은 비류왕의 즉위시에 지지세력으로 작용하였는데 優福의 난을 계기로 다시 진씨세력이 등장하고 있으며, 이후 진씨세력은 근초고왕의 지지세력이 되었을 뿐만 아니라 전지왕(405~420) 이후 해씨가 재등장할 때까지 王妃族으로서의 지위를 누리게 되었다. 이와 같은 진씨세력의 재등장은 해씨세력의 약화를 의미하고 있다고 하겠다. 따라서 비류왕대 언제인가 해씨세력이 약화되었음을 알 수 있다. 그러면 언제 해씨세력이 약화되었을까? 이는 아마도 優福의 內臣佐平 임명을 전후한 시기가 아니었을까 생각된다. 해씨가 비류왕의 즉위시에 지지세력으로 작용하였다는 것은 古爾系인 優氏勢力과는 다른 정치적 성향을 가지고 있었음을 추측할 수 있다. 그런데 비류왕이 고이계와의 화합차원에서 고이계인 優福을 內臣佐平에 임명하였던 것이다. 이러한 우씨세력의 재등장은 결국 해씨세력의 정치적 타격을 의미하는 것이기도 하다.

을 제맘대로 처리하여 국인이 미워하였다고 한다. 이러한 점으로 보아 그가 왕비족으로 유력한 정치세력을 형성하고 있었음을 알 수 있다.38) 그런데 백제사상 왕위계승 과정에 관여한 유력한 정치세력 가운데서 대개 병권을 관장하는 좌장 또는 병관좌평에 임명되었던 것과는 달리 진정은 조정좌평에 임명되어 刑獄事를 담당하고 있다. 뿐만 아니라 근초고왕 24년 고구려와의 전쟁에서 태자 근구수와 함께 막고해라는 인물이 장군의 직을 띠고 출전한 점이 주목된다. 이는 진씨세력이 군사운용권으로부터 배제되었음을 보여주는 것이기 때문이다. 진씨는 북부에 기반을 두고 강력한 군사력을 소유하고 있었다. 그런데 근초고왕대의 군사활동에서 진씨가 배제되고 있는 것이다. 결국 진씨가 재지기반을 토대로 보유하였던 자신의 군사적 기반으로부터 유리되었다는 사실은 근초고왕의 즉위를 도왔던 진씨의 핵심세력이 북부라는 재지기반을 떠나 중앙관료화하였음을 의미하는 것이 아닌가 생각된다. 즉, 비류왕대는 부에 기반을 둔 부세력이었다고 한다면 근초고왕대에 와서는 왕비족으로서 중앙귀족화한 정치세력이었으며, 刑獄事라고 하는 특정 직무를 담당하는 관료계층으로 변화하였음을 보여준다고 하겠다.

다음은 장군 막고해의 존재39)이다. 막고해는 고구려와의 전쟁시 태자 근구수와 함께 참전한 인물로 군사활동에 있어서 중요한 역할을 담당하고 있었던 존재였다. 따라서 그는 상당히 고위직에 있었던 인물이었음이 분명하다. 그런데 막고해는 『일본서기』의 기록을 통해서도 살펴진다. 즉, 사료 C-5·6에 보이고 있는 莫古의 존재가

---

38) 姜鍾元,「漢城時代 政治勢力의 存在樣態」,『忠南史學』9, 1997. pp.8~10.
39) 莫古解의 人名은『日本書紀』顯宗紀 是歲條(487)에「內頭莫古解」라고 하여 다시 보이고 있다. 그러나『三國史記』근구수왕 즉위년조에 보이고 있는 莫古解의 존재가 나타나는 시점은 근초고왕 24년(369)으로 118년의 차이가 보이고 있어, 이들을 同名異人으로 보아야 하지 않을까 생각된다.

바로 莫古解로 비정될 수 있는 것이다.40) 그렇다고 한다면 막고해
는 군사권의 운용에 있어서 뿐만 아니라 백제 외교업무에도 깊숙히
관여하였던 비중있는 인물이었음을 알 수 있다. 특히 타국에 사신으
로 파견되는 존재는 왕과 밀접한 관계를 가지고 있는 인물이라는
점으로 볼 때, 비록 그 출신은 알 수 없지만 중앙에서 유력한 정치
력을 소유하고 있었음은 분명하다.

막고해와 함께 왜와의 외교관계 속에서 활약하는 인물로 久氏와
彌州流가 보이고 있다. 특히 구저는 이후에도 몇 차례 기록에 보이
고 있는데,41) 이들은 주로 왜와의 외교를 전담하였던 인물임을 알
수 있다. 백제가 최초로 왜와 외교관계를 맺게 되는 것은 가야의 卓
淳國을 통해서이다. 처음 가야지역으로의 진출 역시 탁순국을 통해
이루어지고 있다.42) 이러한 사실은 백제가 일찍부터 이 지역에 일
정한 정치적 영향력을 행사하고 있었을 가능성을 생각하게 한다. 따

---

40) 그런데 이때의 '莫古'를 비롯해 欽明紀 4년 12월조의 '鼻利莫古', 15년
   2월조의 '東城子 莫古' 등에 주목하여 '莫古'를 백제의 공통된 人名으
   로 보기도 한다(李弘稙, 앞의 논문, p.355). 그러나 神功紀 46 · 47년은
   보정연대로 366 · 367년 즉, 근초고왕 21 · 22년에 해당된다. 따라서 『日
   本書紀』神功紀에 보이는 莫古는 근초고왕대의 莫古解로 비정해도 무
   리가 없다고 하겠다. 특히 백제가 고구려와 전투를 하기 이전에 이미
   가야진출 및 일본과의 통교가 시도되었던 점과 관련지어 볼 때 莫古解
   가 대외관계에서 중요한 역할을 담당하고 있었음을 알 수 있다.
     한편 莫古解를 근구수와는 정치적 성향이 달랐던 세력으로 이해하기
   도 한다(梁起錫, 「百濟 近仇首王의 對外活動과 政治的 地位」, 『百濟論
   叢』6, 1997, pp.55~56). 그러나 그가 장군의 직을 띠고 근구수왕 함께
   전쟁에 참여한 사실과 외교업무에 관여하고 있었던 점으로 보아 친왕
   적 인물로 볼 수 있겠다.
41) 久氏는 『日本書紀』神功紀 47년을 시작으로 49년 · 51년 · 52년에도 계
   속하여 倭와의 외교를 담당하고 있었던 것으로 나타나고 있다.
   1. 百濟王亦遣遣久氏朝貢(神功紀 51년)
   2. 久氏等從千熊長彦詣之 則獻七枝刀一口 七子鏡一面 及種種重寶(神功
     紀 52년)
42) 『日本書紀』9, 神功紀 49년.

라서 당시 왜에 파견된 사신 가운데는 가야계의 인물도 포함되었을 가능성을 생각할 수 있다. 일례로 근구수왕 8년(382)으로 비정되는 사료 C-8의 『일본서기』 신공기 62년조가 참고된다. 내용을 살펴보면, 신라를 토벌하라고 보낸 沙至比跪가 미인계에 속아 가라국을 공격하게 되자 가라국왕 己本旱岐 및 兒百久至・阿首至・國沙利・伊羅麻酒・爾汶至 등이 백성을 데리고 백제로 도망해 오는 사건이 있었다. 이 때 백제에서는 이들을 후대하고 있다. 백제는 이들 가야계 세력을 중앙의 관등체계 안으로 흡수하였을 것이며, 이들은 중앙정치에서 일정한 입지를 확보할 수 있었을 것이다. 그리고 이들을 왜와의 외교관계에도 활용하였을 가능성이 있다. 하지만 이들이 독자적인 세력을 형성하였을 가능성은 적으며, 어디까지나 중앙관제하에 편제되어 특정한 직능을 분담한 관료계층으로서 활동하였을 것이다.[43]

이상의 검토를 통해 볼 때 근초고왕대 중앙 정치세력으로는 왕과 초고계 직계의 왕족을 비롯해 왕비족으로 성립된 진씨세력이 대표적인 존재였다. 이들 외에는 중앙관제에 편제되어 특정 분장업무를 담당함으로써 중앙귀족화한 존재들이 있었으며, 이들의 정치적 지위는 왕과의 예속관계를 통해 형성되었다. 그리고 왕족과 왕비족, 관료계층으로 대표되는 이들 중앙 귀족세력은 이후 배타적 특권을 세습적으로 장악해 갔을 것이다.[44]

다음은 近仇首王代 이후의 정치세력에 대하여 살펴보겠다. 당시

---

43) 『日本書紀』 권20 민달기 12년조에 "지금 백제에 있는 火葦北國造 阿利斯登의 아들 달솔 日羅가 어질고 용감스럽다고 하므로 짐은 그 사람과 함께 계획하고자 한다"는 내용이 나타나고 있는데, 日羅는 본래 가라계 백제인일 것으로 보기도 한다(『日本六國史』, 한국관계기사, p.131).

44) 지방세력의 中央貴族化 시기를 肖古王-古爾王代로 보는 견해도 있으나(李鍾旭, 「百濟의 國家形成」, 『大邱史學』 11, 1976, pp.74~76), 古爾王代부터 시작하여 近肖古王代 와서야 비로소 中央貴族化가 이루어지는 것으로 생각된다.

정치세력의 존재를 알 수 있는 것으로 『삼국사기』의 다음 기록이 있다.

E - 1. 以王舅眞高道爲內臣佐平 委以政事(『三國史記』 24, 근구수왕 2년)

2. 春正月 拜眞嘉謨爲達率 豆知爲恩率(위의 책, 진사왕 3년)

3. 王命達率眞嘉謨伐高句麗 拔都坤城 虜得二百人 王拜嘉謨爲兵官佐平(위의 책, 진사왕 6년)

4. 拜眞武爲左將 委以兵馬事 武王之親舅(위의 책, 아신왕 2년)

5. 拜庶弟洪爲內臣佐平(위의 책, 아신왕 3년)

6. 秋八月 王命左將眞武等伐高句麗(위의 책, 아신왕 4년)

7. 春二月 以眞武爲兵官佐平 沙豆爲左將(위의 책, 아신왕 7년)

사료 E에서 보듯이 이 시기에 활동하고 있는 인물은 주로 중앙의 고위관직을 띠고 있다는 특징을 찾을 수 있다. 따라서 근구수왕 이후의 정치세력은 중앙 귀족세력을 중심으로 검토하겠다.

먼저, 근초고왕대 진씨가 왕비족이었음은 앞에서 살펴 보았다. 이후 진씨는 전지왕대 해씨가 등장하기 전까지 왕비족의 지위를 유지시켜 왔다.[45] 따라서 4세기 후반 진씨는 여전히 왕족 다음가는 정치세력을 형성하였음을 알 수 있다. 사료 E-1에서 볼 때 그러한 사실이 여실히 나타나고 있다. 대개 국정의 운영에 있어서 중요한 것은 일반 庶政權과 군사의 運用權이다.[46] 근구수왕대는 근초고왕대를 이어 고구려와의 무력충돌이 계속되고 있었다. 따라서 제일 중요했던 군사운용권을 왕이 직접 관장하고, 일반 서정권은 王舅인 眞高道에게 위임하고 있는 것이다. 이는 진씨가 여전히 왕족 다음가는

---

45) 姜鍾元, 앞의 논문, pp.8~14.
46) 盧重國, 앞의 논문, pp.145~154.

유력한 정치세력을 형성하고 있었음을 의미한다.

辰斯王대에는 중앙 정치세력에 약간의 재편이 있었던 것으로 보인다. 사료 E-2에서 보면 역시 왕비족으로 생각되는 眞嘉謨가 달솔에 임명되고, 새로운 세력이라고 할 수 있는 豆知가 은솔에 임명되고 있는 것이다. 그런데 대개 왕비족 출신이 중용될 때 구체적인 관직명이 나타나고 있는데, 단지 달솔의 관등만을 부여받고 있다. 그리고 새로운 세력인 豆知가 등장하고 있다. 이러한 정체세력의 변화는 진사왕의 즉위와 관련하여 검토될 필요가 있다. 앞 장에서 살펴 보았듯이 진사왕은 침류왕의 아우로 태자가 어리다는 이유로 대신 왕위에 올랐다. 그리고 왕위승계 과정에서 억지가 작용하였음은 『일본서기』의 기록 등을 통해 확인된다. 따라서 진사왕의 즉위에 개입한 세력의 존재를 상정할 수 있는데, 새롭게 등장하는 眞嘉謨·豆知 등이 바로 이들이었을 것이다.

다음은 阿莘王代의 정치세력에 대해 검토해 보기로 하겠다. 아신왕대도 진씨가 왕비족이었음은 사료 E-4에 보이고 있는 眞武가 왕의 親舅라는 데서 알 수 있다. 그런데 주목되는 것이 진무를 좌장에 임명하고 있는 사실이다. 左將은 군사운용권을 담당하고 있었던 직으로 이해된다. 근초고왕대부터는 왕이 직접 군사운용권을 장악함으로써 좌장의 직에 임명되는 자가 없었다. 그런데 아신왕대 와서 진씨가 좌장에 임명되어 다시 군사운용권을 관장하고 있다. 특히 이때는 고구려 광개토왕의 남침으로 인한 전쟁이 한창 벌어지고 있던 시점이기도 하다. 이와 같이 군사적 측면이 중시되고 있는 상황에서 진씨를 좌장에 임명하였다는 사실은 그만큼 왕권의 약화를 의미하는 것으로 이해할 수 있다.

그런데 왕 3년에는 庶弟 洪을 내신좌평에 임명하고 있다. 이는 왕족의 위상을 강화하여 다른 정치세력과의 힘의 균형상태를 유지하고자 하는 조치였던 것으로 생각된다. 내신좌평이 수석좌평으로서 서정을 총괄하였던 점으로 볼 때 왕족이 서정권을 관장하게 되었음을 의미한다고 하겠다. 그렇지만 대외관계에서 군사적인 측면이 중요한 시기였으므로 비록 내신좌평에 왕족이 임명되었다고는 하나 정치적 실권은 진씨세력에게 있었던 것으로 보아야 한다. 이후 백제는 고구려와의 전쟁에서 계속적으로 패배하므로써 군사권을 장악하고 있었던 진씨세력은 정치적인 위축을 가져오게 되었다. 이로 인해 새롭게 등장하는 세력인 沙豆에게 좌장의 직을 넘겨주게 되었던 것 같다.47) 물론 진무가 좌장에서 병관좌평으로 옮겨가기는 하지만 실제 군사운용권은 좌장이 가지고 있었던 점으로 볼 때 실질적인 측면에서 세력의 약화를 초래하게 되었을 것이다. 아신왕대의 이러한 상황은 다음 전지왕대 해씨세력이 등장하고 있는 사실을 통해서도 살펴볼 수 있다. 결국 아신왕은 내정은 왕족에게, 군사권은 진씨 및 사씨세력에게 위임함으로써 정치세력간의 상호 견제를 통해 권력의 편중을 방지하고, 한편으로 왕권의 안정을 도모하고자 했던 것으로 생각된다.

이상에서 4세기 중앙 정치세력의 유형에 대하여 검토해 보았다. 검토 결과 이들 정치세력은 전반인 비류왕대와 후반인 근초고왕대 이후의 존재양태가 서로 차이를 보이고 있음을 알 수 있다. 즉, 4세기 전반인 비류왕대는 '臣民'으로 대표되는 세력으로 왕위계승에 직접적으로 관여함으로써 자신들의 정치적 입지를 확보하였다. 특히

---

47) 沙氏는 泗沘地域이 본거지였을 것으로 비정되는데(盧重國,「百濟의 南遷과 支配勢力의 變遷」, pp.99~100), 부여 加林城이 위치하고 있는 임천지역을 沙氏의 세력 근거지로 비정하기도 한다(兪元載,「百濟 加林城研究」,『百濟論叢』5, 1996, pp.83~86). 沙氏는 근초고왕대에는 지방세력의 범주에서 설명되는 존재였다. 그러나 아신왕대 對高句麗와의 전쟁 중에 세력재편이 일어나 中央勢力으로 등장하는 계기가 되었던 것으로 생각된다. 이러한 점은 재지기반이 지방세력의 中央貴族化에 있어 중요한 요소로 작용하고 있다는 사실을 보여준다.

그들의 권력의 원천은 재지기반에 있었음을 우복이 북한성을 근거로 반란을 일으켰던 사실을 통해 알 수 있다.

그러나 4세기 후반기인 근초고왕대에 이르면 왕족을 비롯한 왕비족인 진씨를 중심으로 왕권하에 편제된 관료계층이 중앙의 유력한 정치세력을 형성하였다. 이들은 중앙 행정기구의 업무분장을 통해 정치적 영향력을 확보하였으며, 근초고왕은 이들 중앙 관료계층에 대한 효율적인 통제를 통해 왕권강화를 이루었다. 이후부터 중앙정치는 왕을 정점으로 중앙귀족화한 정치세력이 중심이 되어 운영되고 있으며, 따라서 근초고왕대를 귀족사회의 성립기로 볼 수 있겠다.[48]

2) 낙랑 · 대방계 세력

다음은 4세기 정치세력 가운데 하나로 낙랑 · 대방계 출신의 중국 군현계 세력을 상정할 수 있다. 이들 세력이 중앙정치에 등장하는 것은 고이왕대 이미 시작되었던 것으로 보인다. 즉, 고이왕대 책계왕이 帶方王女와 혼인하는 과정에서 중국 군현계 인물이 백제의 국정에 참여하였을 가능성이 있는데, 중국계 성씨[49]인 高壽가 고이왕 28년 위사좌평에 임명되고 있는 사실은 이를 반증하고 있다. 물론 책계왕과 분서왕이 군현세력에 의해 시해되는 과정에서 이들 군현계 인물들의 정치적 입지도 크게 위축되었을 것이다. 그렇지만 이들 군현계 세력이 중국 선진문물의 수입에 있어서 필요한 존재였을 것이라는 점에서 비록 유력한 정치세력으로 성장하지는 못하였을지

---

48) 肖古系에서 古爾系, 다시 肖古系로의 王位繼承과 유력 정치세력의 변동은 身分世襲의 불확실성을 보여주는 것이다. 그러나 근초고왕대에 와서는 肖古系 直系로의 王位繼承權 확립, 眞氏 王妃族의 성립 등 身分의 世襲化가 이루어지고 있으며, 이는 貴族身分의 출현을 나타내는 것으로 받아들일 수 있다.

49) 李弘稙, 「百濟人名考」, 『韓國古代史의 研究』, 일조각, 1987, p.358.

표 2. 정치세력의 추이(근초고왕~아신왕)

연 대	인 명	관 직	분장업무	관 계	비 고
근초고왕 2년	眞淨	朝廷佐平		王后親戚	三國史記
24년	近仇首	太子			"
	莫古解	將軍			"
근초고왕대	高興	博士	書記 撰述		"
근초고왕 21년	久氏		遣使(倭)		日本書紀
	彌州流		"		"
	莫古		"		"
22년	久氏		"		"
	彌州流		"		"
	莫古		"		"
24년	久氏		勒兵		"
	木羅斤資		領精兵		"
	沙沙奴跪		"		"
근구수왕 2년	眞高道	内臣佐平	委以政事		三國史記
8년	沙至比跪				日本書紀
	木羅斤資				
진사왕 3년	眞嘉謨	達率			三國史記
	豆知	恩率			"
6년	眞嘉謨	達率	伐高句麗		"
	眞嘉謨	兵官佐平			"
아신왕 2년	眞武	左將	委以兵馬事	親舅	三國史記
3년	洪	内臣佐平		庶弟	"
4년	眞武	左將	伐高句麗		"
7년	眞武	兵官佐平			"
	沙豆	左將			"

라도 여전히 일정한 정치적 입지는 확보하고 있었을 것이다. 다만 이들은 독자적인 정치세력으로서가 아닌 중앙의 통치구조 속에 편제된 상태에서 활동하였을 것이다. 특히 낙랑·대방이 고구려에 의해 축출된 후 그 지역에 거주하고 있던 일부 중국계 사람들은 백제와 왜 등 주변지역으로 이동하였다. 이 때 이동한 주민과 관련해서는 「六月癸酉 … 卽携母弟迁興德及七姓民 歸化來朝 是則譽田天皇治

天下之御世也 …」라고 하여[50) 七姓民의 존재가 보이고 있는데, 백제에서도 이들의 존재를 확인할 수 있다.『남제서』동이 백제조에 동성왕(牟大)이 남제에 보낸 사신명으로 高達·楊茂·會邁·慕遺·王茂·張塞·陳明 등 각각의 성을 가진 7인의 이름이 보이고 있는 것이다.[51) 특히 앞에서 열거한 7人 가운데 高達·楊茂·會邁

■ 낙랑전축분 출토 명문전(성씨명이 새겨져 있음)

는 개로왕대(465~471년 사이)에도 이미 송에 사신으로 파견된 적이 있었던 인물이었다. 이러한 점으로 보아 낙랑·대방계 인물들은 중앙 정치에서 일정한 입지를 확보한 상태에서 백제 국정에 지속적으로 참여하고 있었음을 알 수 있다.

그런데 비류왕대 군현계 세력은 중앙 정치세력으로서는 상대적으로 크게 주목받지 못하고 있다. 그 이유

---

50)『續日本紀』38, 桓武 4년.
51)『南齊書』百濟條.
　　물론 樂浪 塼築墳에서 출토된 塼銘에는 高·楊·王·張·會氏를 비롯해 韓·貫·吳·田·孫·佟·揚·趙 등의 다양한 姓氏名이 나타나고 있지만(孔錫龜,「高句麗의 領域擴張에 대한 研究」,『韓國上古史學報』6, 1991, pp.164~174 : 韓國古代 社會研究所 編,『譯註 韓國古代金石文』1권 3편 1부 낙랑조, 1992) 이 가운데는 본국(중국)으로부터 관직을 띠고 부임해 온 者로서 현지에서 사망하여 매장되었거나 安岳 3號墳의 被葬人인 佟壽의 例와 같이 郡縣멸망 이후에 이들 지역으로 이주해 온 세력들이 포함되어 있었을 것이므로, 樂浪·帶方地域의 대표적인 姓氏가 이들 7姓에서 크게 벗어나지 않을 것으로 생각된다.

는 비류왕의 즉위시 영향력을 끼친 신민 가운데 이들이 포함되지 못했을 것이기 때문이다. 뿐만 아니라 신민의 추대에 의해 왕위에 올랐던 비류왕으로서는 왕권이 미약한 가운데 왕권의 안정을 위해서는 부 또는 중앙에 재지기반을 가지고 있었던 정치세력들을 이용하지 않을 수 없었을 것이며, 이로 인해 해씨나 우복 등을 중용하게 되었던 것으로 생각된다.

그러나 근초고왕대에 오면서 비류왕대와는 사정이 크게 달라지게 된다. 근초고왕은 왕권의 강화를 비롯한 중앙집권적 통치체제를 수립하기 위해 다양한 정치세력을 중앙관제에 편제시키고 있다. 이때 중국 군현계 세력은 왕권강화를 위해 유용하게 활용될 수 있는 대상으로 떠오르게 되었을 것이다. 구체적인 인물로 『서기』를 편찬한 박사 高興의 존재가 있다. 4세기초 고구려에 의해 낙랑·대방이 축출된 후 백제에 유입된 다수의 유민 가운데 고흥은 대표적 인물이었던 것으로 보인다.[52] 그리고 이들 중국 군현계 세력은 대중국 외교를 비롯해 文翰職 등과 관련된 부분을 담당하게 되었던 것이 아닌가 한다.[53] 이는 고흥이 『서기』를 편찬하는 것이나, 근초고왕

---

52) 李弘稙, 앞의 논문, p.358. 물론 고씨가 고구려 王姓일 가능성도 생각해 볼 수 있다. 그러나 근초고왕대 고구려와는 적대관계에 있었으므로 고구려인을 등용했을 것으로 생각하기는 어렵다. 또한 고이왕대 고수의 등용과 개로왕대 고달이라는 인물이 중국계 성씨인 양무·회매 등과 중국에 사신으로 파견된 예를 통해서 보더라도 고씨는 중국계 성씨로 파악하는 것이 타당하다.

53) 특히 郡縣系 세력이 중국과의 외교업무에 이용되고 있음은 동성왕대 南齊에 보낸 國書의 내용을 통해 분명하게 알 수 있다. 즉, 동성왕대 南齊에 사신으로 파견되었던 高達·楊茂·會邁 등 3人은 개로왕대(465~471년 사이)에도 이미 宋에 파견된 적이 있었다. 이들 姓氏는 樂浪 塼築墳에서 출토된 塼銘에 나타나고 있는 대표적인 姓氏들였다. 그런데 이들이 왕의 교체에도 불구하고 사신으로 두 王朝(宋·南齊)에 파견되었다고 하는 것은 당시 對中外交가 주로 中國 郡縣系勢力에 의해 담당되고 있었음을 보여준다고 하겠다. 또한 이들은 公務에도 열심였다고 한 것으로 보아 외교업무 뿐만 아니라 특정한 업무도 담당하고

대 비로서 백제국명으로 동진과의 외교가 시작되고 있는 사실이 이들의 활동과 무관하지 않을 것이기 때문이다. 특히 근초고왕은 비록 진씨세력의 도움에 의해 왕위에 오를 수 있었으나, 일단 왕위에 오른 후에는 재지적 기반을 갖지 않음으로써 왕권에 의탁할 수밖에 없는 세력들을 중용함으로써 왕권을 강화하고자 하였을 것이다. 이 과정에서 군현계 세력이 중용되었을 가능성이 크다.

그러나 침류왕 사후 왕위계승 과정에서 다시 정치세력간의 알력이 나타나고 있으며, 이 때 왕비족인 진씨세력이 다시 부상하면서 정치세력의 재편을 가져오게 되었다. 이 과정에서 군현계 세력은 중앙정치에서 소외되었다. 『일본서기』 응신기에 보이고 있는 弓月君의 존재는 4세기 후반 백제내 중국 군현계세력의 동향을 살펴보는데 있어서 하나의 참고가 될 수 있다. 弓月君에 대해서는 『일본서기』 응신기 14년조(보정연대 403년)에 다음과 같은 기록이 보이고 있다.

　　是歲 弓月君自百濟來歸 因以奏之曰 臣領己國之人夫百二十縣而歸化
　　然因新羅人之拒 皆留加羅國 爰遣葛城襲津彦 而召弓月之人夫於加羅
　　然經三年 而襲津彦不來焉

즉, 弓月君이 백제로부터 왜로 귀화하고자 하였으나 신라의 방해로 가야에 머무르게 되었음을 알리는 내용이다. 그런데 弓月君에 대해서 『신찬성씨록』에는

　　太秦公宿禰 出自 秦始皇帝三世孫 孝武王之後也 男功滿王帶仲彦天
　　皇八年來朝 南融通王[一云弓月王] 譽田天皇十四年 來率二十七縣百姓
　　歸化 獻金銀玉帛等物 …54)

　　있었음을 알 수 있다(『南齊書』 東南夷列傳 백제조).
54) 『新撰姓氏錄』 3, 左京諸蕃上 漢條.

이라고 하여 弓月君이 秦始皇帝의 3세손인 孝武王의 후예로 기록되고 있다. 이는 弓月君이 중국계(낙랑·대방계) 출신이라는 사실을 나타내는 것으로 볼 수 있다. 이들이 어떤 이유로 백제를 떠나고 있는지 구체적인 이유는 알 수 없지만 진사·아신왕대 정치세력의 재편과정에서 이들의 정치적 입지가 크게 위축되었을 것이라는 점은 분명하다.[55] 특히 침류왕 이후 즉, 진사왕·아신왕대에 중국과의 외교관계 기록이 보이지 않는 것은 고구려와의 전쟁에도 한 원인이 있겠지만 당시의 중국 군현계 세력의 위축된 정치적 입장을 반영하고 있는 것으로 이해할 수 있다.

그러나 4세기 후반 중국 군현계 세력의 위축은 정치변동 과정에서의 일시적인 현상이었다. 이들은 5세기에 들어와서 다시 대중국 외교를 담당하고 있으며, 위덕왕 45년에는 王辯那라는 인물이 遣隋使로 파견되고 있기도 하다.[56] 따라서 이들 군현계 세력은 사비시대까지도 중앙정치에서 일정한 입지를 확보하고 있었음을 알 수 있다.

3. 4세기의 지방세력

백제 초기의 지방통치체제는 部·城體制로, 이러한 형태는 漢城時代말까지 계속되고 있다. 물론 고이왕대를 기점으로 하여 부명 冠稱이 사라지고, 부에 재지기반을 두고 있던 정치세력들이 중앙의 관직에 진출함으로써 중앙귀족화의 길을 걷고 있다. 그러나 이들은 매

---

55) 백제의 지배층으로 편입되었던 弓月君이 많은 무리를 이끌고 왜로 가게 된 이유를 전쟁이 거듭되는 상황에서 중국계 출신으로서 정치적 입지가 약화된 데서 찾는 견해도 있어 참고된다(盧重國, 「4~5世紀 百濟의 政治運營」, 1994, p.174).
56) 『三國史記』 27, 위덕왕 45년.

우 한정된 세력에 불과하며, 모든 정치세력들의 독립적 기반이 완전히 해체되었다고 볼 수 있는 어떠한 근거도 찾을 수 없다. 따라서 재지기반을 토대로 일정한 정치력을 보유하고 있었던 세력이 여전히 존재하고 있었던 것으로 파악된다. 그러나 근초고왕대 중앙집권적 통치체제가 확립되면서 재지기반을 토대로 독립적 정치세력을 형성하고 있었던 존재들은 중앙의 질서체계로 편제되었을 것이다. 따라서 지방세력의 존재양태는 근초고왕대를 기점으로 4세기 전반과 후반으로 구분하여 검토되어야 할 것으로 생각된다.

문헌사료에서 4세기 전반의 지방(部)세력을 보여주는 기록은 없다. 따라서 각 지방에 독립적인 세력을 형성하고 있었음을 보여주는 고고유적(주로 분묘유적이지만)을 통해 지방세력의 존재를 확인해 본 후에 문헌자료를 다시 검토하기로 하겠다.

최근에 금강수계와 그 가까운 지역에서 발견되고 있는 周溝土壙墓의 조영시기와 범위를 토대로 4세기 백제의 영역에 대한 고찰이 시도되었는데,57) 4세기 백제의 영역이 안성천을 넘지 못하였다고 보고 있다. 그러나 이러한 견해는 문헌과 관련하여 이해할 때 받아들이기 어렵다고 하겠다. 특히 2~4세기에 걸쳐 주구토광묘가 축조되고 있는데, 이들 축조지역에서 3세기동안 영역 또는 외

■ 마한의 묘제인 주구토광묘(공주 장원리유적)

---

57) 姜仁求,「周溝土壙墓에 관한 몇가지 問題」,『정신문화연구』 56호, 1994, pp.120~121.

부세력에 의한 정치적 영향력에 있어서 변화가 없었다고 보기는 어렵기 때문이다. 따라서 周溝土壙墓의 존재는 오히려 당시 중앙과는 별도의 독립적 성격의 재지세력 즉, 지방세력으로서의 존재를 보여주는 것으로 이해할 수 있는 것이다.

■ 화성군 백곡리 수혈식석실분(4세기 고분으로 비정)

특히 4세기대의 고분으로 추정되는 화성군 백곡리 수혈식석실분은 중앙과 고분문화의 요소가 다른 것으로 밝혀져 중앙과는 다른 정치세력의 존재를 상정할 수 있기도 하다.58) 그러나 출토 토기들은 풍납동출토 토기들과 유사한 점들이 있어 일찍부터 중앙과의 상호 관련성을 찾아볼 수 있다.59) 이는 당시 백제의 영역내에 포함되어 있던 지역에서도 중앙과는 다른 묘제를 사용하고 있었음을 말해 주는 것이다.

또한 4세기 중반~5세기 전반으로 추정되고 있는 청주 신봉동고분군의 경우도 지방세력과 관련하여 검토될 수 있다. 즉, 신봉동의 산 중복보다 낮은 지역에서 조사된 土壙墓들은 대개 4세기 중반경으로 추정되고 있는데, 이들 토광묘에서 출토되고 있는 토기들은 같

---

58) 경기도 화성군 마도면 백곡리 행기실부락 뒷산의 능선상에 10여기의 수혈식석실분을 조영한 사람과 피장자는 4세기경 화성지역을 대표하던 지방세력의 하나로 파악되고 있다(한국정신문화연구원 발굴조사단, 『華城郡白谷里古墳』, 1994, pp.58~61).

59) 金元龍「華城郡 麻道面 白谷里 百濟古墳과 土器類」, 『百濟研究』 2, 1971, p.152.

■ 청주 신봉동고분군 93호분(4세기 중반-5세기 전반으로 비정, 각종 토기류 및 무기류 등이 출토되었다)

은 시기의 한성지역에서 출토되고 있는 것과 공통적 양상과 이질적인 양상을 동시에 보여주고 있다고 한다.[60] 이는 중앙의 영향력이 미치고 있음과 동시에 지역적 성격을 반영하고 있는 것으로, 중앙에 편제된 지방세력이 존재하였음을 보여주는 현상이 아닌가 생각된다.

이들 분묘유적 이외에도 원성군 법천리·천안군 화성리 등지의 지역에서 발견되고 있는 4세기대 동진제 청자를 통해서도 지방세력의 존재를 찾아 볼 수 있다. 즉 동진제 청자가 이들 지방에 분급되는 것을 4세기 전반에서 중반으로 이해하여 이를 지방 통제방식의 한 예로 파악하는 견해가 있다.[61] 나아가 지방세력에 대한 동진 물

---

60) 忠北大博物館,『淸州 新鳳洞 古墳群』, 1995, pp.287~291.
61) 權五榮,「4세기 百濟의 地方統制方式 一例」,『한국사론』18, 1989, pp.24~25.
    權五榮은 원성군 법천리고분 2호분을 4세기 중반으로 편년하고 있는데, 그렇다고 한다면 부장된 東晉製 靑磁의 유입시기는 무덤의 축조시기보다 훨씬 이른 시기였을 것이다. 한편 이 고분을 4세기 전반대로 비정하기도 하는데(林永珍,「百濟漢城時代 古墳研究」, 서울대대학원 박사학위논문, 1995, pp.97~101), 그럴 경우 동진제 청자의 매납시기도 4세기 전반이므로, 피장자에게 이들 물품이 사여된 시기는 그 보다 앞선 시점에서 구할 수 있다.
    그리고 천안 화성리 토광묘에서는 靑磁雙耳盤口壺와 天鷄壺가 출토되었다. 그런데 이들 출토품 가운데 盤口壺는 359년에 축조된 王丹虎의

품의 사여는 신라를 견제하려는 의도에서 비롯되었을 것으로 추정
되고 있다. 그러나 이는 신라에 대한 견제보다는 오히려 臣民에 의
해 왕위에 오름으로써 상대적으로 왕권이 미약했던 비류왕이 재위
중기로 접어들면서 왕권을 강화시켜 나가는 과정에서 각 지방(部)
세력을 중앙통치체제에 흡수하려는 의도에서 그들에게 동진제 청자
를 사여했을 가능성도 생각해 볼 수 있다.62) 특히 이 때 중앙에서
는 유력한 정치세력들을 중용함으로써 왕권의 안정을 추구하고 있

묘인 南京 象山 3호분 출토품과 흡사하고, 天鷄壺는 358년에 축조된 王
闓之의 묘인 南京 象山 5호묘 출토품과 유사해서 4세기 중엽으로 추정
되고 있다(三上次男,「漢江地域發見の四世紀越州窯靑磁と初期百濟文
化」,『朝鮮學報』81, 1976, pp.370~373). 그러나 이들 두 고분의 축조
시기가 358·359년이므로 매납된 청자는 그보다 이른 시기에 제작되었
을 것이다. 특히 백제의 경우 이들 청자가 유입되는 시기까지를 감안한
다면 그 제작시기는 훨씬 올라갈 가능성이 있다고 하겠다. 따라서 이들
지역에서 출토되고 있는 東晋製 靑磁의 유입시기 및 사여시기는 4세기
전반 즉, 비류왕대일 가능성이 매우 높다고 하겠다.

62) 백제 발견 東晋製 靑磁가 근초고왕대 東晋과의 외교관계를 통해 유입
되었을 것으로 보는 견해도 있다(小田富士雄,「越州窯靑磁를 伴出한 忠
南의 百濟土器」,『百濟硏究』특집호, 1982, pp.202~211). 그러나 근초
고왕대는 군사권의 일원화 등 중앙집권적 통치체제가 이루어진 시기로
북으로는 평양까지 진출하여 고국원왕을 전사시키고 있다. 또한 남으로
는 전남 해안까지 진출하고 있으며, 가야에 정치적 영향력을 확대하고
있었다. 이와 같이 역동적인 대외팽창이 이루어지고 있던 상황하에서
원성군 및 천안지역의 지방세력을 통제하기 위해 근초고왕대 위신재를
하사했다고 생각하기는 어렵다. 이들 靑磁가 백제 중앙에서 지방세력들
을 통제하기 위한 위신재로서 지방분급이 이루어졌다고 한다면, 그것은
비류왕대로 보는 것이 타당하다.
그렇다면 근초고왕대는 어떤 방법으로 이들 정치세력들에 대한 경제
적 보상이 이루어지고 있었을까? 이와 관련하여 근초고왕 24년(369)조
의「獲五千餘級 其虜獲分賜將士」의 내용이 참고된다. 즉, 근초고왕대는
군사권의 일원화가 이루어진 시기였으며, 중앙의 정치세력 역시 왕권하
에 편제되어 있었다. 따라서 이들은 왕과 함께 전쟁에 출전하였으며,
그 과정에서 획득된 전리품의 분배를 통해 왕은 정치세력들에 대한 경
제적 반대급부를 충족시켜 주었던 것으로 이해된다.

■ 원주 법천리 4호 횡혈식석실분

■ 천안 화성리출토 청자호

■ 원주 법천리 4호분 출토 양형청자

었다. 그렇다고 한다면 비류왕대까지도 지방에는 독립적 성격의 정치세력(部勢力)들이 여전히 존재하고 있었음을 확인할 수 있는 것이다. 이상에서 고고자료를 통해 4세기 전반인 비류왕대 지방(部)세력의 존재 가능성을 생각해 보았다.

　다음은 문헌자료를 통해 구체적으로 지방(部)세력의 실체와 그 존재양태를 검토해 보기로 하겠다. 다만 고이왕 이후 부명 冠稱이 사라지고 있어 비류왕대 부세력을 상정하는 데 있어서 문제가 없지도 않다. 그렇지만 부가 지방통치조직으로서의 기능을 가지고 있었으며, 이들 부(지방)에 재지기반을 두고 있었던 독립적 성격의 정치

세력이 여전히 존재하고 있었을 것이다. 물론 이들은 고이왕 이전에
는 부명을 관칭하였던 정치세력과 밀접한 존재들 즉, 그들의 후예들
일 것이다. 그러나 비류왕대 나타나고 있는 존재로 진씨세력 이외는
사료상에 분명하게 보이고 있지 않다. 따라서 비류왕 이전의 사료를
토대로 검토할 수밖에 없는 실정이다. 물론 그럴 경우 비류왕대에
활동한 지방세력을 파악하는 데 상당한 한계를 가질 수밖에 없다.
또한 백제초기에 등장한 세력이 비류왕대까지도 그 정치적 위상을
유지하고 있었을 것인가 하는 점은 문제로 지적될 수 있다. 그러나
백제초기에 부를 관칭하였던 해씨와 진씨가 백제 멸망시까지도 유
력한 정치세력으로 존재하였던 사실에서 이러한 방법이 결코 무의
미한 것만은 아니라고 생각된다. 특히 해씨의 경우 다루왕 7년(34)
해루 이후 한동안 기록에 보이고 있지 않다가 280여 년이 지난 비
류왕 9년(312)에 다시 유력한 정치세력으로 등장하고 있기도 하다.
따라서 기록에 보이지 않는 것으로 인해 이들 정치세력이 모두 왕
권하에 편제되었다거나 또는 해체되었을 것으로 생각할 수 없으며,
이러한 사실은 4세기 전반기로 비정되고 있는 고고유적 등을 통해
서도 확인되고 있다.

　기록상에 보이는 부명으로는 동·서·남·북 등의 4부가 있다.
그런데 북부의 진씨세력은 근초고왕대 이후 왕비족으로 성립되고
있어 근초고왕대의 중앙 정치세력에서 다루기로 하겠으며, 따라서
진씨 이외의 다른 세력만을 살펴보기로 한다.

　먼저 동부를 칭하고 있었던 세력으로 屹于가 보이고 있다. 흘우
와 관련해서는 『삼국사기』에 다음의 기록이 나타나고 있다.

F-1. 冬十月 東部屹于與靺鞨戰於馬首山西克之 殺獲甚衆 王喜 賞
　　　屹于馬十匹 租五百石(『三國史記』23, 다루왕 3년)
　2. 春二月 右輔解婁卒 年九十歲 以東部屹于爲右輔(위의 책, 다

루왕 9년)

3. 冬十月 右輔屹于爲左輔 北部眞會爲右輔(위의 책, 다루왕
10년)

4. 三月 左輔屹于卒 王哭之哀(위의 책, 다루왕 21년)

흘우는 다루왕 3년 말갈과의 전투에서 승리를 거둠으로써 왕으
로부터 말 10필과 조 500석을 하사받은 인물이다. 그리고 다루왕 7
년 우보에 임명되었으며, 10년에 좌보로 승진된 후 왕 21년(97) 사
망할 때까지 좌보의 직에 있었다. 따라서 흘우 집단은 동부를 재지
기반으로 가장 유력한 세력을 형성하고 있었음을 알 수 있다.

또한 다루왕 4년 高木城의 昆優가 말갈과의 전투와 관련하여 나
타나고 있는데,[63] 동부소속일 가능성이 지적되고 있다.[64] 특히 곤
씨와 관련해서는 고이왕 28년에 昆奴가 조정좌평에 임명되고 있어,
다루왕대에 등장한 곤씨가 220여 년이 지난 고이왕 28년까지도 부
를 기반으로 여전히 상당한 정치세력을 형성하고 있었음이 확인된
다. 이러한 사실은 다루왕대 최고위직에 임명되었던 흘씨세력의 경
우에도 여전히 유력한 정치적 지위를 보유하고 있었을 가능성을 시
사하는 것이다. 따라서 동부에서 활동하고 있었던 정치세력으로는
흘씨세력과 곤씨세력을 확인할 수 있으며,[65] 이들은 재지기반을 토

---

63) 『三國史記』 23, 다루왕 4년, 「秋八月 高木城昆優與靺鞨戰大克 斬首二百
餘級」.
64) 千寬宇, 앞의 논문, p.315.
  그리고 高木城은 漣川에 비정되고 있다(千寬宇, 앞의 논문, p.311).
  그러나 李宇泰는 昆優의 경우 내력이나 출신에 대한 아무런 기록이 없
  고, 고목성의 위치도 불명인 것으로 보아 어느 部에도 소속되지 않았을
  것으로 보기도 하나(李宇泰, 「百濟의 部體制」, 『百濟史의 比較研究』,
  충남대 백제연구소, 1993, pp.96~97), 다루왕 3년 東部의 屹于가 말갈
  과 전투를 벌여 승리하였는데, 이어 4년에 다시 昆優가 말갈과 전투를
  한 사실을 기록하고 있다는 점에서 昆優를 동부세력으로 볼 여지가 크
  다고 하겠다.

대로 비류왕대까지도 여전히 일정한 정치적 위상을 유지하고 있었던 것으로 파악된다. 다만 이들의 존재가 비류왕대 나타나고 있지 않은 것은 중앙에서 지배적 위치를 확보하지 못했기 때문이 아닌가 생각된다.[66]

서부세력의 존재는 초고왕 48년 菌會를 통해 확인할 수 있다.[67] 서부는 彌鄒忽을 중심으로 성립되었을 것으로 이해되는데,[68] 일찍부터 중앙의 정치력이 미쳤던 지역으로 추정된다. 회회가 초고왕 48년 백록을 바친 것은 신속을 의미하는 것으로 이해되고 있기 때문이다.[69] 특히 이러한 사실은 다른 부명을 冠稱하는 인물들이 중앙관직 또는 군사적 활동과 관련하여 등장하고 있는 것과는 다르며, '白鹿獻上'의 결과도 곡식 일백석을 하사하는 데 그치고 있는 것이다. 또한 고이왕이 서해대도로 전렵을 나가고 있는 것[70]도 이러한

---

65) 구체적인 인물에 대한 검토 이외에도 東部에 독자적인 정치세력이 존재하고 있었음을 보여주는 것으로 다음의 기록이 참고된다.
   1. 春二月 王命東部 築牛谷城 以備靺鞨(『三國史記』23, 다루왕 29년)
   2. 築赤峴沙道二城 移東部民戶 靺鞨來攻沙道城 不克(위의 책, 초고왕 45년)
   즉, 동부세력에게 말갈의 방비를 담당시키고 있다. 이 때 東部가 구체적으로 어느 세력을 지칭하는지 확인할 수는 없으나 屹氏 또는 昆氏 등의 세력을 상정해 볼 수 있을 것이다.
66) 그런데 이들 세력은 웅진으로의 천도과정에서 淘汰되었을 것으로 이해하는 견해가 있어 참고된다(盧重國, 앞의 책, p.184).
67) 「秋七月 西部人菌會獲白鹿獻之 王以爲瑞 賜穀一百石」(『三國史記』23, 초고왕 48년)
68) 金哲埈, 「百濟建國考」, 『百濟研究』특집호, 1982, pp.12~13. 그러나 미추홀세력이 西部에 편제된 것은 고이왕대에 와서야 가능했던 것으로 이해하고 있다.
69) 신라의 경우에도 파사니사금 5년(84)에 古陀也君主가 靑牛를 헌납하였다거나 벌휴니사금 3년(186)에 南新縣에서 嘉禾를 바쳤던 사례가 중앙의 편제과정을 거쳤음을 반영하는 것으로 이해된다(朱甫暾, 「新羅 中古期의 地方統治와 村落」, 계명대대학원 박사학위논문, 1996, pp.26~27).
70) 「冬十月 王獵西海大島 手射四十鹿」(『三國史記』24, 고이왕 3년)

사실을 반증한다고 하겠다. 따라서 비류왕대 서부에는 독자적인 정치력을 확보하고 있었던 세력은 존재하지 않았던 것으로 생각된다. 다만 회회의 존재 또는 고이계가 미추홀에 정착하였던 비류계일 가능성이 있다는 점에서 중앙 통치체제하에 편제된 가운데 일정한 정치적 위상을 가진 세력이 존재하였을 가능성까지 배제할 수는 없다.[71] 그리고 이들 세력이 고이왕의 즉위와 함께 중앙정치에 참여하였다고 한다면, 신민에 의해 추대된 비류왕의 경우로 보아 이들중 일부세력이 중앙정치에 참여하고 있었을 가능성도 생각해 볼 수 있다.

남부의 경우 독립적인 정치세력을 확인할 수 있는 존재는 기록상에 전혀 보이고 있지 않다. 남부는 복속된 마한지역을 편제하여 성립된 것으로 이해되고 있는데,[72] 그렇다고 했을 때 이 지역은 왕의 직접통제하에 놓여있었을 가능성이 크다. 남부의 재지세력 문제는 온조왕대 마한 복속과정에서 나타났던 일련의 사실들과의 관계 속에서 검토될 필요가 있다. 백제가 온조왕 26년 마한을 공격하여 그 국읍을 병합하였는데, 그 이듬해에는 항복하지 않았던 圓山·錦峴 2성마저 항복을 받고 그 백성을 한산의 북쪽에 사민시켰다.[73] 복속지역의 주민을 사민시켰다는 사실은 재지세력을 지배기반으로부터 유리시켰음을 말하며, 그 지역에 대해서는 직접통치가 실시되었음을 의미하는 것으로 이해할 수 있다. 특히 온조왕 43년 아산지

---

71) 千寬宇, 앞의 논문, p.328.
　　權五榮은 강화·김포·서울·서산·공주 등지의 토광묘를 조영한 집단을 西部와 관련시켜 이해하고 있기도 하다(權五榮, 「初期百濟의 成長過程에 관한 一考察」, 『韓國史論』 15, 1986, pp.88~89).

72) 南部는 목지국을 형성한 주체집단들이 그 중심세력을 형성하였을 것으로 추정되고 있다(盧重國, 앞의 책, p.98). 반면에 온조집단이 北部세력과 연합하여 백제를 건국하였다고 한다면, 南部는 온조집단에 비정될 수 있다고 보는 견해가 있기도 하다(李宇泰, 앞의 논문, p.93).

73) 『三國史記』 23, 온조왕 26·27년.

역에서의 전렵사실은[74] 마한고지에 대한 중앙통치력의 침투를 보여주는 것이기도 하다. 따라서 남부에서는 독립적인 정치세력의 존재를 상정하기는 어렵다. 또한 비류왕대 김제 碧骨池의 축조가 이루어지는데, 이는 대규모의 토목공사였다. 이와 같은 대규모의 토목공사가 이루어지기 위해서는 강력한 왕권을 바탕으로 해야 하는데, 당시 김제지역까지 왕권이 미칠수 있었던 것도 바로 이 지역이 중앙의 통치체제 내에 편제되어 있었기 때문에 가능했을 것이다.

그런데 고이왕 28년 병관좌평에 임명되는 惟己의 존재가 주목된다. 유씨세력은 이 때 처음으로 등장하고 있는 세력인데, 고이왕대 차령이북의 마한지역에 대한 복속이 이루어졌다고 하는 견해[75]에 비추어 볼 때 혹시 마한고지의 세력이 아닐까 추측되는 것이다.[76] 이러한 추정은 고이왕 후기에 신라와 빈번하게 전투가 벌어지고 있는 지점이 烽山城과 槐谷城이라는 사실을 통해서도 가능하다.[77] 봉산성은 영주에 비정되며, 괴곡성은 괴산으로 추정되는 등[78] 주로 한성 동남부의 신라 접경지역이라는 점과 관련시켜 볼 때, 유기가 병마권을 관장하는 병관좌평에 임명된 사실과도 무관하지 않을 것으로 보이기 때문이다. 당시 외적의 방어가 각 부의 재지세력이 소유한 사병적 군사력을 주축으로 수행되었던 점으로 보아 비록 백제에 복속된 지역이지만 중앙관제에 편제된 상태에서 어느 정도의 독자적 정치력을 지닌 재지세력이 존재하고 있었을 가능성은 충분하다고 하겠다. 그렇지만 백제국 전체의 입장에서 볼 때 한성 남부지

---

74) 「秋八月 王田牙山之原五日」(『三國史記』 23, 온조왕 43년)
75) 兪元載, 「百濟의 馬韓征服과 支配方法」, 『百濟論叢』 6, 1997, pp.26~29.
76) 千寬宇, 앞의 논문, p.315.
77) 1. 秋八月 遣兵攻新羅烽山城 城主直宣率壯士二百人 出擊敗之(『三國史記』 24, 고이왕 33년)
    2. 冬十月 出兵攻新羅 圍槐谷城(위의 책, 고이왕 45년)
78) 李丙燾『國譯 三國史記』, 을유문화사, 1986, p.370.

역 즉, 복속된 마한지역에서는 중앙 통치체제에 편제된 정치세력의
존재만을 상정할 수 있다고 하겠다.[79]

다음은 이들 지방(부)세력의 존재양태를 살펴보기로 하자. 먼저
이들은 재지기반[80]뿐만 아니라 독자적인 군사력을 소유하고 있었음
을 알 수 있다. 동부 屹于가 말갈과 마수성에서 전투를 벌이고(사료
F-1), 북부의 眞果가 병사 일천을 거느리고 말갈의 석문성을 공격
하여 빼앗고 있는데(사료 D-2), 이 때 동원된 병사는 사병적 성격
을 가진 부병으로 볼 수 있는 것이다.[81] 이 시기의 대외적 방어가
「有敵 諸加自戰 下戶俱擔糧飮食之」[82]하였다는 데서 알 수 있듯이
지역별로 독립적인 방어체계를 갖추고 있었던 것이다. 특히 우복이
북한성에서 반란을 일으킨 이후 재등장한 진씨세력도 우복의 난을
진압하는 데 자신의 부병을 동원하였을 가능성도 배제할 수 없다.
뿐만 아니라 이들 부세력은 자체적인 지배조직도 가지고 있었을 것
으로 생각된다. 고구려의 경우 大加들은 스스로 使者·皁衣·先人

---

79) 특히 근초고왕대 활동한 木羅斤資의 세력기반이 目支國였을 것이라고
하는 견해(盧重國,「百濟의 貴族家門 硏究」,『大邱史學』48, 1994, pp.
6~7)는 木氏가 目支國의 '目'에서 출자한 것의 사실성 여부를 떠나 주
목되며, 복속된 마한지역의 출신이 백제의 대외팽창 과정에서 일정한
역할을 담당하고 있었음을 보여준다고 하겠다.

80)『三國志』동이전 부여조,「諸加別主四出道 大者主數千家 小者數百家」.

81) 고구려의 경우에도 部族聯合的인 단계에서 각 部가 독자적인 部兵을
거느리고 있었음은 다음의 기록을 통해 알 수 있다.
「十二年 秋九月 京都雪六尺 中畏大夫沛者於界留 評者左可慮 皆以王
后親戚 執國權柄 其子弟 並恃勢驕侈 掠人子女 奪人田宅 國人怨憤 王聞
之怒欲誅之 左可慮等與四椽那謀叛 十三年 夏四月[左可慮等]聚衆攻王都
王徵畿內兵馬平之」(『三國史記』16, 고국천왕 12·13년)
여기서 左可慮 등은 王妃族인 椽(提)那部 출신으로 재지세력인 연
나부의 部兵을 일으켜 반란을 도모한 것으로 볼 수 있다. 특히 四椽那
는 4개의 那로 部內部로 이해되고 있다(盧泰敦,「三國時代의「部」에 關
한 硏究」(『韓國史論』2, 1975, p.26).

82)『三國志』東夷傳 扶餘條.

을 두었는데,83) 백제에서도 각 부세력이 독자적 지배조직을 가지고 있었을 가능성을 생각해 볼 수 있다. 그리고 당시 부세력의 독립적 성격은 신라의 漢祇部 '位卑者'의 예84)를 통해서도 확인된다.

다음은 근초고왕대 이후의 지방 정치세력에 대해 검토해 보기로 한다. 근초고왕대는 중앙집권적인 통치체제가 형성되고 있었다. 따라서 기존에 부를 기반으로 하고 있었던 토착 지배세력들 역시 중앙 귀족세력과 마찬가지로 중앙관제하에 일정하게 편제되었다. 그러나 이들 재지세력 가운데는 중앙에 진출하여 중앙관료화한 경우도 있었지만 여전히 재지기반을 토대로 활동하는 세력도 존재하고 있었다.85) 그렇지만 지방세력의 존재를 구체적으로 확인할 수 있는 기록은 없다. 다만 당시 활동하였던 정치세력 가운데 몇몇 인물에 대한 분석을 통해 이러한 흔적을 발견할 수 있을 뿐이다.

먼저 木羅斤資·沙沙奴跪의 경우를 들 수 있다. 이들과 관련해서는 다음의 사료가 참고된다.

G-1. 將襲新羅時 或曰 兵衆少之 不可破新羅 更復奉上沙白 蓋盧
    請增軍士 卽命木羅斤資 沙沙奴跪[是二人 不知其姓人也 但
    木羅斤資者 百濟將也] 領精兵與沙白 蓋盧共遣之 俱集于卓

---

83) 『三國志』 동이전 고구려조,「諸大加亦自置使者皁衣先人 名皆達於王 如卿
    大夫之家臣 會同坐起 不得與王家使者皁衣先人同列」.
84) 신라의 경우도 비록 시기적인 차이는 있으나, 晉汁伐國과 悉直谷國의
    영토분쟁시 이를 해결하기 위해 金官國의 首露王에게 의뢰한 후 수로
    왕을 위해 잔치를 열었을 때 漢祇部만이 「位卑者」를 보내고 있는 예를
    통해 각 部가 어느 정도 독자성을 가지고 있었음을 알 수 있다(『三國
    史記』 1, 婆娑尼師今 23년).
85) 근초고왕대의 지방세력 개념은 신라에서 말하는 지방사회에 존재했던
    지배계층을 의미하는 것(李宇泰,「新羅 中古期의 地方勢力 研究」, 서울
    대대학원 박사학위논문, 1991, pp.1~4)과는 다르다. 백제의 경우에는
    중앙관제에 편제된 존재들로 활동기반을 지방에 두고 있을 뿐이며, 항
    상 중앙에 진출할 수 있는 세력이였다고 하겠다.

淳 擊新羅而破之(『日本書紀』9, 神功紀 49년)

2. 百濟記云 壬午年 新羅不奉貴國 貴國遣沙至比跪 令討之 新
   羅人莊飾美女二人迎誘於津 沙至比跪受其美女 反伐加羅國
   加羅國王己本旱崎 及兒百久至阿首至國沙利 伊羅麻酒 爾汶
   至等 將其人民 來奔百濟 百濟厚遇之……天皇大怒 卽遣木
   羅斤資 領兵衆來集加羅復其社稷 一云 沙至比跪 知天皇怒
   不敢公遷乃自竄伏其妹有幸於皇宮者 比跪密遣使人 問天皇怒
   解不……(위의 책, 神功紀 62년)

　위의 사료에서 木羅斤資·沙沙奴跪·沙至比跪 등은 비록 왜가
백제에 파견한 인물로 기록되고 있으나, 목라근자의 경우 백제의 장
군이라는 사실 등으로 볼 때 모두 백제계 인물로 생각된다. 그러나
목라근자·사사노궤 등은 그 姓人을 알 수 없다고 한 점으로 보아
중앙의 귀족세력은 아니었던 것으로 보인다. 따라서 이들을 지방세
력의 범주에서 다루고자 한다.

　먼저, 목라근자는 후에 가야지역을 기반으로 독자적인 정치세력
을 형성하고 있었던 인물로 주목된다. 그는 왜가 신라를 정벌하는
데 파견된 인물로 『일본서기』에 나타나고 있으나, 백제의 장군으로
기록되어 있어 백제인이었던 것으로 파악된다. 그리고 목라근자는
신라가 조공을 하지 않는 것을 빌미로 이를 응징하기 위해 보낸 사
지비궤가 미인계에 속아 가야를 공략하자 병력을 이끌고 가서 다시
가야의 사직을 회복시킨 인물이기도 하다. 『일본서기』에는 이러한
활동이 왜에 의해 수행된 것으로 기록되어 있으나 백제의 활동으로
보는 것이 타당하다. 그러나 이러한 사정만으로 목라근자가 재지기
반을 근거로 독자적인 정치세력을 형성하고 있었다고 단정할 수는
없다. 이와 관련해서는 다음의 기록이 주목된다.

　　　百濟直支王薨 卽子久爾辛立爲王 王年幼 木滿致執國政與王母相淫

多行無禮 天皇聞而召之[百濟記云 木滿致者 是木羅斤資討新羅時 娶其
國女 而所生也 以其父功 專於任那 來入我國 王還貴國 承制天朝 執我
國政 權重當世 然天朝聞其暴召之](『日本書紀』10, 應神紀 25년)

위의 내용은 구이신왕대(420~427) 木滿致의 정치활동에 대한
기록이다. 목만치는 목라근자가 신라를 토벌할 당시 신라의 여자와
결혼하여 낳은 것으로 되어 있으며, 목라근자의 공으로 임나에서 권
력을 장악할 수 있었음을 보여주고 있다. 이러한 상황은 목라근자의
활동과 결부지어 볼 때 사실로 받아들일 수 있다. 그런데 목만치가
아버지의 공으로 임나에서 전권을 행사할 수 있었던 사실에 대해서
는 보충적인 설명이 필요하다. 목라근자가 신라를 토벌하고 가라의
사직을 회복시키는 시점(보정연대 382, 근구수왕 8년)에 목만치를
낳았다고 한다면 당시 목만치의 나이는 30대 후반에 해당한다. 따라
서 목라근자가 가라의 사직을 회복시킨 이후에 계속해서 그 지역에
남아있었을 가능성을 생각할 수 있다.[86] 그렇지만 목라근자의 출자
및 토착기반 등에 대해서는 분명하게 알려져 있지 않다. 최근에 목
라근자의 출자가 目支國과 관련되어 설명되고 있다.[87] 목씨세력이
구마한지역 목지국을 세력기반으로 하고 있었는지 분명하지는 않지
만 근초고왕 24년 이후에는 가야지역과 관련하여 정치세력화했을
가능성은 충분히 인지된다.[88] 목라근자의 경우 근초고왕 24년 이전

---

86) 그 결과 백제가 일부 가야지역에 대해 정치적 영향력을 행사할 수 있
    었다. 따라서 백제는 가야에 일정한 의무를 부과하였을 것이며(盧重國,
    앞의 논문, pp.156~157), 이러한 관계를 감시하기 위해 木羅斤資가 가
    야지역에 그대로 상주하게 되었던 것으로 이해할 수 있다.
87) 盧重國, 「百濟의 貴族家門 硏究-木協(木)氏勢力을 中心으로-」, 『大邱
    史學』48, 1994, pp.6~7.
88) 당시 목라근자가 가야지역에 주둔하게 된 것은 신라로부터의 간섭을
    배제하고 가야지역에 대한 영향력을 지속적으로 행사하기 위한 목적에
    서였을 것이다.

에는 비록 중앙 정치조직에 편제되어 중앙관료적인 성격을 띠었을 것이나, 그 이후에는 가야지역을 토대로 어느 정도 독자적인 움직임을 보이고 있었던 것으로 생각된다. 그러한 측면에서 목씨를 지방세력의 한 유형으로 분류해 볼 수 있다.

그리고 사사노궤도 목라근자와 함께 파견되고 있는데, 그의 출신은 분명하지 않은 것으로 기록되고 있다. 그러나 목라근자와 함께 활동하고 있는 것으로 보아 백제 장군일 가능성이 높다.[89] 그렇다면 사사노궤는 사씨세력일 가능성이 크다고 하겠다. 이는 사씨가 백제의 大姓八族 가운데 하나로 장군 등으로 활약하는 인물이 많다는 사실과도 무관하지 않다. 사지비

■ 사택지적비

궤는 신라 및 가야와의 외교관계 속에서 등장하고 있어 사사노궤와 연관이 있는 인물로 이해된다. 따라서 사지비궤 역시 사씨세력으로 볼 수 있지 않을까 한다. 사비시대에 사씨는 가장 유력한 귀족세력 가운데 하나로 등장하고 있는데, 성왕대 상좌평 沙宅己婁[90]와 의자왕대의 인물인 대좌평 沙宅智積 등이 대표적인 인물이다. 특히 대좌평 沙宅智積이 은퇴한 奈祇城은 부여군 은산면 내지리에 비정되기도 하는데[91] 사씨가 부여지방을 재지기반으로 하였던 것으로

89) 金鉉球, 『任那日本府研究』, 일조각, 1993, pp.33~34.
90) 『日本書紀』 19, 欽明紀 4년.
91) 洪思俊, 「百濟 砂宅智積碑에 대하여」, 『歷史學報』 6, 1954, p.256.

파악된다. 이들이 어떠한 경로를 거쳐 정치세력화했는지는 분명하지 않지만, 근초고왕의 중앙집권화 과정에서 중앙관제에 편제되었을 가능성을 생각해 볼 수 있다. 다만 사씨가 처음 등장하는 근초고왕대에는 부여지방에 세력근거지를 두고 있던 지방세력이었으나 아신왕 7년(398) 沙豆가 좌장에 임명되는 시점[92]에 이르면서 점차 중앙귀족으로 등장하였던 것이 아닌가 생각된다. 따라서 사사노궤 등은 부여지방을 재지기반으로 하였던 지방세력일 가능성을 생각해 볼 수 있겠다.

그러나 근초고왕대 지방세력은 목라근자의 경우를 통해 볼 때 반드시 출신지역을 재지기반으로 하지는 않았던 것으로 생각된다. 근초고왕대에는 중앙집권화가 이루어지면서 독립적인 성격의 지방 정치세력들이 중앙에 편제되어 점차 독립성이 약화되어 가고 있다. 그리고 이들은 지방에 재지기반을 두고 있으면서 동시에 중앙 관제에 편제된 정치세력이었던 것으로 파악된다. 따라서 비류왕대의 지방(부)세력과는 성격을 달리하고 있다고 하겠다. 특히 비류왕대의 지방세력이 자신들의 존재를 부각시킬 수 있는 특징적인 고고유적을 남기고 있는 것과는 달리 근초고왕 이후 중앙의 직접통제를 받게 된 지방세력들은 그들의 재지지역에 토착적 성격의 고고유적을 남기지 않았을 가능성이 크다. 또한 비류왕대는 지방세력을 회유하기 위해 威信財로 불려지는 특정한 물품을 사여하였던 것으로 추정된다. 그러나 근초고왕대부터는 중앙집권적인 통치체제가 정비되면서 중앙의 통제력이 미치는 지역의 지방세력에 대한 위신재의 사여도 사라졌을 것이다.

---

92) 『三國史記』 25, 아신왕 7년.

귀족국가 형성기의 정국운영

제 3 장
귀족국가 형성기의 정국운영

1. 비류왕의 왕권강화

　4세기 전반기에 40년간 재위하였고, 근초고왕의 부왕으로 기록되고 있는 비류왕(304~344)의 존재는 크게 주목되지 못한 감이 있다. 이는 비류왕이 크게 내세울 만한 업적이 없을 뿐만 아니라 왕위계승 자체도 臣民의 추대에 의해 이루어졌을 만큼 미약함을 드러내고 있었다고 하는 인식에 기인하고 있는 것으로 보인다. 그 결과 이제까지 비류왕에 대한 연구는 주로 한가지 측면 즉, 고이계를 대신하여 초고계가 다시 왕위를 계승하고 있다는 사실에 집중하여 고찰되었을 뿐이다.[1] 따라서 비류왕의 정국운영이나 왕권의 확립을 위한

---

　1) 李基白, 「百濟王位繼承考」, 『歷史學報』 11, 1959.
　　盧重國, 「百濟王室의 南遷과 支配勢力의 變遷」, 『韓國史論』 4, 1978.
　　＿＿＿, 『百濟政治史研究』, 일조각, 1988, pp.123~131.
　　千寬宇, 「三韓攷」 3, 『古朝鮮史・三韓史研究』, 일조각, 1989.
　　李基東, 「百濟 王室交代論에 대하여」, 『百濟研究』 12, 1981.
　　梁起錫, 「百濟初期의 王位繼承과 王權의 性格」, 『湖西文化研究』 8, 1989.

여러 시책들과 관련된 뚜렷한 논거들이 아직 구체적으로 검토되고
있지 못한 실정이다. 이러한 연구경향은 재위기간이 40년이나 되었
던 비류왕의 통치기에 이루어졌던 백제사에 대한 관심을 소홀하게
하였을 뿐만 아니라 그를 이어 즉위한 근초고왕대에 대한 이해를
심화시키는 데 있어서 한계로 작용할 수밖에 없었다. 이는 전적으로
비류왕에 대한 관심의 부족에서 기인한다고 할 수 있다. 따라서 본
절에서는 비류왕의 정국운영 과정을 단계별로 검토하여 당시 정국
운영의 추이와 이후 백제사의 전개방향에 대한 이해를 구하고자 한
다.

먼저 비류왕 재위시의 정국운영은 크게 전·중·후기의 3시기로
구분해 볼 수 있다. 그 가운데 전기는 비류왕이 자신의 정치적 입지
를 확보해 가는 시기로, 중기는 왕권 강화과정이라는 측면에서, 후
기는 진씨세력의 재등장과 함께 정국운영의 위축이라는 측면에서
검토될 수 있다.

1) 비류왕의 왕권강화 노력

비류왕은 고이계인 분서왕의 뒤를 이어 초고계로서 왕위에 오른
인물이다. 그런데 비류왕은 신민의 추대에 의해 왕위에 올랐기 때문
에 초기에는 왕권이 상당히 약화된 측면을 가지고 있었던 것으로
보인다. 따라서 즉위 이후 정국운영에 있어서 가장 주된 관심은 왕
권의 위상을 어떻게 확립시킬 것인가 하는 데 있었을 것이다. 이러
한 사실은 그가 재위기간 동안에 행한 기록을 통해 검토해 볼 수
있다. 그 내용을 시기별로 살펴보면 다음과 같다.

_____, 「百濟專制王權成立過程研究」, 단국대대학원 박사학위논문, 1990.
崔在錫, 「百濟의 王位繼承」, 『韓國學報』 45, 1986.

A-1. 春二月 發使巡問百姓疾苦 其鰥寡孤獨不能自存者 賜穀人三
    石(『三國史記』 24, 비류왕 9년)
  2. 夏四月 謁東明廟 拜解仇爲兵官佐平(위의 책, 동왕 9년)
  3. 春正月 祀天地於南郊 王親割牲(위의 책, 동왕 10년)
  4. 夏四月 王都井水溢 黑龍見其中(위의 책, 동왕 13년)

　비류왕이 즉위한 이후 8년까지는 주목되는 기록이 없다. 이는 비
류왕이 신민의 추대에 의해 왕위에 오른데 따른 왕권의 미약과 정
국운영에 있어서의 단면을 보여주는 현상으로 이해된다. 그러나 재
위 9년 이후부터는 다양한 정책들이 실시되고 있는데, 사료 A는 비
류왕의 왕권확립을 위한 일단의 노력을 보여주고 있다.

　먼저, 사료 A-1의 鰥寡孤獨에 대한 구휼은 피지배계층에 대한
정책이라고 하겠다.[2] 王者의 입장에서 실시하는 의례적인 것으로
볼 수도 있겠으나 재위한지 9년이 지나면서 가장 먼저 나타나고 있
는 정책이라는 점에서 주목된다. 즉, 백성들에게 왕으로서의 자신의
존재를 인식시키고자 했을 뿐만 아니라 각 지방에 대한 통치력을
확보하려는 시도라고 할 수 있다.[3] 그리고 그 해 4월에는 동명묘에
배알하고, 즉위시에 지지세력으로서 일정한 역할을 하였던 해구를
병관좌평에 임명하고 있다. 이는 지지세력의 중용을 통해 다른 정치
세력들을 견제하고, 아울러 정국운영의 주도권을 장악하려는 의도
에서 비롯되었을 것이다. 이러한 일련의 행위는 그의 입지를 강화시
키기 위한 조치들이라고 하겠다.[4]

---

2) 유교에서 구휼의 첫 대상으로 삼고 있는 '鰥寡孤獨'이란 天下에 의지할
　곳이 없는 四窮民으로 孟子는 이들을 최우선으로 돌보고 보살피는 것
　이 王道政治의 첫걸음이라고 하였다(『孟子』 梁惠王章句 下篇).
3) 한성시대에 나타나고 있는 진휼기사는 온조왕대·다루왕대·초고왕대·
　비류왕대·비유왕대의 5회가 있는데, 이러한 진휼은 중앙권력의 지방통
　치와 관련을 가지고 있다(安秉佑 「迎日 冷水里新羅碑와 5~6세기 新羅
　의 社會經濟思想」, 『韓國古代史研究』 3, 1990, pp.134~135).

다음 해인 왕 10년에는 천지에 제사함에 있어서 왕이 친히 割牲을 하고 있다. 이는 자신의 통치력을 대내외적으로 드러내 보이기 위한 것으로 생각된다. 이와 같은 과정을 통하여 재위 10여 년 뒤에는 어느 정도 왕권의 안정을 가져왔던 것으로 보인다. 이는 사료 A-4에서 보는 바와 같이 왕도의 우물에서 흑룡이 나타났다고 하는 기록을 통해서 이해할 수 있다. 여기서 흑룡은 초고계의 왕을 상징하고 있다는 점5)에서 비류왕의 입지가 어느 정도 확보된 사실을 상징적으로 보여주는 것이 아닌가 한다.

비류왕은 이와 같은 과정을 통해 왕권의 안정을 확보하였으며, 나아가 중기에는 정국의 주도권을 장악하고자 했던 것으로 생각된다. 이러한 사실은 다음의 기록을 통해 살필 수 있다.

B - 1. 築射臺於宮西 朔望習射(『三國史記』 24, 비류왕 17년)
　　2. 春正月 以王庶弟優福爲內臣佐平(위의 책, 동왕 18년)
　　3. 十一月 王獵於狗原北 手射鹿(위의 책, 동왕 22년)
　　4. 九月 內臣佐平優福據北漢城叛 王發兵討之(위의 책, 동왕

---

4) 東明廟에 대한 제사는 대개 의례적인 경우 즉위 이듬해에 이루어지고 있다(崔光植, 『고대한국의 국가와 제사』, 한길사, 1995, pp.185~186). 특히 東明廟에의 祭儀는 春正月에 거행되는 것이 일반적이었음을 볼 때 비류왕이 夏4月에 東明廟에 拜謁하고 이어 解仇를 兵官佐平에 임명한 사실은 비류왕의 왕권확립과 관련시켜 검토할 수 있는 것이다(盧重國, 「4~5世紀 百濟의 政治運營」, 『韓國古代史論叢』 6, 1994, p.167). 그러나 한편으로는 비류왕이 臣民에 의해 왕위에 올랐다는 사실에서 그가 강력한 군사적 기반을 가지고 있지 못했음을 알 수 있는데, 그러한 상황에서 군사권이 비록 지지세력일지라도 解仇에게 위임되었다고 하는 것은 비류왕의 왕권강화에 있어 한계로 작용하게 되었을 것이다.
5) 古爾系를 黃龍에, 肖古系를 黑龍에 비정하는 견해가 있다(盧重國, 「解氏와 扶餘氏의 王室交替와 初期百濟의 成長」, 『金哲埈博士華甲紀念史學論叢』, 1983, pp.128~129). 이를 古爾系와 肖古系로 굳이 분별하지 않더라도 龍이 王을 상징하고 있다는 점에서 비류왕의 권위를 나타내주는 것으로 이해할 수 있을 것이다.

24년)

이제 안정된 왕권을 바탕으로 비류왕은 군사력의 강화에도 관심을 보이고 있다. 사료 B-1에서 보듯이 비류왕 17년 궁의 서쪽에 射臺를 쌓아놓고 매월 초하루와 보름에 활쏘기를 익혔다고 하는데, 이는 고구려의 침입에 대비하기 위한 목적에서 비롯된 것이 아닌가 생각된다.[6] 특히 고구려의 기마전에 대항하기 위한 전술의 일환으로 이해되기도 한다.[7] 비류왕이 재위하고 있었던 시기에 고구려는 미천왕의 통치기(300~331)였으며, 그는 중국 군현세력을 한반도에서 축출한 인물이었다.[8] 이로 인해 백제는 고구려와 국경을 접하게 되었으며, 비류왕으로서는 고구려의 남진에 대비하지 않을 수 없었을 것이다.[9] 왕 17년조의 기사는 고구려에 대한 방비체제의 강화라

---

6) 백제가 고구려의 침략에 대한 방어책을 세웠던 것이 이 때가 처음은 아니다. 책계왕 즉위년(286)에 「高句麗伐帶方 帶方請救於我 … 高句麗怨 王慮其侵寇 修阿旦城 蛇城備之」(『三國史記』 24, 책계왕 즉위년)의 내용이 보이고 있다. 비록 백제가 고구려와 직접 충돌한 경우는 아니지만 당시 고구려의 침략에 대한 염려를 하였음을 알 수 있다. 따라서 고구려가 樂浪·帶方 등 중국 군현세력을 축출한 사실은 비류왕으로 하여금 고구려에 대한 방비의 필요성을 느끼게 하였을 것은 분명하다.
　책계왕 원년조의 기사를 비류왕 10년경의 사실로 이해하는 견해도 있다(李丙燾, 「百濟의 建國問題와 馬韓中心勢力의 變動」, 『韓國古代史研究』, 1976, p.480) 그러나 내용을 보면 백제가 고구려와 대방간의 전쟁에 개입하였으며, 그 결과 전쟁에서 고구려가 패한 것으로 이해된다. 따라서 낙랑·대방세력의 축출시점을 기록한 것으로는 볼 수 없다.
7) 申瀅植, 『三國史記研究』, 일조각, 1990, p.132.
8) 李基東, 「貴族國家의 形成과 發展」, 『韓國史講座』 1(고대편), 1986, pp.124~125.
　林起煥, 「高句麗 集權體制 成立過程의 研究」, 경희대대학원 박사학위논문, 1995, pp.204~207.
9) 백제가 비류왕대 고구려와 합세하여 樂浪·帶方 등을 멸망시킴으로써 중국세력을 한반도에서 몰아냈다고 하는 견해가 있다(權五榮, 「初期百濟의 成長過程에 관한 一考察」, 『韓國史論』 15, 1986, p.91). 그러나 中國郡縣이 최종적으로 한반도 지역에서 축출되는 것은 313년(비류왕 10

는 측면과 부합된다고 할 수 있다. 백제는 전통적으로 射를 존중하였을 뿐만 아니라,[10] 특히 산성의 축조가 다른 나라들에 비해 많았던 점[11]으로 보아 활은 방어에 유리한 무기였을 것이다.[12]

또한 B-2에서 고이계인 우복의 내신좌평 임명은 당시 비류왕의 정국운영 과정에서 아주 획기적인 조치로 받아들일 수 있다. 신민들의 추대로 고이계인 계를 대신하여 범초고계로서 왕위에 오른 비류왕의 입장에서 당시 관직의 서열로 최고위인 내신좌평에 고이계를 등용하는 것은 일종의 고이계와의 정치적 결속으로 볼 수도 있지만[13] 만일 왕권의 안정을 기반으로 하지 않을 경우 반대로 정치적 부담으로 작용할 소지가 많기 때문이다.[14] 이어 왕 22년에는 구원의 북쪽에서 수렵을 하고 있는데, 수렵의 행위가 왕권의 신장과 밀

년)이며, 이 때는 비류왕 전기에 해당한다. 따라서 왕권의 안정에 중점을 두고 있었던 비류왕으로서 고구려와 함께 樂浪·帶方을 공격할 형편이 되지 못하였다.

10) 「兵有弓箭刀矟 俗重騎射」(『周書』49, 열전 41 異域上 百濟條)
「俗尙騎射 讀書史 …」(『隋書』81, 열전 46 東夷 百濟條)

11) 兪元載, 「三國史記 築城記事의 分析」, 『湖西史學』12, 1984, pp.17~24.

12) 金基雄은 활을 공격용 무기에서 다루고 있으나(金基雄, 「百濟-武器와 馬具-」, 『韓國史論』15, 1985), 오히려 공격보다는 방어에 유리한 무기로 볼 수 있다. 그러나 원거리용 무기라는 점에서 공격용으로도 효과적이었을 것이다(金性泰, 「百濟의 兵器」, 『百濟硏究』26, 1996, pp.297~306).

13) 盧重國, 「百濟王室의 南遷과 支配勢力의 變遷」, 『한국사론』4, 1978, p.57.

14) 한편으로 당시 유력한 정치세력을 등용할 수밖에 없었다는 것은 비류왕대 정국운영에 있어서 일정한 한계로 작용할 수밖에 없었을 것이다.
優福의 內臣佐平 임명이 비록 비류왕의 왕권 안정화기반 위에서 가능했다고는 하지만 당시 커다란 정치세력을 형성하고 있었을 優福과 같은 인물을 최고위직에 등용하였다는 사실은 왕권을 강화하는 데 걸림돌이 되었을 것이기 때문이다. 그러나 왕권을 강화할 수 있는 제도적 장치가 마련되어 있지 못한 상황에서 왕권의 안정을 위해서는 자신을 지지해 줄 수 있는 기존 정치세력의 등용이 불가피하였을 것이다. 이러한 점이 결국 비류왕의 왕권강화가 실패하게 되는 요인으로 작용하였을 것이다.

접한 관련이 있음은 주지의 사실이다.15) 결국 이와 같은 과정을 거쳐 어느 정도 강화된 왕권을 바탕으로 비류왕은 재위 24년에 일어난 우복의 반란을 무력으로 토벌할 수 있었을 것이다. 이러한 일련의 행위는 비류왕의 왕권 강화노력이라는 측면에서 이해할 수 있다.

비류왕대 중기는 정치적인 측면에서의 안정 뿐만 아니라 경제적인 측면에 있어서도 발전의 토대를 마련하였던 것으로 보인다. 비류왕대로 확인되고 있는 碧骨池의 축조에서 이를 살펴볼 수 있다.

> C - 1. 始開碧骨池 岸長一千八百步(『三國史記』2, 흘해니사금 21년)
>
> 2. 己丑 始築碧骨堤(『三國遺事』1, 왕력 흘해니사금)

위의 기록은 비록 신라 흘해니사금조에 기록되어 있으나, 당시 김제지방이 백제의 영토였다는 점16)으로 보아 이는 백제 비류왕대의 사실이 잘못 기록된 것으로 판단된다. 현재 벽골지는 발굴조사가 이루어져 그 시축연대가 확인되었다.17) 이러한 대규모 저수시설의

---

15) 金瑛河,「三國時代 王의 統治形態 硏究」, 고려대대학원 박사학위논문, 1989, pp.59~60.
16) 『三國史記』36, 지리3,「金堤郡 本百濟碧骨縣景德王改名」.
17) 尹武炳,「金堤 碧骨堤 發掘報告」,『百濟硏究』7, 1976.
참고로 조사결과 밝혀진 연대를 보면 다음과 같다.

번 호	시료번호	측정연대	환산연대
1	KAERI-149-1	1600 100	A.D.350
2	KAERI-149-2	1576 100	A.D.374
3	KAERI-149-3	1620 110	A.D.330

(A.D.로 환산한 기준년도는 1950년임)
규모는 제방의 높이 약 4.3m, 상변폭 7.5m, 하변 폭 17.5m, 전장 3km의 대규모였음을 알 수 있다.
그러나 백제가 김제에 진출한 것을 369년경으로 보아 벽골지는 그 이후에 축조된 것으로 추정하는 견해도 있다(李道學,『百濟 古代國家 硏究』, 일지사, 1995, pp.170~176).

■ 김제 벽골지 복원후 모습
(비류왕대 축조된 것으로
비정되고 있으며, 4세기초
백제가 전북지역의 일부를
영역화했을 가능성을 추정
할 수 있다)

축조는 농경의 발달과 밀접한 관련이 있다. 당시 농경의 발전을 보여주는 것으로 다음의 기록이 참고된다.

　　D - 1. 春二月 命有司修堤防 三月 下令勸農事(『三國史記』24, 구
　　　　　 수왕 9년)
　　　　2. 春二月 命國人開稻田於南澤(위의 책, 고이왕 9년)

　사료 D는 비록 단편적인 기록이지만 3세기에 들어와서 농경, 특히 벼농사가 중시되었음을 알 수 있다.[18] 이는 비류왕대에 와서 대규모 저수시설 축조의 필요성을 제기하게 했을 것이다. 이 외에도 4세기대 농경과 관련하여 주목되는 것이 최근에 조사된 미사리유적의 밭유구이다. 숭실대학교 발굴지역에서 조사된 유구는 상층 경작

────────────

18) 3~4세기 이후가 되면 수전과 관계되는 농기구들이 철로 전환되고 있으며(李賢惠, 「三國時代의 농업기술과 사회발전」, 『韓國上古史學報』 8, 1991, p.48), 철제 농토목구의 보급은 생산력의 급격한 향상을 가져왔다. 이로 인해 수전개발이 활발하게 진행되었으며, 아울러 대규모 수리시설의 축조를 가능하게 하였다. 비류왕대 벽골지의 축조는 바로 이러한 사회경제적인 변화과정에서 나타난 산물임을 알 수 있다.

유구층과 하층 경작 유구층으로 구분되고 있는데, 이 가운데 1기 하층 경작유구의 연대는 4세기 초로 추정되고 있기도 하다.19)

■ 미사리 백제시대 밭유적(4세기경으로 비정)

특히 벽골지의 축조가 비류왕 24년 우복의 난이 일어난 3년 뒤에 이루어졌다고 하는 점은 바로 비류왕의 왕권강화와 관련시켜 볼 때20) 주목되는 사실이다. 대규모의 토목공사가 이루어지기 위해서는 강대한 권력을 발동할 수 있는 국가적 기반과 조직이 확립되어야 한다.21) 특히 조직적인 인력동원을 위한 호구에 대한 파악과 함께 이들에 대한 국가권력의 침투가 전제되어야 한다는 점에서 강력한 통치체제하에서만 가능하기 때문이다. 이와 같이 비류왕은 전기에는 안정된 왕권을 바탕으로 활발한

---

19) 숭실대학교박물관편, 『渼沙里』 제3권, 1994, pp.396～397.
　　그리고 서울대학교 박물관에 의해 조사된 유적의 하층밭은 4세기경 또는 그 이전에 사용된 것으로 추정되고 있다(서울대학교박물관편, 『渼沙里』 제3권, 1994, p.259). 농업의 발전과 국가발전과의 관계에 대해서는 金基興의 「미사리 삼국시기 밭 유구의 농업」(『歷史學報』 146, 1995)가 참고된다.
20) 동성왕·무왕의 경우에서도 왕궁·사원조영 등의 대토목공사를 통해 왕권강화를 이루고 있음을 살필 수 있다(李道學, 「漢城 後期의 百濟王權과 支配體制의 整備」, 『百濟論叢』 2, p.301).
21) 尹武炳, 앞의 논문, p.78.
　　그리고 碧骨池와 같은 대규모 관개·수리시설을 축조하기 위해서는 토목·측량기술 등이 필요하다. 3～4세기 백제는 夢村土城 및 積石塚 등 대규모 건조물이 조영되었던 점으로 보아 토목·측량기술이 상당한 정도로 발전해 있었음을 알 수 있다.

■ 풍납토성 북벽

■ 풍납토성 동벽(폭 40m, 높이 10m 이상에 달하는 것으로 조사되었다)

정국운영을 통해 어느 정도 왕권의 강화를 이룰 수 있었을 것이다. 또한 당시 농업생산력의 향상에 따른 경제력의 성장을 가져옴으로써 이후 중앙집권적인 국가체제를 갖출 수 있는 사회·경제적 토대를 마련할 수 있었던 것으로 생각된다.

비류왕대 경제력의 성장이 4세기 후반 대외팽창에 있어서 중요한 토대가 되었을 것이라는 사실은 근초고왕 30년 흉년으로 인해 대고구려전을 수행하지 못하는 사실22)과 4세기 후반 계속되는 대고구려 전쟁으로 백성들이 신라로 달아나는 등 호구의 감소23)로 인해 사회·경제적 피폐를 가져와 대외항쟁의 토대마저 무너뜨리는 결과를 초래하였다는 점을 통해서도 이해할 수 있다. 이는 4세기 대외팽창의 원동력이 경제적 발전에 있었음을 여실히 보여주는 것이라고 하겠다. 따라서 근초고왕대의 활발한 대외팽창은 비류왕대의 경제적 발전을 토대로 가능했던 것으로 이해할 수 있다.

---

22) 『三國史記』 24, 근초고왕 30년.
23) 『三國史記』 25, 아신왕 8년.

2) 진씨세력의 재등장과 왕권의 약화

비류왕대 후기의 정치상황은 전·중기와는 사뭇 다른 양상을 나타내고 있다. 즉, 비류왕의 정치적 활동이 뚜렷하게 보이고 있지 않은 것이다. 앞에서 살펴보았듯이 비류왕은 재위 전·중기를 거치면서 정치적인 안정을 이루었을 뿐만 아니라 경제·군사적인 측면에 이르기까지 많은 관심을 보여왔다. 따라서 강화된 왕권과 사회·경제적 기반을 바탕으로 재위 후기에는 더욱 활발한 정국운영을 수행할 수 있었을 것이다. 그러나 기록을 통해서는 이를 확인할 수 없다.[24] 다음은 왕 30년 진의가 내신좌평에 임명[25]된 이후 10여 년간에 걸친 『삼국사기』 백제본기의 기록내용이다.

E - 1. 三十二年 冬十月乙未朔 日有食之
　　 2. 三十三年 春正月辛巳 彗星見于奎
　　 3. 三十四年 春二月 新羅遣使來聘
　　 4. 四十一年 冬十月 王薨

사료 E에서 보는 바와 같이 비류왕 후기 10여 년 사이에 걸쳐서는 주목할 만한 기록이 보이고 있지 않다. 천체변화에 대한 것과 신라에서의 사신파견에 대한 기록이 고작이다. 더욱이 신라에서 사신을 파견하고 있지만 그에 대한 반응도 기록되고 있지 않다. 물론 재위 40년간 대외관계 기록이 전혀 나타나고 있지 않다는 점에서 기록의 누락으로 볼 수도 있겠으나 당시의 주변정세 즉, 고구려와의 관계에서 볼 때 의문을 갖게 한다. 앞에서도 언급하였지만 비류왕의 재위시기는 고구려 미천왕과 거의 같은 시기로, 미천왕은 중국 군현

---

24) 물론 기록의 누락이라는 측면에서도 생각할 수 있으나 자연현상 등에 관한 기록은 보이고 있다는 점에서 단순히 기록의 누락만으로는 볼 수 없겠다.

25) 『三國史記』 24, 비류왕 30년, 「秋十月 修宮室 拜眞義爲內臣佐平」.

을 축출하는 등 활발한 대외팽창정책을 추진하였다. 이로 인해 백제
는 고구려와 국경을 접하게 되었다. 물론 고구려가 낙랑·대방을
축출한 후 이들 지역을 직접 지배하에 편제시키는 것은 4세기 후반
대에 이르러서 시작되고 있다는 점에서 볼 때 단지 중국 군현세력
의 축출만으로 고구려가 백제에 직접적인 압박을 가했을 가능성은
적다고 하겠다. 그렇지만 고구려에 의한 중국 군현세력의 축출은 백
제에 있어서도 적지 않은 압력으로 작용하였을 것이며, 이러한 시점
에 신라와는 긴밀한 우호관계가 필요하였을 것임에도 불구하고 아
무런 반응을 보이지 않았다. 이러한 사실은 근초고왕이 신라와의 우
호관계를 유지하기 위해 노력하고 있었던 점[26]과도 대조된다. 이는
당시 비류왕의 정국운영과 관련시켜 설명되어야 할 것으로 보인다.

그러면 왜 재위 전·중기를 통해 왕권의 안정을 이루었던 비류
왕이 후기에 와서는 활발한 정국운영을 수행하고 있지 못하는 것일
까? 이러한 사실과 관련하여 우선 주목되는 것이 왕 30년 진의의
내신좌평 임명이다. 진씨세력이 고이왕 이후 왕족 버금가는 유력한
세력이었다는 것은 이미 지적된 바[27]이지만 비류왕 초기에 해씨가
등장한 것은 정치세력의 변화를 의미한다. 그러나 우복의 난을 계기
로 다시 진씨세력이 재등장하고 있다. 진씨세력의 재등장 문제를 이
해하기 위해서는 고이왕 이후 진씨의 세력변화 과정에 대한 이해가
필요하다. 고이왕은 재위동안 진씨세력을 중용하면서도 한편으로는
왕제 우수 등 우씨세력과 高壽·昆奴·惟己 등 다양한 세력들을 등
용하고 있다.[28] 특히 책계왕을 帶方王女와 혼인을 시키는 등[29] 진
씨세력은 정치적으로 상당히 위축되어 가는 모습을 보여주고 있으

---

26) 『三國史記』 24, 근초고왕 21·23년.
27) 李基白, 앞의 논문, pp.571~572.
28) 『三國史記』 24, 고이왕 27·28년.
29) 『三國史記』 24, 책계왕 즉위년.

며, 이로 인해 이후 진씨세력은 유력한 정치세력에서 점차 배제되었던 것으로 보인다. 진씨세력은 병권의 장악을 통해 중앙에서 유력한 정치세력으로 활동하였다. 그런데 고이왕 28년 2월 병관좌평에 惟己가 임명되고 있다. 이는 중앙에서 진씨의 정치적 입지가 약화되었음을 의미한다. 또한 고이왕 28년 2월 왕 자신이 직접 남당에서 정치를 행하고 있는 것은 왕권의 입지 강화와 관련시켜 주목된다.[30] 이와 같은 상황에서 입지가 약화되고 있던 진씨세력은 비류왕 24년 우복의 난을 다시 자신들의 입지를 강화시키는 계기로 삼고자 했을 것이다.

그런데 이 때 재등장한 진씨세력을 비류왕의 지지세력으로 이해하고자 하는 경향이 있다.[31] 그러나 정국운영상에 나타난 결과를 통해 볼 때 진씨세력을 비류왕의 지지세력으로 이해하기에는 무리가 따른다. 만일 진씨세력이 비류왕의 지지세력이었다고 한다면 비류왕 후기의 정국운영은 오히려 군사적인 측면을 포함해서 보다 활발하게 나타났어야 했을 것이다. 왜냐하면 진씨세력은 북부에 기반을 두고 있으며, 전통적으로 강한 군사적 기반을 가지고 있었기 때문이다. 그런데 사료 E에서 보듯이 비류왕 후기의 정국운영은 위축된 모습을 반영하고 있다. 이는 결국 재등장한 진씨세력이 비류왕의 지지세력으로 작용하지 않았음을 의미한다고 하겠다.

그러면 비류왕 후기의 정국상황을 어떻게 이해하여야 할까? 필자는 이를 근초고의 대두라는 측면에서 검토하여야 할 것으로 생각한다. 근초고왕이 즉위할 당시 정확한 나이는 알 수 없지만 아마도 진씨세력이 재등장하기 전후하여 진씨세력과 인척관계를 맺었을 가

---

30) 李鍾旭, 「百濟王國의 成長」, 『大邱史學』 12·13합집, 1977, p.73.
　　梁起錫, 앞의 논문, pp.59~62.
　　李道學, 앞의 논문, p.283.
31) 盧重國, 앞의 책, p.128.

능성이 크다. 이는 백제사에 있어서 내신좌평에 임명된 자들은 모두
왕족이거나 왕실과 혼인관계에 있는 자들이었다고 하는 점[32]과 근
초고왕 2년 조정좌평에 임명되는 진정이 왕후의 친척으로 기록되고
있는 점 등에서 확인된다. 진씨세력의 재등장은 우복의 난을 진압하
는 과정을 통해서 이루어졌을 가능성이 가장 크지만 이후 초고계
직계와 인척관계를 맺음으로써 더욱 두각을 나타내게 되었던 것이
아닌가 한다.

특히 진씨세력은 북부에 재지기반을 가진 군사적 비중이 큰 집
단이었으므로 낙랑 · 대방지역을 점유한 고구려에 대해서 강경한 입
장을 견지하였을 것이다. 그러나 비류왕은 재위기간 동안 주로 대내
적인 안정화정책을 추구하면서 왕권의 강화에 치중하였다. 따라서
비류왕의 대고구려 정책은 진씨세력의 그것과는 상당한 차이를 보
였을 것으로 생각된다. 결국 이러한 정국운영상에 있어서의 인식의
차이는 두 정치세력간에 갈등관계를 형성시켰을 가능성이 크다. 이
러한 갈등관계 속에서 진씨세력은 초고계의 직계인 근초고와 인척
관계를 맺게 되었으며, 결국 근초고왕을 지지하게 되었을 것이다.
이 과정에서 비류왕은 왕권의 위축을 초래하게 되었으며, 결국 초고
계의 직계이었던 근초고는 진씨세력을 지지기반으로 하여 비류왕을
이어 즉위한 계왕을 제거하고 왕위에 오를 수 있었던 것으로 추정
된다. 이러한 과정을 통해 왕위를 계승한 근초고왕은 왕 2년 진정을
조정좌평에 임명하여 왕위계승에 반대하는 세력들에 대한 대탄압을
가했으며,[33] 이후 고구려에 대해 강경한 입장을 견지하게 되었던

---

32) 盧重國, 앞의 논문, p.58.
33) 『三國史記』 24, 근초고왕 2년조. 「春正月 祭天地神祇 拜眞淨爲朝廷佐平
    淨王后親戚 性狼戾不仁 臨事苛細 恃勢自用國人疾之」라고 하여 國人이
    그를 싫어했다고 하는데, 여기서 國人은 근초고왕의 즉위에 반대되는
    세력을 의미하는 것으로 보아 좋을 것이다(盧重國, 「4~5世紀 百濟의
    政治運營」, pp.167~168). 國人의 실체를 보다 구체적으로 언급한다면

것으로 이해할 수 있다. 따라서 비류왕 후기 정국운영은 진씨세력과 인척관계를 맺은 초고계의 직계인 근초고에 의해 주도되었을 가능성을 배제할 수 없다.

비류왕 후기는 이와 같은 복잡한 정국운영이 이루어지고 있는 가운데 진씨세력과 연합한 초고계 직계인 근초고의 등장으로 인해 왕권이 크게 위축됨으로써 비류왕에 의한 주도적인 정국운영이 행해지지 못했음을 알 수 있다.

그러면 왜 비류왕의 왕권강화 노력이 실패하게 되었을까?

먼저, 그가 신민의 추대에 의해 왕위에 오름으로써 '臣民'으로 대표되는 정치세력들을 왕권하에 완전히 편제하지 못했다고 하는 점에 있다. 비류왕은 기존의 유력한 정치세력을 중용함으로써 왕권강화에 필요한 친왕적 정치세력의 성장을 조장하지 못하였는데,34) 이는 해씨 및 우복의 내신좌평 임명 등을 통해서 알 수 있다. 다음은 이들을 장악할 수 있는 제도적 장치를 마련하지 못했다는 점이다. 특히 군사권에 대한 장악이 이루어지지 못했다. 이 점은 우복의 난을 통해 확인된다. 우복이 난을 일으킬 수 있었던 것도 그가 군사력을 소유하고 있었기 때문에 가능하였던 것이다. 또한 진씨세력 역시 사병적 성격의 군사력을 소유하였기 때문에 우복의 난을 진압할 수 있었을 것이다.

따라서 비류왕은 이들 정치세력들이 소유하고 있었던 사병적 성

우선 계왕의 세력인 優氏를 비롯하여, 비류왕의 직계세력도 일부 포함되었을 것으로 추정할 수 있다(姜鍾元,「百濟 近肖古王의 王位繼承」,『百濟硏究』 27, 1997, p.23).

34) 한편 비류왕이 유력한 정치세력들을 장악하지 못하였다고 하는 점은 각 지방에 독자적 성격을 가진 지방세력이 존재하였다는 사실을 통해서도 확인된다. 즉, 4세기 전·중반기로 추정되고 있는 고분유적에서 威信財로 생각되는 유물들이 출토되었는데, 이들 물품은 지방세력들을 통제하기 위해 下賜된 것으로 이해되고 있기 때문이다. 이러한 사실은 비류왕 대까지도 지방세력들이 왕권하에 편제되지 않았음을 의미하는 것이다.

격의 군사력을 제도권 속에서 장악하지 못함으로써 결국 왕권을 강화하는데 실패하게 되었던 것이다.

2. 근초고왕의 왕권확립

앞장에서 근초고왕대 정치세력의 존재양태에 대한 검토를 하였다. 근초고왕은 다양한 정치세력을 왕권의 통제하에 효율적으로 편제해 가는 과정에서 왕권의 강화를 이루고 있다. 특히 가장 커다란 정치세력을 형성하고 있었던 왕비족 진씨를 조정좌평에 임명하여 자신의 즉위에 반대되는 세력과 부를 중심으로 독자적 재지기반을 가지고 있었던 정치세력들을 효과적으로 왕권하에 편제시켰던 것이다.

이와 관련하여 다음의 사료가 주목된다. 앞부분과 중복되는 사료지만 논지의 전개를 위해 다시 인용하기로 한다.

春正月 祭天地神祇 拜眞淨爲朝廷佐平 淨王后親戚 性狼戾不仁 臨事苛細 恃勢自用國人疾之(『三國史記』24, 근초고왕 2년)

근초고왕 즉위시 절대적인 지지세력이었던 것으로 생각되는 진정이 조정좌평에 임명되고 있는데, 그는 성품이 사납고 어질지 못할 뿐만 아니라 일을 처리함에 있어 매우 세밀하였고, 모든 일을 제맘대로 처리하여 국인이 미워하였다고 한다. 이는 진정이 왕후의 친척으로서 전횡을 하였을 가능성을 우선 생각할 수 있다. 그러나 진정이 형옥사를 담당하는 조정좌평의 직에 있었던 점으로 미루어 보아[35] 전횡보다는 오히려 근초고왕의 즉위를 반대했던 정치세력에 대한 탄압과 함께 부를 중심으로 독자적인 세력기반을 형성하고 있

---

35) 『三國史記』24, 고이왕 27년조 및 『舊唐書』東夷列傳 百濟傳.

었던 재지세력을 해체하여 이들을 왕의 통제하에 있는 관료체제에 편제시키는 업무를 담당하였을 가능성도 생각해 볼 수 있다.[36]

그러면 근초고왕이 왕권의 안정화를 이루지 못한 즉위 초기에 이와 같이 정치세력들에 대한 억압적인 정책을 사용한 이유는 어디에 있을까? 필자는 이를 비류왕대의 통치과정 속에서 찾아야만 할 것으로 생각한다. 즉, 비류왕이 유력한 정치세력들을 효율적으로 통제하지 못함으로써 결국 왕권강화에 실패한 사실은 근초고왕에게 시사하는 바가 많았을 것이며, 결국 제도적인 차원에서 정치세력들에 대한 편제의 필요성을 느끼게 하였을 것이다. 왕권을 안정시키는 데 있어서 독립된 정치세력들에 대한 통제는 필수적이기 때문이다.

『삼국사기』 근초고왕조에 보면 왕 3년부터 20년까지 18년간의 기록이 공백으로 남아 있어 이 기간동안 근초고왕이 어떻게 정국을 운영하였는가에 대해서는 알 수 없다. 다만 근초고왕대의 기록이 시조인 온조왕대로 소급 기록되었을 가능성이 지적되고 있을 뿐이다.[37] 그러나 근초고왕대 역사서인 『서기』가 편찬되었다는 점으로 볼 때 하필 근초고왕대의 초기기록을 공백으로 남겨 놓은 채 온조왕대로 소급하여 기록했겠는가 하는 의문이 있어 선뜻 이해하기 어려운 부분도 있다. 따라서 필자는 그 이유를 근초고왕이 왕위에 오를 당시 반대한 정치세력에 대한 억압과정에서 나타난 정치적 혼란상의 반영으로 보았다.[38] 그 외에 각 지역에 토착기반을 두고 있었던 정치세력을 왕권하에 재편하는 과정에서 노출된 문제들이 복합

---

36) 이와 관련하여 고구려의 경우 왕권강화를 위해 천도를 단행하거나 장수왕 60년경을 전후하여 귀족세력을 대대적으로 숙청한 사실이 있었던 점이 참고된다(『魏書』권88 백제전, 「延興二年其王餘慶 始遣使上表…又云 今璉有罪 國自魚肉 大臣彊族 戮殺無己 罪盈惡積…」.

37) 李道學, 「百濟 初記事에 관한 文獻資料의 檢討」, 『韓國學論集』 23, 1993, pp.36~28.

38) 姜鍾元, 앞의 논문, 1997, p.23.

적으로 작용한 결과로 생각된다.[39]

그러나 이러한 공백기간의 정치상황은 이후의 정국운영에 대한 이해를 통해 어느 정도 보완될 수 있을 것이다. 즉, 근초고왕 후기에는 주로 대외정책이 중심을 이루고 있는데, 이러한 현상은 전기에 대내적 체제정비가 어느 정도 완비되었기에 가능하였을 것이기 때문이다. 따라서 근초고왕 전기의 누락된 기록은 주로 왕권강화를 비롯한 통치체제의 정비와 같은 내용들로 구성되었을 것이다. 그리고 대내적인 체제정비가 일단락 마무리된 후에 주변국들과 대외관계를 수립하여 나갔을 것이다. 이 때 주목되는 것이 신라 · 왜와의 외교관계 기록이다.

F - 1. 春三月 遣使聘新羅(『三國史記』 24, 근초고왕 21년)
　　　2. 春三月 丁巳朔 日有食之 遣使新羅送良馬二匹(위의 책, 근초고왕 23년)
　　　3. 甲子七月中 百濟人 久氐 彌州流 莫古三人 到於我土曰 百濟王 聞東方有日本貴國而遣臣等 令朝其貴國 (『日本書紀』 9, 神功紀 46년)
　　　4. 春三月 以荒田別 鹿我別爲將軍 則與久氐等 共勒兵而度之 至卓淳國(中略)俱集于卓淳 擊新羅而破之 因以平定比自㶱 南加羅 喙國 安羅 多羅 卓淳 加羅七國(위의 책, 神功紀 49년)

근초고왕은 21 · 23년 두 차례에 걸쳐 신라와 우호관계를 맺고 있다. 그리고 가야지역으로의 진출도 동시에 이루어지고 있다. 사

---

39) 이와 관련하여 개로왕대 즉위초부터 13년까지의 기록이 공백으로 남아 있는 것이 왕위계승 문제를 둘러싸고 야기된 지배세력간의 내분이라는 측면에서 검토되고 있는 점이 참고된다(千寬宇, 「三韓考」, 『古朝鮮史 · 三韓史研究』, p.330 주58 : 梁起錫, 「百濟 專制王權成立過程 研究」, 1990, pp.119~123).

료 F-3의 기록은 근초고왕 21년 7월 탁순국에 사신을 파견하였음을 보여준다. 이어 24년에는 가야지역에 대한 대대적인 진출을 시도하였다. 그리고 그 여세를 몰아 남부지역에 잔존하고 있었던 마한세력을 복속시키고 있다.[40] 결국 신라와의 우호관계는 가야지역으로의 진출과 잔여 마한세력에 대한 복속정책의 일환에서 비롯되었던 것으로 이해할 수 있다. 근초고왕의 이러한 대외정책은 매우 성공적이었던 것으로 보인다. 그것은 고구려가 근초고왕 24년 남침을 시도하고 있는 데서 추정할 수 있다. 고구려의 남진배경을 대방고지에 대한 귀속문제와 동명의 권위에 대한 계승이라고 하는 명분다툼에서 찾는 견해도 있지만,[41] 이 보다는 백제의 세력팽창에 대한 고구려의 위기의식에서 비롯된 것으로 보아야 할 것이다. 근초고왕은 고구려의 남진을 효과적으로 방어하면서 북으로 帶方故地를 경략하였을 뿐만 아니라 왕 26년에는 고구려 평양성에서 고국원왕을 전사시키는 성과를 거두었다.

그러면 근초고왕은 어떻게 왕권강화와 대고구려 정책을 효과적으로 수행할 수 있었을까. 이 문제는 당시의 정치·경제적인 변화를 통해 검토될 수 있을 것이다. 먼저 정치적인 측면을 살펴보기로 하겠다. 백제는 왕이 일반적으로 자신과 밀접한 관계에 있었던 유력한 정치세력의 인물을 병권을 관장하는 직에 임명함으로써 군사권을 장악하였다. 그런데 근초고왕의 절대적인 지지세력이자 왕비족이었던 진정은 刑獄事를 담당하는 조정좌평에 임명되고 있다. 진정의 조정좌평 임명은 유력한 정치세력을 이용하여 다른 정치세력들을 견제하고자 하는 측면도 있었지만, 한편으로는 진씨세력에게 병

---

40) 仍移兵西廻 至古奚津 屠南蠻忱彌多禮 以賜百濟 於是 其王肖古及王子貴須 亦領軍來會 時比利 辟中 布彌支 半古四邑 自然降伏 (『日本書紀』9, 神功紀 49년)
41) 梁起錫,「百濟 近仇首王의 對外活動과 政治的 地位」,『百濟論叢』6, 1997, p.48.

권을 위임하지 않으려는 근초고왕의 의도가 내재해 있었던 것으로
생각된다. 이 점이 결국 진정을 군사권을 관장하는 병관좌평 또는
좌장에 임명하지 않고 형옥의 일을 관장하는 조정좌평에 임명하게
되는 요인으로 작용하였던 것으로 볼 수 있다.

이러한 추정은 근초고왕 자신이 직접 군사권을 운용하고 있다는
사실을 통해 확인할 수 있다. 이와 관련하여 다음의 기록이 주목된
다.

G-1. 仍移兵西廻 至古奚津 屠南蠻忱彌多禮 以賜百濟 於是 其王
    肖古及王子貴須 亦領軍來會 時比利 辟中 布彌支 半古四邑
    自然降伏(『日本書紀』9, 神功紀 49년 3월)
   2. 秋九月 高句麗王斯由帥步騎二萬 來屯雉壤 分兵侵奪民戶 王
    遣太子以兵徑至雉壤 急擊破之 獲五千餘級 其虜獲分賜將士
    冬十一月 大閱於漢水南 旗幟皆用黃(『三國史記』24, 근초
    고왕 24년)
   3. 近肖古王之子 先是 高句麗國岡王斯由親來侵 近肖古王遣太
    子拒之 至半乞壤 將戰(위의 책, 근구수왕 원년)
   4. 高句麗擧兵來 王聞之伏兵於浿河上 俟其至急擊之 高句麗兵
    敗北 冬 王與太子帥精兵三萬 侵高句麗攻平壤城 麗王斯由力
    戰拒之 中流矢死 王引軍退 移都漢山(위의 책, 근초고왕
    26년)

위의 사료 G는 근초고왕이 군사권을 직접 운용하고 있는 사실에
대한 내용들이다. 사료 G-1은 마한지역에 대한 경략과정을 보여주
는 기록으로 이해된다. 『일본서기』신공기 49년은 보정연대로 369
년(근초고왕 24)에 해당되는데, 근초고왕이 태자 근구수와 함께 직
접 군사권을 운용하고 있음을 볼 수 있다. 그리고 사료 G-2·3은
근초고왕 24년 고구려의 침략에 대응하였던 같은 사건을 기록한 것
이다. 이 때 근초고왕은 태자인 근구수를 보내 고구려의 침략을 물

리쳤을 뿐만 아니라 수곡성[42]의 서북까지 진격하고 있다. 이것은
태자가 군사권을 운용하고 있지만 근초고왕이 직접 관장하고 있는
범주에 넣을 수 있을 것이다. 특히 태자가 권사권을 운용하는 예가
처음으로 기록에 보이고 있다. 이는 태자의 역할이 증대되었음을 보
여주는 것이며,[43] 또한 왕권의 강화를 의미하는 것으로 이해할 수
있다. G-4는 근초고왕 자신이 직접 태자와 함께 정병 3만을 이끌
고 고구려 평양성을 공격하여 고국원왕을 전사시키고 있다. 자신이
직접 지휘한 전투에서 고구려 국왕을 전사시켰다는 것은 왕의 위상
을 강화시키는 데 절대적인 영향을 끼쳤을 것이다.

이와 같이 근초고왕은 군사권을 직접 운용함으로써 왕권을 강화
시켰을 뿐만 아니라 특정한 정치세력으로부터 군사운용권을 배제시
켰던 것이다. 특히 사료 G-2에서 한수의 남쪽에서 크게 열병을 하
면서 황색의 기치를 사용하고 있는데, 이는 유력한 정치세력의 사병
적 성격의 군사조직이 왕을 중심으로 하는 일원적인 군사조직으로
편제되었음을 의미하는 것으로 받아들여 지고 있다. 즉, 제도적인
차원에서 근초고왕에 의해 군사권이 장악되었음을 알 수 있다.[44]

또한 근초고왕대 왕권강화 및 지속적인 대고구려전을 가능하게
한 요인으로 경제적 배경도 중요한 요소로 작용하였을 것이다.[45]

---

42) 水谷城은 지금의 黃海道 新溪 부근으로 비정되고 있다(李丙燾 「近肖古
王拓境考」, 『韓國古代史硏究』, 1976, pp.509~510).

43) 이 때 태자 근구수는 대외 군사권과 외교권을 주도적으로 담당하고, 王
妃族인 진씨세력은 주로 내정에 관한 일을 맡았던 것으로 보기도 한다
(梁起錫, 앞의 논문, pp.53~55). 그러나 근구수의 군사권 운용은 근초
고왕의 권한을 대행한 것으로 보아야 할 것이다.

44) 이러한 점은 비류왕이 정치세력을 왕권하에 편제시키지 못하고, 또한
사병적 성격의 군사력을 제도적으로 장악하지 못함으로써 결국 왕권의
강화에 실패한 사실과 비교해 볼 때, 근초고왕이 왕권강화를 이룰 수
있었던 이유를 분명하게 보여주는 사실이라고 하겠다.

45) 梁起錫, 「百濟의 稅制」, 『百濟硏究』18, 1987, p.5 : 「백제의 사회와
경제」, 『百濟의 歷史와 文化』, 학연문화사, 1996, pp.197~238.

3~4세기대의 농업생산력은 철제 농토목구의 발달에 의해 향상되었으며,46) 비류왕대 대규모 저수시설의 축조는 당시 농업의 발전정도를 보여주는 예라고 하겠다. 근초고왕대의 활발한 대외전쟁은 바로 이러한 농업생산력의 향상에 따른 경제력의 축적에 의해 가능하였다.47) 특히 4세기대는 제철기술이 크게 발달하였는데,48) 진천 석장리의 철생산유적은 백제의 제철산업의 발달을 보여주는 대표적인 예이다.49) 이와 관련하여 근초고왕대 왜에 보낸 철정 40매50)를 비롯해 칠지도와 곡나철산의 존재51) 등도 당시 제철산업의 발달을 보여주는 일련의 사례들이라고 하겠다. 제철산업의 발달은 농경구의 제작 뿐만 아니라 무기의 다양화를 가져와 군사력의 강화에도 커다란 영향을 끼치게 되었다.52) 결국 4세기 후반 백제 왕권의 강화와 활발한 대외팽창을 가능하게 한 중요한 요인 가운데 하나는 이와 같은 당시의 경제적 발전에서 구할 수 있다.53)

---

46) 李賢惠, 앞의 논문, pp.47~56.
    전덕재, 「4~6세기 농업생산력의 발달과 사회변동」, 『역사와 현실』 4, 1990, pp.18~33.
47) 梁起錫, 「百濟 專制王權成立過程 研究」, 단국대대학원 박사학위논문, 1990, p.100.
48) 盧太天, 「4世紀 百濟의 炒鋼技術」, 『百濟研究』 28, 1998.
49) 申鍾煥, 「鎭川 石帳里 鐵生産遺蹟의 調査成果」, 『新羅考古學의 諸問題』, 제20회 한국고고학전국대회 발표요지, 1996, pp.290~291.
50) 『日本書紀』 9, 神功紀 46년.
51) 『日本書紀』 9, 神功紀 52년 9월.
52) 청주 신봉동고분군 가운데 山 중복 이상에서 조사된 토광묘 가운데 4세기 후반 이후의 것들에서는 馬具를 비롯해 大刀 등 다량의 철기류가 부장되고 있는데(忠北大博物館, 『淸州 新鳳洞 古墳群』, 1995, pp.285~296), 이는 4세기 후반 백제 제철산업의 발달과 밀접한 관련을 가지고 있을 것이다.
53) 신라가 삼국중 가장 후진국으로서 지증・법흥・진흥왕 3대의 단시일내에 비약적인 발전을 이루어, 한강유역을 비롯해 마운령・황초령선까지 북상했던 경이적인 팽창을 가능하게 했던 요인을 신라의 압도적으로 우세한 鐵産에서 찾기도 한다(文暻鉉, 「新羅의 鐵産」, 『新羅産業經濟의 新

이와 같은 정치·경제적 변화과정을 통해 근초고왕은 왕권의 확립과 일원적 국가 지배체제의 정비를 이룩함으로써 국가의 위상을 대외적으로 크게 고양시킬 수 있었다. 이러한 사실은 동진과의 외교관계를 통해서 확인할 수 있다.

■ 진천 석장리 철생산유적(4세기 백제 제철산업의 발달을 보여주는 유적이다)

H-1. 春正月 遣使入晋朝貢(『三國史記』 24, 근초고왕 27년)
  2. 春二月 遣使入晋朝貢(위의 책, 근초고왕 28년)
  3. 咸安二年春正月辛丑 百濟林邑王 各遣使貢方物 六月 遣使百濟王餘句 爲鎭東將軍領樂浪太守(『晋書』 9, 帝紀9 簡文帝 咸安 2년)

근초고왕은 27년·28년 두 차례에 걸쳐 동진에 사신을 파견하고 있으며, 동진으로부터 「鎭東將軍領樂浪太守」의 관작을 받고 있다. 이 때 중국 사서에 백제 국명이 처음으로 나타나고 있는데, 근초고왕대 백제의 위상이 국제적으로 크게 부각되었음을 의미하는 것으로 볼 수 있다.

이상에서 근초고왕의 정국운영에 대해 검토해 보았다. 대개 국가의 대외적 팽창은 대내적으로 국가체제가 정비된 이후에 이루어지고 있다. 그러한 점에 주목할 때 근초고왕대의 대외관계는 주로 재

研究』, 1992, p.118).

위 후반기에 나타나고 있음을 볼 수 있으며, 따라서 기록이 일실된 근초고왕 재위 초기에는 주로 대내적 체제의 정비와 관련된 정국운영이 이루어졌을 것으로 추정해 볼 수 있다. 대내적 체제정비 내용으로는 주로 왕권의 강화, 재지기반을 토대로 형성된 독립적 정치세력을 왕권하에 편제시키는 것, 관제의 정비 등을 통한 중앙집권적 지배체제의 확립 등을 들 수 있을 것이다. 이러한 국가체제의 정비는 근초고왕으로 하여금 『서기』의 편찬을 가능하게 하였다. 따라서 백제사상에서 근초고왕의 통치기를 중앙집권적 귀족국가체제의 완성기,54) 또는 중앙집권적 고대국가체제의 확립기55)로 파악하고 있는 것이다.

3. 근구수왕 이후의 정국운영

근구수왕 이후의 정국운영은 근구수·침류왕대와 백제가 고구려의 남진 등으로 인해 다시 정치적 혼란과 왕권의 약화가 초래되고 있는 진사·아신왕대로 구분하여 검토할 수 있다.

근초고왕의 정책은 그의 아들인 근구수왕에게 그대로 계승되고 있다. 근구수왕은 태자 때부터 군사권의 운용에 참여해 왔으며,56) 즉위 이후에도 자신이 직접 군사권을 행사하고 있다. 근구수왕의 정국운영과 관련하여 주목되는 기록으로 다음이 있다.

Ⅰ-1. 以王舅眞高道爲內臣佐平 委以政事(『三國史記』 24, 근구수왕 2년)
  2. 冬十月 王將兵三萬 侵高句麗平壤城(위의 책, 근구수왕 3년)
  3. 春三月 遣使朝晋 其使海上遇惡風 不達而還(위의 책, 근구수

---

54) 李基白, 『韓國史新論』 新修版, 일조각, 1990, p.62.
55) 盧重國, 앞의 책, pp.107~122.
56) 『三國史記』 24, 근초고왕 24년 및 근구수왕 원년.

왕 5년)

근구수왕은 대고구려 전쟁시 태자 때부터 전투에 직접 참가하였으며,[57] 왕위에 오른 뒤에도 고구려와 계속적인 전쟁을 수행해야만 했다. 따라서 내정에 관여할 여유가 없었던 것 같다. 사료 I-1에서 보는 바와 같이 王舅인 진고도에게 정사를 위임하고 있는 사실에서 알 수 있다. 여기서 정사는 바로 일반 서정권을 의미하는 것으로 근구수왕은 이를 王舅인 진고도에게 맡기고 자신은 병마권을 관장하였다. 그리고 왕 3년 10월에는 자신이 직접 3만의 대군을 거느리고 고구려 평양성을 공격하기도 하였다. 그러나 정사의 분담이 결코 왕권의 약화를 초래하지는 않았을 것이다.[58] 이는 대외팽창정책을 수행하는 데 있어서는 군사적인 측면이 가장 중시되었을 것이기 때문이다. 그리고 대중국 관계도 계속 유지하고 있다. 왕 5년에는 동진에 사신을 파견하였는데, 폭풍을 만나 성사되지 못한 것으로 기록되고 있다. 그러나 『양서』 백제조에 진 태원 연간(376~396)에 백제왕 수가 사신을 파견한 기록이 보이고 있다.[59] 이로 보아 근구수왕 5년 이외에도 사신을 파견한 사실이 있었음을 알 수 있으며, 근구수왕 역시 대중국 외교관계를 중시하고 있었음을 보여준다. 이는 대외교역권의 장악이 확고한 지배체제를 구축하는 데 있어서 중요한 요인이 되고 있다는 점[60]에서 대중외교를 주도적으로 장악함으로써 다른 정치세력으로부터 배타적 권력을 독점하고자 하는 의도가 내포되어 있었던 것으로 볼 수 있다.[61]

---

57) 梁起錫, 「百濟 近仇首王의 對外活動과 政治的 地位」, 『百濟論叢』 6, 1997, pp.46~52.
58) 盧重國, 앞의 논문, pp.146~147.
59) 「晋太元中 王須 義熙中 王餘映 宋元嘉中 王餘毗 並遣獻生口」(『梁書』 東夷列傳 백제조)
60) 李道學, 『百濟 古代國家 研究』, 일지사, 1995, pp.176~207.

근구수왕은 근초고왕대와 마찬가지로 군사권의 장악을 발판으로 활발한 정국운영을 수행하고 있으며, 이를 통해 왕권의 강화와 통치체제의 안정을 가져왔다.[62] 이 때의 체제정비 결과 침류왕대는 통치이념으로써 불교가 공인되기에 이른다.

> J-1. 秋七月 遣使入晉朝貢 九月 胡僧摩羅難陁自晉至 王迎致宮內
>   禮敬焉 佛法始於此(『三國史記』24, 침류왕 원년)
>   2. 春二月 創佛寺於漢山 度僧十人(위의 책, 침류왕 2년)

침류왕은 재위기간이 만 2년에 불과하여 그의 정치성향을 알기는 쉽지 않다.[63] 다만 원년에 동진으로부터 胡僧 摩羅難陁를 통해 불법을 받아들여 숭상하였음을 볼 수 있다. 비록 불교의 수용이 호승 마라난타의 입국에 의해 이루어지고 있지만 바로 그 해 7월에 동진에 사신이 보내졌으며, 이미 근초고왕대부터 빈번하게 동진과 외교관계가 있었던 점으로 보아 백제측의 요구에 의해 이루어졌을 가능성도 배제할 수 없다. 즉, 새로운 통치질서에 맞는 새로운 사상의 도입이라는 측면에서 이를 받아들일 수 있는 것이다.[64] 그리고

---

61) 七支刀의 명문을 통해 근구수왕의 대왜외교를 주목하는 견해도 있으나 (高寬敏,「百濟近仇首王の對倭外交」,『朝鮮學報』133, 1989), 본고에서는 칠지도 문제는 論外로 한다.

62) 따라서 이후 왕권의 안정 내지 확립을 위해서는 軍事權의 장악이 필수적이 되었을 것이다. 이는 바꾸어 말하면 군사권을 장악하지 못할 경우 왕권의 약화를 초래하게 되며, 군사권을 장악하는 세력이 가장 유력한 정치세력으로 등장하게 됨을 의미하는 것이기도 하다.

63) 침류왕의 존재는 이미 근초고왕대 대왜외교와 관련하여 나타나고 있다. 따라서 그는 근초고왕의 정치적 영향을 크게 받았을 것이며, 특히 대외관계를 중시했을 가능성을 생각해 볼 수 있다(『日本書紀』9, 神功紀 52년, 「乃謂孫枕流王曰 今我所通海東貴國 是天所啓 是以 垂天恩 割海西而賜我 由是 國基永固 汝當善脩和好 聚斂土物 奉貢不絶 雖死何恨 自是後 每年相續朝貢焉」).

64) 三國에서 불교의 수용이 왕권을 중심으로 한 중앙집권적 귀족국가 형

왕 2년에는 한산에 불사를 창건하였다. 그러나 침류왕은 재위 2년만에 죽는데, 그의 짧은 재위기간과 관련해서 불교공인에 따른 귀족세력의 반발에서 그 원인을 찾기도 하나,[65] 분명한 사실은 알 수 없다. 다만 그가 죽은 후 왕위가 적장자가 아닌 왕제에게로 옮겨가고 있다는 사실에서 그의 죽음이 자연스럽지 못했을 가능성을 추측하게 한다.

진사왕은 즉위후 고구려의 남진을 저지하는 것이 가장 큰 현안이었다. 그는 즉위한 이듬 해에 청목령으로부터 서해에 걸쳐 관방을 설치하고 있으며, 고구려와 전쟁을 지속하고 있다.[66] 그러나 그의 대고구려 전쟁이 효과적이지 못했음은 말갈 및 고구려와의 전투에서 계속 패배하고 있는 사실을 통해 확인된다. 이는 근초고왕·근구수왕대 고구려의 남진을 효과적으로 방어하였던 것과 대조된다. 그러면 왜 진사왕 이후 고구려의 남진에 효과적으로 대처하지 못하게 되었을까? 여러 가지 대내외적인 요인이 있겠지만, 우선 대내적인 요인으로 군사권의 운용과 관련시켜 이해할 필요가 있다. 진사왕은 즉위시 침류왕의 장자가 어리기 때문에 대신 왕위를 승계한 것으로 『삼국사기』에는 기록되어 있다. 그러나 같은 사실을 기록하고 있는 『일본서기』에는 「簒奪」에 의한 것이었음을 보여주고 있다.[67] 진사왕의 즉위가 찬탈에 의한 것이 사실이라고 한다면 즉위과정에서 정치세력의 분열현상을 초래하였을 것이며, 이는 고구려의 압력을 받고 있는 상황에서 커다란 국가적 위협이 되었을 것이다.[68] 또

성의 관념형태적 표현이었다고 하는 점에서(李基白, 「三國時代 佛敎 受容과 그 社會的 意義」, 『新羅思想史硏究』, 1986, p.50) 침류왕대 불교의 국가종교로서의 공인은 백제 중앙집권국가의 성립과 밀접한 관계가 있다.
65) 盧重國, 앞의 책, pp.132~133.
66) 『三國史記』 25, 진사왕 2년·3년·6년·8년.
67) 辰斯王의 王位繼承 문제는 제1장 3절을 참고하기 바란다.

한 진사왕이 즉위하는 데 지지세력의 힘이 크게 작용하였을 것이며, 이 때 가장 유력한 지지세력은 바로 왕 3년 달솔에 임명되는 진가모였음을 알 수 있다. 그런데 이후 군사 운용권의 추이가 주목된다. 군사권이 진가모에 의해 운용되고 있으며, 결국 그가 병관좌평에 임명되고 있는 것이다.[69] 이는 군사운용권이 유력한 정치세력에게로 이동해 간 사실을 보여주는 것으로, 곧 왕권의 약화를 의미하는 것으로 받아들일 수 있다. 따라서 진사왕은 대고구려전을 수행하는데 있어서 일원적인 군사권을 행사하지 못했던 것이 아닌가 한다.

진사왕의 재위시의 특징 가운데 하나는 전렵을 빈번하게 실시하였다는 사실이다.

> K-1. 冬十月 獵於狗原 七日乃返(『三國史記』 24, 진사왕 6년)
> 2. 秋七月 獵國西大島 王親射鹿 八月又獵橫岳之西(위의 책, 진사왕 7년)
> 3. 王田於狗原 經旬不返(위의 책, 진사왕 8년)

진사왕은 재위 8년동안 4차례에 걸친 전렵을 실시하고 있다. 사료 K-2의 경우 진사왕 7년 4월에 말갈이 적현성을 공취한 직후인 7월에 전렵이 이루어지고 있으며, 이어 8월에도 전렵을 행하고 있다. 그리고 8년에는 7월에 광개토왕의 공격으로 한강이북 대부분의 부락이 함락되었을 뿐만 아니라 이어 10월에는 관미성까지 빼앗겼음에도 불구하고 구원으로 전렵을 나가 10일이 지나도 돌아오지 않

---

68) 진사왕의 즉위과정에서 정치적 분열이 있었으며, 이것은 고구려에 침략의 기회를 제공하게 되었던 것으로 보인다. 이러한 사실은 진사왕이 즉위후 다음 해에 바로 북방에 關防을 설치하고 있으며, 그 해 8월에 고구려가 침략해 오고 있는 사실을 통해 확인된다(『三國史記』 24, 진사왕 2년).

69) 『三國史記』 24, 진사왕 6년, 「九月 王命達率眞嘉謨伐高句麗 拔都坤城 虜得二百人 王拜嘉謨爲兵官佐平」.

고 있음을 기록하고 있다. 비록 전렵이 군사통수 및 군사훈련의 성격을 띠는 일면도 있으나,[70] 계속되는 대외전쟁 중에 비정상적인 전렵이 빈번하게 행해지고 있었다는 사실은 일반적이지 못하다. 그리고 왕 7년조에는 「重修宮室 穿池造山 以養奇禽異卉」라고 하여 그의 사치한 면까지 부각시키고 있다. 이러한 기록들은 진사왕에게 있어서 왕으로서의 자질에 문제가 있음을 은연중에 나타내고 있다고 하겠다. 진사왕의 이러한 정국운영은 침류왕의 재위 2년만의 죽음과 『일본서기』에 보이는 「簒奪」이 의미하는 바와 무관하지 않을 것이다.

진사왕은 고구려의 남진에 제대로 대응하지 못하는 가운데 결국 의문의 죽음을 맞게 된다.[71] 그리고 침류왕의 아들인 아신왕이 즉위하였다.[72] 아신왕은 즉위후 곧바로 親舅인 진무를 좌장에 임명하고 병마사를 위임하고 있다. 이는 그의 즉위시에 진무의 역할이 지대하였음을 반증하는 것이며, 한편으로는 왕권의 위축을 의미한다. 그러나 아신왕은 왕 3년에 바로 원자인 전지를 태자로 삼고, 庶弟 洪을 내신좌평으로 삼아 정국운영의 체제를 일신하고 있다.[73] 이는

---

70) 金瑛河, 「三國時代 王의 統治形態 硏究」, 고려대대학원 박사학위논문, 1988, pp.51~60.

71) 李道學, 「漢城 後期의 百濟 王權과 支配體制의 整備」, 『百濟論叢』 2, 1990, pp.288~291.

　　진사왕의 죽음이 392년 대고구려전에서의 패배에 대한 사후 수습책을 놓고 지배세력간에 대립과 갈등이 벌어져 이 과정에서 피살된 것으로 이해되고도 있다(梁起錫, 「百濟專制王權成立過程硏究」, p.76). 물론 대고구려전에서의 패배로 진사왕을 지지했던 진씨세력이 몰락하였을 것이며, 이로 인해 아신왕의 즉위가 가능하게 되었을 것이다. 그러나 그의 죽음은 역시 즉위과정상의 문제와 재위과정에서 나타나고 있는 비정상적인 통치행태에서 찾아야 할 것이다.

72) 阿莘王의 卽位過程에 대해서는 제1장 3절을 참고하기 바란다.

73) 『三國史記』 25, 아신왕 3년, 「春二月 立元子腆支爲太子 大赦 拜庶弟洪 爲內臣佐平」.

■ 광개토왕릉비(장수왕이 부왕인 광개토왕
의 업적을 기리기 위해 414년에 세운
비, 백제에 대한 공략기사가 다수 보이
고 있어 4세기말 백제-고구려간의 관계
를 살필 수 있다)

비록 병마권은 진씨세력의 수중으로 넘어 갔으나 내정은 친히 관장하고자 하는 의도에서 취해진 인사조치라고 하겠다. 그리고 원자의 태자책봉은 왕권의 강화와 안정을 도모하려는 의도로 이해된다. 그러나 아신왕의 재위시기는 불행히도 고구려에서는 호국의 영주로 일컬어지는 광개토왕의 재위기간에 해당되고 있다. 아신왕은 고구려의 남진을 저지하기 위해 왜와 우호관계를 맺고,[74] 새로운 정치세력인 사두를 좌장에 임명하는 등 다각적인 방법을 모색하였다. 그러나 이러한 아신왕의 노력은 결국 수포로 돌아가고, 고구려의 침략은 계속되었다. 비록 과장된 문구를 이용하여 기록한 것이겠으나 「광개토왕릉비문」에 의하면 영락 6년(396) 고구려에 대패하여 「跪王自誓 從今以後 永爲奴客」하겠다는 굴욕적인 서약과 함께 왕제와 대신 10인 등이 인질로 잡혀 간 것으로 기록되고 있다. 『삼국사기』 백제본기에는 고구려와의 전투에서 대패한 사실이 아신왕 4년(395)조에 기록되고 있으므로 위의 내용은 아신왕 4년의 전역에 대한 기록으로 보아야 할 것이다.[75] 아신왕은 이러한 국면을 전환시키고자 쌍현성의 축조를 비롯

---

74) 『三國史記』 25, 아신왕 6년, 「夏五月 王與倭國結好 以太子腆支爲質 秋七月 大閱於漢水之南」.

해 왕도인을 모아 서편 사대에서 활쏘기를 익히는 등[76] 고구려와의 전쟁을 계속 추진하였다. 그 결과 사회·경제적 피폐를 가져왔으며, 이로 인해 백성들이 신라로 달아나는 등 戶口의 감소를 가져왔다.[77] 그러나 사회·경제적 피폐로 인한 호구의 감소는 나아가 대고구려 항쟁의 토대마저 무너뜨리는 결과를 초래하였으며, 결국 고구려의 남진을 저지하기 위한 역량을 결집시키지 못하게 하였다.

이상에서 볼 때 진사·아신왕은 재위기간중 고구려의 남진을 저지하는 데 모든 정치적 역량을 집중하였으나 그 결과는 매우 비관적이었다. 그러한 원인을 살펴 보면, 대내적으로는 왕위계승 과정에서의 알력으로 인해 정치세력간의 대립이 발생하였을 뿐만 아니라 유력한 정치세력에게 군사운용권이 이동해 감으로써 통치력의 부재를 초래하였다. 대외적으로는 고구려가 소구림왕대 체제정비를 완비한 후 강력한 남진정책을 추진하게 되었으며, 또한 호국의 영주라고 일컬어지는 광개토왕의 재위시기라고 하는 점에서 구할 수 있다. 결국 백제는 4세기말에 와서 내적인 정치·경제적 불안정을 극복하지 못함으로써 고구려의 남진에 효과적으로 대응하지 못하였던 것이다.

---

75) 永樂 6년조의 기록은 392년(진사왕 8년)부터 395년(아신왕 4년) 사이 백제와의 전쟁결과를 기록한 것으로 이해되고 있다(李基東, 「廣開土王陵碑에 보이는 百濟關係記事의 檢討」, 『百濟研究』 17, 1976, p.52).

76) 『三國史記』 25, 아신왕 7년.

77) 「秋八月 王欲侵高句麗 大徵兵馬 民苦於役 多奔新羅 戶口衰減」(『三國史記』 25, 아신왕 8년)

제 4 장
통치체제의 정비

제 4 장
통치체제의 정비

1. 중앙 통치체제의 정비

1) 중앙 관제의 분화

관제는 부족연맹왕국 단계에서 부집단을 국가체제를 중심으로 편제하는 가운데 성립되는 것으로 이해된다. 따라서 관제의 정비는 왕을 중심으로 하는 위계적인 신분질서를 형성시키고, 아울러 일원적인 통치체제를 확립하는 데 있어서 기본적인 조치라고 할 수 있다. 또한 각 정치세력의 중앙편제가 제도적으로 가능해지게 된 것은 중앙 관제의 성립에 따른 결과라고 하겠다.

그러면 중앙집권적 통치체제가 수립되는 4세기에는 어떠한 관제들이 설치되어 있었으며, 그 성격은 어떠하였는지 검토해 보기로 한다. 먼저 4세기에 나타나고 있는 관직 및 관등을 보면 다음 표 1과 같다.

표 1. 4세기의 백제 관직명 및 관등명

연 대		관 명	인 명	관 계	분장업무	비 고
비류왕	9년	兵官佐平	解仇			
	18년	内臣佐平	優福	王庶弟		
	24년	内臣佐平	優福			
	30년	内臣佐平	眞義			
근초고왕	2년	朝廷佐平	眞淨	王后親戚		
	24년	將軍	莫古解			
	28년	城主				
근초고왕대		博士	高興		書記編纂	
근구수왕	2년	内臣佐平	眞高道	王舅	委以政事	禿山城主
진사왕	3년	達率	眞嘉謨			
		恩率	豆知			
	6년	達率	眞嘉謨			
		兵官佐平	眞嘉謨			
아신왕	2년	左將	眞武	親舅	兵馬事	
	3년	内臣佐平	洪	庶弟		
	4년	左將	眞武			
	7년	兵官佐平	眞武			
		左將	沙豆			

(전거 : 『삼국사기』 백제본기)

『삼국사기』 백제본기에 나타나는 4세기 관직 및 관등으로는 내신좌평 5회, 병관좌평 3회, 조정좌평 1회, 좌장 3회, 달솔 2회, 은솔 1회, 장군 1회, 박사 1회, 성주 1회 등이 보이고 있다.

먼저 좌평과 관련해서는 내신좌평·병관좌평·조정좌평 등 3개의 직이 모두 9회 보이고 있어 가장 많은 빈도를 나타내고 있다. 따라서 4세기에 관제의 핵심을 이루고 있었던 것은 좌평제였음을 알 수 있다. 좌평제는 고이왕대 성립되는 것으로 기록되어 있다. 관련 자료를 보면 다음과 같다.

春正月 置内臣佐平掌宣納事 内頭佐平掌庫藏事 内法佐平掌禮儀事 衛士佐平掌宿衛兵事 朝廷佐平掌刑獄事 兵官佐平掌外兵馬事(『三國史

記』24, 고이왕 27년)

즉, 고이왕 27년(260)에 6좌평제가 성립된 것으로 기록되어 있다. 그런데 고이왕대 6좌평의 설치기록에 대해서는 현재 신빙성에 대한 문제가 제기되고 있다.[1] 실제 6좌평에 대한 기록은 『구당서』 및 『신당서』에도 같은 내용이 보이고 있다.

A‐1. 所置内官曰内臣佐平 掌宣納事 内頭佐平 掌庫藏事 内法佐平 掌禮儀事 衛士佐平掌宿衛兵事 朝廷佐平 掌刑獄事 兵官佐平 掌在外兵馬事(『舊唐書』 東夷列傳 백제조)

2. 官有内臣佐平者宣納號令 内頭佐平主帑聚 内法佐平主禮 衛士佐平典衛兵 朝廷佐平主獄 兵官佐平掌外兵(『新唐書』 東夷列傳 백제조)

---

1) 긍정적인 입장에 있는 견해로는,
李丙燾, 「百濟의 建國問題와 馬韓中心勢力의 變動」, 『韓國古代史研究』, 박영사, 1976, pp.474~476.
李鍾旭, 「百濟王國의 成長」, 『大邱史學』 12·13합집, 1977, pp.17~21 및 「百濟의 佐平」, 『震檀學報』 45, 1978.
부정적인 견해로는 다음이 있다.
盧重國, 『百濟政治史研究』, 일조각, 1988, pp.214~218.
또한 『三國史記』의 찬자가 『周書』・『舊唐書』가 전하고 있는 내용을 고이왕조에 전재한 것으로 보기도 한다(兪元載, 『中國正史 百濟傳 研究』, 학연문화사, 1993, p.124). 그러나 『三國史記』 40, 職官(下)조에 중국사서에 기록된 22部司 및 6佐平에 대해 서술하고 있는 부분이 있다. 이 가운데 『唐書』의 6좌평 기록을 기술하고 있는데, 이 때 『三國史記』의 찬자가 고이왕 27년조의 6좌평 기록을 『唐書』의 내용을 그대로 전재했다면 굳이 이 부분에 그 내용을 다시 附記했겠는가 의문이 생긴다. 한편 梁起錫은 6좌평의 설치시기를 무왕대(600~641)로 보기도 한다(梁起錫, 「百濟 泗沘時代의 佐平制研究」, 『忠北史學』 9, 1997, p.22).
특히 고이왕대 6佐平制가 성립되었다는 확실한 근거가 없다고 하여 당시 좌평 임명기사의 신빙성은 문제가 있으며, 6佐平의 단서는 4~5세기에 있다고 보기도 한다(鬼頭淸明, 「日本の律令官制の成立と百濟の官制」, 『日本古代の社會經濟』, 1978, pp.188~207).

특히 『구당서』는 내용뿐만 아니라 표기방식까지 같아 『삼국사기』의 내용이 『구당서』를 전재한 것으로 생각되기도 한다. 물론 『삼국사기』의 찬자가 『구당서』의 내용을 참고하여 기록했을 가능성을 배제할 수는 없다. 그렇지만 고이왕대 6좌평의 기록이 후대사실의 소급으로 보아야 한다는 적극적인 근거는 되지 않는다. 내용이 같다는 사실은 『삼국사기』의 찬자가 수집했을 고이왕대 6좌평에 대한 국내 사서의 기술내용과 『구당서』의 내용이 크게 다르지 않기 때문에 그대로 옮겨 기록하였을 가능성도 생각해 볼 수 있기 때문이다. 또한 6좌평에 임명되고 있는 인물들이 고이왕대 실제 가장 유력한 정치세력들이었다는 점으로 보아 고이왕이 각 정치세력들을 중앙의 통치체제 내로 편제하기 위해 좌평제를 활용했을 가능성도 생각해 볼 수 있다.[2]

그리고 비록 4세기에 6좌평의 직이 모두 나타나고 있지는 않지만 내신·조정·병관의 3개 좌평직이 보이고 있으며, 전지왕 3년(407)에는 내신·내법·병관 좌평의 임명기록이 나타나고 있다.[3] 뿐만 아니라 전지왕 4년에는 상좌평의 직이 신설되고 있어[4] 좌평의 분화현상까지 보이고 있다.[5] 이러한 사실에서 4세기에는 이미 6

---

2) 즉, 왕족인 우씨가 2인인 것을 비롯해 당시 유력한 부세력이었던 진씨와 곤씨가 포함되고 있다. 뿐만 아니라 위사좌평에 임명된 高壽는 중국 군현계로 생각되는데, 고이왕대 책계가 대방왕녀와 혼인한 사실로 볼 때 대방계 인물일 가능성이 크다고 생각된다. 중국 군현계 인물이 좌평에 임명되는 것은 처음 있는 일이라는 점을 염두에 둔다면 高壽가 고이왕대 실제 좌평에 임명되었을 가능성이 크다고 생각된다.

3) 『三國史記』 25, 전지왕 3년,「春二月 拜庶弟餘信爲內臣佐平 解須爲內法佐平解丘爲兵官佐平 皆王戚也」.

4) 『三國史記』 25, 전지왕 4년,「春正月 拜餘信爲上佐平 委以軍國政事 上佐平之職始於此 若今之冢宰」

5) 그리고 동성왕대(479~501)에는 兵官·內法·衛士 佐平을 비롯하여(『三國史記』 26, 동성왕 4년·6년·8년), 內頭佐平의 존재가 확인되고 있다(『日本書紀』 15, 顯宗紀 是歲條(487, 동성왕 9년),「百濟王大怒 遣領軍古

좌평제가 존재하였을 것이라는 점은 사실로 받아들일 수 있지 않을까 한다. 즉, 4세기의 중앙관제는 6좌평제가 기본 골격을 형성하고 있었던 것으로 볼 수 있겠다.

다음은 좌평의 성격에 대해 살펴보기로 하겠다. 6좌평은 대개 관등 및 관직으로 이해되고 있다.[6] 그런데 기록을 상세히 분석해 보면 이것은 관직 및 관서에 대한 기록임을 알 수 있다. 예를 들면, 「置內臣佐平掌宣納事」라고 하여 「내신좌평을 두어 선납의 업무를 담당시켰다」는 내용인 것이다. 나머지 다섯 좌평도 역시 마찬가지로 해석된다.[7] 그리고 고이왕 27년 3월에 왕의 동생인 優壽를 내신좌평으로 삼고 있는 기록이 보이고 있다. 즉, 優壽를 내신좌평의 직에 임명하고 있는 것이다. 이 때의 내신좌평은 관직의 성격을 지니고 있는 것으로 생각된다. 그렇다고 할 때 내신좌평은 관직이자 특정업무를 처리하는 관서적인 기능을 띠었음을 의미한다. 이러한 사실을 통해 6좌평은 관직이면서 동시에 관서적 기능을 지니고 있었음을 알 수 있다.

그러면 그 이전에 설치된 관제는 없었는가. 먼저 기록을 통해 右輔 · 左輔를 비롯해 고이왕 7년에 설치된 左將의 직이 있었음을 알

爾解 內頭莫古解等 率衆趣于帶山攻 於是…」; 內頭를 좌평이 아닌 달솔과 같은 솔계관등이 임명되는 관직일 것으로 보는 견해도 있으나(梁起錫, 앞의 논문, pp.11~12) 이미 고이왕대 내두좌평이 보이고 있다는 점에서 좌평으로 보아도 무리가 없지않나 생각된다. 따라서 역사상 6좌평의 존재가 나타나고 있으므로 그 실재성은 인정될 수 있다고 생각되며, 이미 4~5세기대에 6좌평명이 모두 보이고 있을 뿐만 아니라 상좌평으로의 분화현상까지 나타나고 있어 6좌평이 사비시대에 성립되었을 것으로 보는 견해는 재고를 요한다고 하겠다.

6) 李鍾旭, 「百濟의 佐平」, 『震檀學報』 45, 1976, p.32.
　　金起燮, 「百濟의 佐平 試論」, 『靑溪史學』 13, 1997, p.86.
7) 이와 관련하여 『舊唐書』에는 6佐平이 '內官'으로, 『新唐書』에서는 '官'으로 기록되고 있는 것이 참고된다. 이는 6좌평이 처음에 관서적인 기능을 가지고 출현하였음을 시사하는 것이 아닌가 생각된다(사료 A).

수 있다. 그러나 우보 및 좌보의 직은 고이왕 14년을 끝으로 보이지 않고, 좌장의 직만이 계속해서 나타나고 있을 뿐이다. 그런데 고이왕 27년에 설치된 병관좌평이 외병마사를 분장하고 있는데, 이는 고이왕 7년에 신설된 좌장이 '內外兵馬事'를 관장한 직이었다는 점과 관련하여 특기할 만한 사실이다. 이는 병권의 분화를 보여주는 것으로 이해할 수 있기 때문이다.[8] 즉, 병관좌평의 설치는 좌장과 계기성을 가지고 있는 것이다. 그렇다고 했을 때 고이왕대 좌장직의 설치후에 병관좌평이 신설되었을 가능성은 매우 크다고 하겠다. 결국 6좌평제는 左·右輔職 및 左將職의 분화에 따른 것으로 이해할 수 있다.[9] 그리고 그 전에도 「有司」에 명하여 사무를 처리하는 예가 나타나고 있는데,[10] 비록 「司」의 실체가 분명하지는 않지만 이들의 전신이었던 관제가 있었음을 보여주고 있다.[11] 따라서 이들 관제가

---

8) 관직이 분화되기 이전에는 대개 '入則相 出則將' 하였으며, 兵馬事의 중요성이 증대되는 시점에 이르면 軍事職의 분화가 가장 먼저 일어나고 있다(金瑛河, 「韓國古代社會의 政治構造」, 『韓國史의 時代區分』, 1995, pp.50~51). 참고로 신라의 경우에도 官府 가운데 兵部가 가장 먼저 신설되고 있다(『三國史記』 4, 법흥왕 4년, 「夏四月 始置兵部」).

9) 梁起錫은 佐平의 관직적 성격은 率系官等의 연원인 족장적 성격에서 기원하는 것으로 백제가 馬韓 小國의 수장층을 흡수·통합하면서 종래의 左·右輔를 개편한 데서 비롯된 것으로 보고 있다. 이는 좌·우보가 관등이라기 보다는 관직적인 성격이 강하다는 사실에 비추어 볼 때 좌평 역시 관직으로서의 성격이 강하였음을 의미한다. 그럼에도 불구하고 고구려와 신라의 경우 관등적 성격에서 관직적 성격으로 지향해 나가는 것이 관료제 발전의 일반적 추세로 보아 관직적 성격을 가진 6좌평에서 관등적 성격의 좌평제로의 변화과정을 설정한 『三國史記』 百濟本紀의 좌평기사를 불합리한 것으로 이해하고 있다(梁起錫, 앞의 논문, p.18).

10) 1. 秋七月 命有司補水損之田(『三國史記』 23, 기루왕 40년)
    2. 春二月 命有司修堤防 三月 下令勸農事(위의 책 24, 구수왕 9년)

11) 신라의 경우 「所司」·「有司」로 표현된 존재가 보이고 있는데, 이를 해당 官職의 전신으로 보는 경우도 있으며(李鍾旭, 『新羅國家形成史研究』, 일조각, 1987, p.217), 또는 특정업무를 수행하는 官職이나 官府가 설치되었을 가능성과 특정의 관직을 분장하지 못한 신료들에게 각종 업무

고이왕 27년 이후에는 좌장를 비롯해 6개의 좌평으로 분화되어 국
가의 주요업무를 분장하게 되었음을 알 수 있다. 6좌평의 등장은 특
정업무를 분담하는 여섯 관직의 설치를 의미하며, 기존의 관직이 미
분화된 상태의 비체계성을 벗어나 점차 중앙 통치조직이 정비되어
가고 있음을 단적으로 보여주는 것이라고 하겠다.

표 2. 6佐平의 명칭 및 분장업무

연 번	명 칭	분장업무	비 고
1	内臣佐平	宣納事	三國史記
2	内頭佐平	庫藏事	〃
3	内法佐平	禮儀事	〃
4	衛士佐平	宿衛兵事	〃
5	朝廷佐平	刑獄事	〃
6	兵官佐平	外兵馬事	〃

그러면 4세기 좌평제의 운영형태는 어떠했을까. 좌평제가 출현한
고이왕대는 왕 27년 왕제 優壽의 내신좌평 임명후 28년 1월에 남당
에서 정사를 행하고 있다. 남당정치는 좌평제가 성립된 바로 다음
해에 실시되고 있는 것으로 보아 왕과 좌평중심의 합의정치 형태에
서 출발하였던 것으로 생각된다. 그리고 2월에는 5좌평이 임명되고
있다. 이후 남당정치의 구성원은 왕을 중심으로 한 여러 좌평으로
이루어졌을 것이다.[12] 따라서 남당은 왕과 좌평들의 합좌기구로 이

를 임시적으로 부여했을 때의 표현으로 이해하기도 한다(李文基, 「新羅
上古期의 政治組織」, 『한국 고대국가의 형성』, 민음사, 1990, pp.265~
266). 이는 어떤 경우든지 6佐平이 「司」를 계승하여 설치되었다고 한다
면, 佐平은 官等보다는 官職 또는 官署的인 성격에서 출발하였음을 보
여주는 것이다.

12) 南堂의 설치 및 운영과 관련해서 초기의 기록으로 다음이 참고된다.
  1. 秋七月 作南堂於宮南[南堂或云都堂](『三國史記』 2, 점해니사금 3년

해할 수 있다. 좌평회의의 최고의장은 왕이었을 것이나 내신좌평이 수석좌평이었던 점으로 보아[13] 내신좌평이 회의를 주재했을 가능성이 있다. 비류왕대 내신좌평이 3회 보이고 있는데, 臣民의 추대에 의해 왕위에 오른 상황에서 좌평회의가 유력한 정치세력에 의해 주도되는 상황을 반영하고 있는 것이 아닌가 생각된다. 이러한 추정이 가능한 것은 단지 내신좌평이 3회 나타나고 있다는 사실에 있지 않고, 내신좌평에 임명되고 있는 인물들이 당시 가장 유력한 정치세력이었다는 점에 있다. 그러나 근초고왕대는 왕의 가장 강력한 지지세력이었던 진씨가 조정좌평에 임명되고 있으며, 내신좌평의 존재가 보이고 있지 않다. 이는 근초고왕이 직접 정국운영을 주도함으로써 좌평회의의 존재가 유명무실화하였기 때문이 아니었을까 생각된다. 6좌평의 설치가 귀족세력의 권한을 분산시키려는 의도도 있었던 것으로 보아[14] 왕권강화와도 밀접한 관련이 있는데, 이들 좌평에 임명된 정치세력에 대한 통제도 왕이 직접 좌평회의를 주재하는 가운데 이루어졌을 것이기 때문이다. 근구수왕의 경우는 자신이 주로 대외전쟁 및 외교관계를 전담하고 있던 상황에서 王舅인 眞高道에게 좌평회의의 주재를 일시 이양했던 것으로 보인다.[15] 그러나 근초고

---

   (249))
2. 春正月 始聽政於南堂(위의 책, 점해니사금 5년(251))
3. 春夏不雨 會群臣於南堂 親門政刑得失(위의 책, 미추니사금 7년(268))
4. 坐南堂 聽事(위의 책 24, 고이왕 28년(261))
   그런데 李丙燾는 위의 1·2·3의 신라 남당관련 기록은 모두 흘해니사금(310~356) 이후의 사실로 보아야 하며, 백제 고이왕대의 기록은 받아들일 수 있는 것으로 보고 있다(李丙燾, 「古代南堂考」, 『韓國古代史硏究』, 박영사, 1976, pp.630~631). 따라서 백제에서는 고이왕대 남당정치를 실시했음을 알 수 있으며, 그 방법은 군신들이 모여 政刑得失을 논의하는 형식였던 것으로 볼 수 있다. 이는 고이왕대 이미 제도화된 관제 및 업무분장이 이루어지고 있었음을 의미한다.
13) 李鍾旭, 앞의 논문, p.32.
14) 李鍾旭, 「百濟王國의 成長」, 『大邱史學』 12·13합집, 1977, pp.18~19.

왕대 이후 좌평회의를 관장한 것은 왕이었다고 생각된다.[16] 그런데 전지왕 4년 상좌평이 설치되고 있으며, 이것은 여러 좌평을 총괄하기 위해 신설한 직책이었음을 알 수 있다.[17] 이후 좌평회의는 상좌평에 의해 주재되었을 것이며,[18] 이는 6좌평과 왕의 사이에 한 단계의 직이 마련됨으로써 왕이 상징적인 존재로 부상한 사실을 반영하고 있는 것으로 볼 수 있다.[19]

이상의 검토를 통해 4세기 중앙의 핵심 관서로 여전히 6좌평이 존재하고 있었으며, 그 운영은 좌평회의의 형태로 이루어졌던 것으로 파악된다.

다음은 아신왕대에만 3회에 걸쳐 나타나고 있는 좌장에 대해 검토해 보기로 한다. 고이왕 7년에 신설된 좌장[20]은 아신왕 2년(393)에 가서 다시 나타나고 있으며, 또한 의자왕대까지도 계속 등장하고 있는 것으로 보아[21] 백제 멸망 때까지 그대로 유지되고 있었음을

---

15) 『三國史記』 24, 근구수왕 2년, 「以王舅眞高道爲內臣佐平 委以政事」.

16) 고이왕대 성립된 諸率會議가 근초고왕대 와서는 君臣會議 또는 諸臣會議로 전환되었으며, 다시 상위의 大臣會議體가 성립되었을 것으로 보는 견해도 있다(盧重國, 「4~5世紀 百濟의 政治運營」, 『韓國古代史論叢』 6, 1994, pp.161).

17) 『三國史記』 25, 전지왕 4년.

18) 상좌평의 직이 신설되었다는 사실은 당시에 政事가 좌평들에 의해서 좌평회의를 통해 이루어졌음을 보여준다. 그리고 상좌평에 임명된 자가 여전히 좌평회의를 주관하게 되었을 것이다. 그렇다면 5세기에도 政事는 좌평회의를 통해 이루어졌을 가능성이 크다고 하겠다.

19) 李鍾旭, 「百濟의 佐平」, 『震檀學報』 45, 1976, pp.38~44.
상좌평의 설치로 인해 왕의 입지가 약화된 것으로 이해하고 있기도 하다(盧重國, 앞의 논문, pp.152~153). 상좌평직의 설치가 왕권의 강화를 가져왔는가, 아니면 약화를 의미하는가에 대해서는 관점에 따라 다르게 이해될 수 있는 문제이다. 그러나 상좌평이 좌평회의를 주재하므로써 제좌평을 관장하게 되었을 것이며, 결국 왕은 상좌평에 대한 견제의 필요성만 갖게 되었을 것이다.

20) 『三國史記』 24, 고이왕 7년, 「夏四月 拜眞忠爲左將 委以內外兵馬事」.

21) 『三國史記』 28, 의자왕 9년.

알 수 있다.[22] 좌장직의 신설시 좌장은 내외병마사 관련업무를 장악하였으며, 당시 최고위의 직 가운데 하나로 설치되었던 것으로 보인다. 『삼국사기』 권40, 직관(하)에 보면 『고기』를 인용하여 「左輔・右輔・左將・上佐平・北門頭」의 관제가 기록되어 있다. 여기서 좌보・우보・상좌평이 백제 최고의 관직이었음은 주지의 사실이다. 다만 北門頭에 대해서는 현재 확인할 수 없지만 좌보・우보・상좌평과 좌장의 직이 함께 기록되어 있는 점은 주목된다. 왜냐하면 『고기』를 인용한 고구려의 관제에서도 「左輔・右輔・大主簿・國相・九使者・中畏大夫」의 기록이 보이고 있는데,[23] 이들은 모두 고구려에서 최고위의 직에 해당하는 관직이었다는 사실[24]과 비교할 때

---

22) 金起燮, 「百濟 漢城時代 政治體制 研究」, 박사학위논문, 1997, pp.114~116.

23) 『三國史記』 40, 職官(下) 「左輔・右輔・大主簿・國相・九使者・中畏大夫 右見本國古記」

24) 여기서 左輔・右輔・國相・中畏大夫가 최고위 관직이었음은 주지의 사실이며(林起煥, 「高句麗 集權體制 成立過程의 研究」, 경희대대학원 박사학위논문, 1995, pp.36~76 참조), 大主簿 역시 次大王 2년조에 보면 桓那部 于台 菸支留를 左輔로 삼고 동시에 大主簿의 爵을 더하여 주고 있으며(以桓那于台菸支留爲右輔 加爵爲大主簿), 봉상왕 3년에는 南部 大使者 倉助利를 國相으로 삼고, 벼슬을 더하여 大主簿로 삼고 있다(以南部大使者倉助利爲國相 進爵爲大主簿). 이로 보아 大主簿 역시 최고위의 職 가운데 하나였음을 알 수 있다. 그리고 九使者와 관련해서는 『三國史記』 고구려본기 동천왕 20년조 및 열전 密友・紐由傳에 「追贈紐由 九使者 又以其子多優爲大使者」의 기록이 보이고 있다. 이는 魏의 毌丘儉이 침입시 죽음을 무릅 쓰고 이를 격퇴하는 데 공을 세운 紐由와 그 아들에게 관작을 내린 내용이다. 죽은 紐由는 九使者의 직을, 그 아들에게는 大使者의 직을 내리고 있는데, 여기서 九使者는 처음 보이는 직으로 이를 大使者로 보기도 한다. 그러나 죽은 父의 공으로 그 아들에게 관직을 내렸는데 父와 子에게 똑같은 관작을 내렸다고 보기는 어렵다. 따라서 이를 그대로 九使者로 보고, 大使者보다는 높은 관작였다고 보는 것이 타당하다. 大使者는 「以南部大使者倉助利爲國相 進爵爲大主簿」(봉상왕 3년조)의 例에서 보듯이 국상에 임명될 수 있는 직였다. 이것으로 보아도 「九使者」는 「大使者」보다 한 단계 높은 직였을 가능성

『고기』를 인용한 백제 관직도 최고위의 직을 기록한 것으로 볼 수 있기 때문이다. 이러한 예와 관련시켜 보았을 때 백제의 좌장 역시 최고위의 직 가운데 하나였음을 알 수 있다. 그러나 병관좌평이 외 병마사를 분장함에 따라 좌장의 職掌도 분화하였을 것이다. 군사통 수권은 군정권과 군령권으로 구분되고 있는데,[25] 병관좌평이 성의 축조시 감역의 임무를 수행한 예[26]가 나타나고 있어 주로 행정적인 업무를 관장했던 것으로 볼 수 있다. 따라서 좌장은 군대의 운용과 직결되는 군령권을 담당하였던 직으로 파악된다.[27]

다음은 장군의 직을 띤 인물이 근초고왕대 처음으로 나타나고 있는 점이 주목된다.[28] 이제까지 군사 관련 직으로는 병관좌평과 좌장직이 있었다. 그런데 근초고왕대 처음으로 장군의 직이 나타나고 있는 것이다. 그렇지만 장군이 구체적으로 어떤 업무를 관장하였는가는 기록에 없다. 다만 당시 장군의 성격을 살펴볼 수 있는 기록으로 다음이 참고된다.

을 추측할 수 있으며, 다만 기록에 한 차례밖에는 보이고 있지 않은 것으로 보아 實職이 아닌 죽은 자를 예우하기 위한 虛職였을 가능성도 생각할 수 있으나 最高位의 職였을 가능성만은 분명하다고 하겠다. 이상에서 살펴볼 때 『古記』를 인용하여 기록된 관직은 모두 당대 最高位의 職가운데 하나였음을 알 수 있다.

25) 李文基, 「新羅 中古期 軍事組織 硏究」, 경북대대학원 박사학위논문, 1992, p.251.

26) 『三國史記』 25, 전지왕 13년.

27) 盧重國, 「4~5世紀 百濟의 統治運營」, 『韓國古代史論叢』 6, 1994, pp.148 ~149.

28) 백제에서 將軍의 칭호는 『三國史記』 백제본기 己婁王 49년(125) 「五將軍」에서 이미 나타나고 있어 근초고왕대가 처음은 아니다. 그러나 기루왕 49년조의 기사는 전후 文句가 신라본기 祇摩尼師今 14년조의 「百濟遣五將軍助之」의 내용과 흡사하며, 혹 신라본기의 내용을 참고하여 기록하지 않았나 생각되기도 한다. 뿐만 아니라 5將軍이 단지 將帥라는 의미만을 가지고 있을 뿐 將軍의 職를 가리키는 것으로는 보이지 않는다. 따라서 이 내용을 통해 당시 백제에 將軍의 職이 있었다고는 볼 수 없겠다.

進擊大敗之 追奔逐北 至於水谷城之西北 將軍莫古解諫曰 嘗聞道家 之言 知足不辱知止不殆 今所得多矣 何必求多 太子善之止焉(『三國史 記』 24, 근구수왕 원년)

위의 내용은 근초고왕 24년 태자 근구수가 고구려의 남진을 저 지하고, 水谷城의 서북지역까지 진격했던 내용을 기록한 것이다. 여 기서 莫古解라는 인물이 장군의 직을 띠고 있는 것이다. 따라서 장 군은 군사를 지휘하여 전투에 직접 참여했던 직이었음을 알 수 있 다. 또한 근구수의 추격에 대해 최측근에서 조언을 하는 것이 바로 장군 莫古解였다. 즉, 장군의 직은 출정군사령관인 태자를 최측근에 서 보좌하여 군대를 지휘통솔한 직이었던 것으로 파악된다. 이제까 지 군사권은 고이왕대 신설된 좌장 및 병관좌평이 관장하고 있었는 데, 근초고왕대에 와서 군사권이 왕권하에 편제되었으며,[29] 근구수 왕대에도 왕이 직접 군사권을 장악하였다. 이러한 시점에 좌장 및 병관좌평 대신에 군사권의 운용과 관련하여 장군의 직이 새로 나타 나고 있는 것이다. 이는 기존의 좌장 및 병관좌평이 담당하였던 업 무 가운데 일부가 장군에게 이양된 것으로 추정할 수 있다. 이 때 전체 지휘권은 근구수 즉, 태자에게 있었으며, 장군은 그의 명령을 받는 위치에 있었던 것으로 보인다. 이러한 사실은 근초고왕과 근구 수왕대 왕이 직접 군사권을 장악하고 있었던 사실과 밀접한 관련을 가지고 있다.[30] 즉, 독자적인 군사운용권을 가지고 있었던 좌장 대 신에 왕의 명령을 직접 수행하는 장군의 직을 두어 군권을 분담시 켰던 것으로 이해할 수 있다.[31] 따라서 근초고왕대 장군의 관직이

---

29) 『三國史記』 24, 근초고왕 24년.
30) 將軍의 대두가 왕권의 신장에 따른 軍國政事의 구분에서 비롯되었다는 점(鄭敬淑, 「新羅時代의 '將軍'의 成立과 變遷」, 『韓國史研究』 48, 1985, p.4)에서 근초고왕대 장군직의 등장은 왕권강화와 밀접한 관련을 가지 고 있다.

마련된 것은 군사권이 왕권하에 편제되어 운영되었음을 보여주는 것이라고 하겠다.[32]

이 외에도 박사의 직이 보이고 있다. 박사 高興을 낙랑·대방 계통의 인물로 볼 경우 박사제는 낙랑·대방이 고구려에 의해 축출되는 313년경에 이미 백제에 유입되었을 가능성이 있다. 우선 근초고왕대 『서기』를 편찬한 것이 박사 高興이었다는 점과 왜에 파견된 阿直岐와 王仁이 박사였다는 사실[33]에서 박사는 주로 文翰職 또는 유학과 관련된 특정한 직능을 담당하는 관제였음을 알 수 있다.[34]

---

31) 신라의 경우 將軍職은 평상시에도 설치되어 있었으며, 戰時에는 국왕으로부터 軍令權을 위임받아 개별 군사조직의 지휘권자로 출전하였다(李文基, 『新羅兵制史硏究』, 일조각, 1997, p.308). 그러나 백제의 경우 평상시에는 將軍의 직이 보이지 않고 있으며, 전쟁시에만 왕으로부터 軍事權을 위임받아 전투에 참여하고 있다는 점에서 신라의 장군과는 약간 다른 면을 보여주고 있다. 따라서 將軍은 평상시에는 다른 官職이나 또는 官等에 편제되어 있었을 것이다. 실례로 비록 후대의 사실이지만 『日本書紀』 欽明紀 15년(554) 2월조에 「上部 杆率 將軍三貴」의 존재가 보이고 있다.

32) 이후 將軍의 職은 聖王代에 가서 다시 나타나고 있다.
   1. 王命將軍燕會 攻高句麗牛山城 不克(『三國史記』 26, 성왕 18년)
   2. 王遣將軍達巳 領兵一萬 攻取高句麗道薩城(위의 책, 성왕 28년)
   3. 王命將軍沙乞拔新羅西鄙二城 虜男女三百餘口(위의 책 27, 무왕 28년)
   4. 王命將軍于召 帥甲士五百 往襲新羅獨山城 于召至玉門谷(위의 책, 무왕 37년)
   5. 遣將軍允忠領兵一萬 攻新羅大耶城(위의 책 28, 의자왕 2년)
   6. 將軍義直帥步騎三千 進屯新羅茂山城下 分兵攻甘勿 桐岑二城(위의 책, 의자왕 7년)
   7. 遣將軍堦伯帥死士五千出黃山(위의 책, 의자왕 20년)
   그런데 將軍의 職이 출현하고 있는 시기는 근초고왕·성왕·무왕·의자왕대로서 대체로 왕권의 강화가 이루어졌던 때였다는 특징을 보여주고 있다.

33) 『日本書紀』 10, 應神紀 15년 8월, 「百濟王遣阿直伎 貢良馬二匹 卽養於輕坂上廐 因以阿直岐令掌飼 故號其養馬之處 曰廐坂也 阿直岐亦能讀經典 卽太子菟道稚郎子師焉 於是 天皇問阿直岐曰 如勝汝博士亦有耶 對曰有王仁者是秀也」.

박사는 한대에 교육기관인 대학에서 유교교육을 담당하였던 직제였다는 점에서 백제 교육제도의 성립 가능성도 추측할 수 있다. 교육기관의 출현은 유교교육의 실시와 함께 유교적 정치질서의 성립을 의미한다.[35] 따라서 근초고왕대 박사직의 존재는 관제에 있어서 뿐만 아니라 통치체제의 정비문제와도 밀접한 관련을 맺고 있다. 그리고 비록 6세기대의 기록이지만 易博士·曆博士·醫博士·鑪盤博士·瓦博士 등의 명칭이 나타나고 있는데,[36] 이들 전문적인 직능들은 이미 4세기부터 출현하였을 것으로 생각된다. 따라서 박사직은 앞에서 말한 것 외에도 다양한 전문적 직능을 담당한 직제였음을 알 수 있다.

이상에서 4세기에 나타나고 있는 관직 및 관서에 대해서 검토해 보았다. 고이왕대 6좌평제의 설치가 대개 유력한 정치세력을 중앙 통치체제에 편제하기 위한 목적이 강하였다고 한다면, 4세기 특히 근초고왕대 나타나고 있는 관제는 왕권을 강화하고 중앙집권적 통치를 수행해 나가는 데 필요한 제도적 장치였다는 점을 이해할 수 있다.

그러나 남겨진 자료들이 너무 단편적인 내용에 불과하여 통치조직의 일부분 밖에는 확인할 수 없었다. 따라서 후대의 관제를 통해 이해의 폭을 넓힐 필요가 있다. 4세기의 관제는 웅진천도 이후 5세기 후반에 오면서 변화를 하게 된다. 그리고 사비시대에는 22部司로 관서가 분화되었는데, 이는 6좌평제의 분화현상에 따른 것으로 보인다.[37] 그렇다면 22부사를 통해 6좌평이 분화되어 가는 모습을 유추

---

34) 盧重國, 앞의 책, pp.221~222.
35) 高明士는 中國式 官學의 출현요건으로 ① 中央集權의 確立, ② 官僚體制의 成立, ③ 儒敎的 統治原理, ④ 君王의 文敎事業 振興 등을 예로 들면서 근초고왕대가 바로 이러한 시기에 해당하는 것으로 보고 있다(高明士,「百濟 學校敎育의 發展」,『百濟硏究』특집호, 1982, pp.80~82).
36)『日本書紀』19, 欽明紀 15년 2월 및 崇峻紀 원년.

할 수 있을 것이다. 다음 표 3은 22부사의 명칭과 분장업무이다.

표 3. 22부사 및 분장업무[38]

구분	연 번	관서명	담당업무	비 고
內 官	1	前内部	國王近侍, 王命出納	
	2	穀 部	御供에 관계되는 곡물관리	
	3	肉 部	御供에 관계되는 육류관리	
	4	内掠部	王宮内外의 창고업무	
	5	外掠部	(재정관리)	
	6	馬 部	御馬관장	
	7	刀 部	무기의 제작과 관리	
	8	功德部	불교사원 관장	
	9	藥 部	御醫의 기능	
	10	木 部	왕실 土木공사 담당	
	11	法 部	왕실의례 담당	
	12	後宮部	후궁과 관련되는 제반업무	

---

37) 6佐平과 22部司의 관계에 대해서는 현재 3가지 견해가 제기되고 있다. 첫째는 6좌평이 22部司로 분화하였으며, 그 시기는 동성왕대 말기에서 구하고 있다(李鍾旭, 「百濟의 佐平」 및 「百濟 泗沘時代의 中央政府組織」, 『百濟硏究』 21, 1991). 둘째, 중앙관제인 22部司를 효율적으로 통제하기 위한 목적으로 6佐平制가 출현하였을 것으로 보는 견해이다(金周成, 앞의 논문, pp.72~76; 金起燮, 「百濟의 佐平 試論」, p.93). 셋째, 6佐平과 22部司가 병존했을 가능성에 대한 견해이다(鬼頭淸明, 「日本の律令成立と百濟の官制」, 『日本古代の社會經濟』(上), 1978, pp.186~201; 武田幸男, 「五-六世紀東アジア史の一視點」, 『日本古代史講座』 4, 1980). 그러나 백제의 官制를 기록하고 있는 어느 史書에서도 6佐平과 22部司를 함께 기록한 사실이 없다. 그리고 中國史書 가운데 백제의 중앙관제를 제일 먼저 기록한 『周書』의 경우도 佐平 5人·16官等·22部司 등을 기록하였을 뿐 6佐平制에 대한 내용은 없다. 이러한 사실은 6佐平과 22部司가 倂存했다거나 또는 22部司를 통제하기 위해 6佐平이 출현했을 것이라고 보기 어려운 점이다. 오히려 6佐平이 22部司로 분화·발전했기 때문에 22部司 이전 단계에 해당하는 6佐平에 대해서는 기록하지 않은 데서 기인한 것으로 생각해 볼 수 있다.

38) 본 표 3은 武田幸男, 「五-六世紀東アジア史の一視點」(『日本古代史講座』 4, 學生社, pp.58~59) 및 金周成의 「百濟 泗沘時代 政治史硏究」(전남대대학원 박사학위논문, 1990, p.53의 표)의 내용을 참고한 것이다.

外				
	13	司軍部	外交兵馬 관계	
	14	司徒部	敎育과 儀禮	
	15	司空部	토목과 재정	
	16	司寇部	사법관장	
	17	点口部	호구파악	
	18	客 部	외교 및 사신접대	
官	19	外舍部	관료의 인사담당	
	20	綢 部	직물의 제조·공급(조세담당)	
	21	日官部	천문·기상관계	
	22	都市部	시장업무 담당	

　　그런데 22부사의 명칭도 22부만을 기록하였을 뿐 司는 보이지 않는다. 외관 10부 가운데 司軍部·司徒部·司空部·司寇部 등 4부의 앞에 司字가 붙어있을 뿐이다. 部를 상위, 司를 하위 관서로 이해하기도 하지만[39] 部와 司, 또는 部司는 같은 의미를 가지고 있다고 생각된다. 다만 이들 4부는 다른 18부와 용례상 차이를 보이고 있어, 그 성립시기나 또는 4부의 분장업무를 관장했던 전신 관서 등에 어떤 차이점이 있었을 가능성은 생각해 볼 수 있다.[40]

---

39) 盧重國, 앞의 책, pp.227~228.
　　申瀅植, 『百濟史』, 이대출판부, 1994, p.191.
40) 그러면 22部司는 어떠한 과정속에서 성립되었을까. 이 때 주목되는 것이 『翰苑』에 보이는 18部이다. 이와 관련하여 『翰苑』·『北史』·『周書』의 官署에 대한 기록을 참고로 검토해 보겠다.
　　『翰苑』 內官: 前內部 穀部 肉部 掠部 功德部 藥部 木部 法部 後宮部
　　　　　 外官: 司軍部 司徒部 司空部 司寇部 點口部 客部 外舍部 綢部 白官部
　　『北史』 內官: 前內部 穀內部 內掠部 外掠部 功德部 馬部 刀部 藥部 木部 法部 後宮部
　　　　　 外官: 司軍部 司徒部 司空部 點口部 客部 外舍部 綢部 日官部 市部
　　『周書』 內官: 前內部 穀部 肉部 內掠部 外掠部 功德部 馬部 刀部 藥部 木部 法部 後宮部
　　　　　 外官: 司軍部 司徒部 司空部 司寇部 點口部 客部 外舍部 綢部

한편 6좌평에서 22부사로의 계기성을 보여주는 것으로 이들의 임무가 서로 대응된다는 사실이 참고된다. 내신좌평은 전내부, 내법좌평은 사도부, 조정좌평은 사구부, 병관·위사좌평은 사군부, 내두좌평은 내략부 등과 임무상 대응될 수 있다고 한다.[41] 이러한 점은 6좌평이 22부사로 분화되었을 가능성을 더욱 높여주고 있다. 22부사로의 분화시기에 대해서는 웅진천도 이후 사회의 혼란을 극복하기 위한 방법으로 무령왕대 말부터 이루어졌거나 또는 동성왕대 말기의 정치제도의 개혁에서 비롯되었을 것으로 보기도 한다.[42] 그러나 관서의 분화모습을 무령왕대 좌평의 직장을 나타내는 용어가 사라지고 있는 사실에서 찾아볼 수 있다고 할 때, 6좌평의 분화시기는 무령왕대에서 구하는 것이 타당하다고 하겠다.

日官部 都市部

3書의 내용을 검토해 보면, 『翰苑』에는 내·외관으로 18部名, 『北史』에는 내·외관으로 20部司名, 『周書』에는 내·외관으로 22部司名이 기록되어 있다. 그런데 『周書』의 22部司는 『翰苑』18部 및 『北史』의 20部司에서 서로 빠진 부분을 보완하여 구성되어진 것으로 보인다. 따라서 『周書』의 22部司 내용이 가장 늦은 시기의 것으로 생각된다. 이러한 추정이 사실이라고 한다면 이들 3書의 기록이 18部에서 22部司로 증치되어 가는 사정을 반영하였을 가능성도 배제할 수 없다. 이 때 『翰苑』만이 내·외관으로 18部가 있다고 하여 '部'로 표기하였으며, 『北史』·『周書』에는 「各有部司 分掌衆務」라고 하여 '部司'로 표기하고 있어 표현상에 차이를 보이고 있다. 이 점이 혹시 18部에서 4司가 증치되어 22部司로 이행한 사실을 보여주는 모습이 아닌가 모르겠다. 다만 이들 3書의 찬술시기가 7세기 전반경으로 거의 비슷하다는 점에서 18部에 별도의 4部가 增置되어 22部司가 되었을 것으로 이해하는 데는 무리가 있는 것도 사실이다. 그러나 官署가 18部에서 22部司로 增置되어 가는 어떤 계기성은 찾을 수는 있지 않을까?

41) 金周成, 앞의 논문, 1990, pp.72~76.
   武田幸男, 앞의 논문, p.60.
   이와 같이 前代의 官署가 담당했던 임무를 후에 설치된 官署에서 그대로 담당하였다고 하는 것은 官署의 설치에 있어서 상호 계기성을 보여주는 것이라고 할 수 있다.

42) 李鍾旭, 「百濟의 佐平」, 『震檀學報』 45, 1976, p.47.

한편, 4세기 후반 관제변화에 있어서 주목되는 것은 관등명을 칭하고 있다는 점이다. 백제의 관등제는 명칭이 한식화되어 있을 뿐만 아니라 상당히 일원적인 면을 보여주고 있다. 그로 인해 고구려나 신라에 비해 족제적인 요소가 적을 뿐만 아니라 일찍부터 중국의 제도를 받아들여 발전된 것으로 이해하고 있다.

백제의 관등제에 대해서는 고이왕 27년조에 6좌평에 이어 16관등명이 관등의 품계 등과 함께 기술되어 있다.

> 又置達率 恩率 德率 扞率 奈率 及將德 施德 固德 季德 對德 文督 武督 佐軍 振武 克虞 六佐平竝一品 達率二品 恩率三品 德率四品 扞率五品 奈率六品 將德七品施德八品 固德九品 季德十品 對德十一品 文德十二品 武督十三品…」(『三國史記』24, 고이왕 27년)

즉, 기록을 따른다면 백제의 관등제는 고이왕대 완성된 것으로 볼 수 있다. 그러나 16관등이 완비된 시기는 사비시대이며, 한성시대에 그 골자만이 성립되었을 것으로 이해되고 있다.[43] 16관등의 명칭이 기록된 고이왕대에 관등명을 가진 인물이 전혀 등장하고 있지 않을 뿐만 아니라 121년이 지난 진사왕 3년(387년)에 가서야 비로소 관등의 관칭이 나타나고 있다는 사실은 당시 16관등의 정비사실에 의문을 갖기에 충분하다. 그러면 고이왕 27년조의 16관등에 대한 기록을 어떻게 이해하여야 할까? 이는 16관등을 기술하고 있는 문구에 대한 검토를 통해 약간이나마 그 실상을 살펴볼 수 있다. 고이왕 27년조에서 16관등의 설치기록은 6좌평제의 설치기록에 이어 「又置」라고 하여 내용상 구분되어 있다. 그런데 6좌평제와 시기상 차이를 두지않고 동시에 정비하였다고 한다면 「又置」라는 문구없이 이어서 계속 서술해도 무방했을 것이다. 그런데 이 문구가 삽입된

---

43) 盧重國, 앞의 책, pp.218~227.

것을 보면 6좌평제의 설치와 16관등제의 설치가 시기적으로나 내용적으로 구분되고 있음을 의미하는 것은 아닐까? 특히 고이왕대는 좌·우보직의 소멸과 좌장직의 출현을 포함하여 6좌평제의 설치와 정치세력의 좌평 임명 등 주로 관직적 성격의 관제가 출현하고 있다는 점에서 고이왕 27년조의 기사는 1차적으로 관직에 대한 기록이었음을 알 수 있다. 이러한 점이 고이왕 27년 16관등의 정비기록이 후대 사실을 소급하여 기록했을 가능성을 보여주는 사실이 아닌가 한다. 다음으로 6좌평은 1품이라고 하여 6의 숫자를 기록한 것이다. 다른 관등에 대해서는 숫자를 기록하지 않았음에도 유독 좌평에만 숫자를 기록한 것은 앞에 여섯 좌평의 설치를 염두에 둔 기록으로 생각되기 때문이다.44)

그러면 16관등이 정비된 시기는 언제일까? 앞의 관제에서 검토한 바와 같이 좌평은 원래 관직 및 관서로서의 성격을 띠었으며, 관등의 기능은 없었던 것으로 보인다. 따라서 좌평이 관등화하는 시기를 찾아봄으로써 16관등의 정비시기를 구명할 수 있을 것이다. 먼저, 좌평에 변화가 보이는 시기는 무령왕대(501~523)부터이다. '○○佐平'에서 앞의 '○○'이 생략된 채 단지 좌평으로만 기록되고 있는 것이다. 특정한 직능을 나타내고 있는 접두어를 생략하여 좌평의 고유 직장을 표기하지 않고 있음을 보여준다. 이는 좌평이 보통명사화하였음을 의미하는 것으로 이 때부터 좌평이 관등화했던 것이 아닌가 생각된다.45) 그렇다면 좌평의 관등화 시기는 무령왕대에서 구

---

44) 이때 六佐平의 '六'을 『周書』 및 『舊唐書』의 佐平기록에 의한 윤색으로 보는 견해도 있으나(金起燮, 앞의 논문, pp.89~93), 이는 여섯 佐平職의 설치를 염두에 둔 기록으로 보아야 한다.

45) 이러한 현상을 동성왕대 말기 정치제도의 개혁에 의한 중앙관제의 분화에서 비롯된 것으로 이해하기도 한다(李鍾旭, 앞의 논문, p.47). 또한 佐平의 명칭도 다른 官等과 전혀 이질적인 성격을 띠고 있는 것으로 보아 그 성립배경이 전혀 달랐음을 추측할 수 있다. 다만 '左率'로도 기

할 수 있을 것이다. 따라서 고이왕 27년조에 기록된 16관등의 정비 내용은 후대의 사실을 소급하여 기록한 것임을 알 수 있다. 다만 4세기 후반에 관등명이 나타나는 것으로 보아 관등이 이미 4세기에 나타나기 시작했음을 알 수 있다. 다음은 16관등명에 대한 검토를 통해 각 관등의 출현시기를 살펴보기로 한다.

표 4. 16관등명

位 階	官 等 名	服 色	비 고
1	佐 平	紫服, 銀花冠飾	三國史記
2	達 率	〃	
3	恩 率	〃	
4	德 率	〃	
5	扞 率	〃	
6	奈 率	〃	
7	將 德	緋 服	
8	施 德	〃	
9	固 德	〃	
10	季 德	〃	
11	對 德	〃	
12	文 督	靑 服	
13	武 督	〃	
14	佐 軍	〃	
15	振 武	〃	
16	克 虞	〃	

위의 관등명을 보면, 率系 · 德系 · 督系를 중심으로 하고, 좌평과 14 · 15 · 16위인 佐軍 · 振武 · 克虞 등 3위가 부가되어 16관등을 구성하고 있다. 그러면 언제부터 官等이 나타나기 시작했는가를 검토해 보기로 하겠다.

─────────────

록되고 있어 率系 官等의 연원인 族長的 성격에서 기원하는 것으로 보기도 한다(金起燮, 「百濟의 佐平 試論」, pp.86~87 ; 梁起錫, 「泗沘時代의 佐平制 硏究」, 『忠北史學』 9, 1997, p.7).

앞에서 제1위인 좌평의 관등화는 6
세기 초반에 이루어졌을 것으로 보았
다. 따라서 16관등 중에서 먼저 주목되
는 것이 '率系' 관등이다. '率系' 관등
이 처음 기록에 보이는 것은 진사왕대
이다. 즉, 4세기 후반대에 비로소 관등
에 대한 기록이 나타나고 있는 것이다.
그러나 '率系' 관등의 출현이 부체제의
관제조직이 중앙정치체제로 편제되는
과정에서 부족장적 성격의 세력에게 주
어진 것이라고 할 때, 주목되는 것이
고이왕대 부명 관칭이 사라지고 있다는
사실이다. 고이왕대 左將·佐平職에 임
명된 자들이 대부분 지방(部)에 재지적
기반을 두고 있었던 정치세력이었는데,
이들에게 '率系' 관등이 부여되었을 것
이기 때문이다.46) 시기상으로 비록 후
대의 사실이기는 하나 탐라국의 백제
신속과정을 통해서 '率系' 관등의 출현
모습을 살펴볼 수 있다. 관련 내용을
보면 다음과 같다.

■ 부여 능산리 36호분 출토
은화관식(비록 후대의 유물
이지만 중앙 관제 및 복색
의 정비사실을 보여주는 자
료로 평가된다)

46) 官等名이 고이왕대의 기록에 나타나지 않은 이유는 당시 관직 및 관서
의 분화과정에서 관등의 중요성이 약했기 때문이 아니었나 생각된다.
즉 관등보다는 관직의 중요성이 부각되었던 것이다. 이는 部族國家時代
에 나타난 관직이 해당 집단의 사회생활에 있어서의 신분개념의 구분을
내용으로 하여 성립된 것이라고 할 때(金哲埈,「高句麗·新羅의 官階組
織의 成立過程」,『韓國古代社會研究』, 지식산업사, 1982, p.155) 관등명
대신 관직명이 그대로 사용된 이유를 알 수 있다.

B - 1. 耽羅國獻方物 王喜 拜使者爲恩率(『三國史記』 26, 문주왕 2년)

2. 耽羅國主佐平徒冬音律[一作津]來降 耽羅 自武德以來 臣屬 百濟 故以佐平爲官號至是降爲屬國(위의 책 6, 문무왕 2년)

사료 B-1은 문주왕 2년(476) 탐라국이 공물을 보내오자 왕이 기뻐하며,[47] 그 사자에게 은솔의 관등을 내리고 있는 사실을 보여주고 있다. 또한 B-2를 보면 그 國主에게는 좌평의 직이 하사되었음을 알 수 있다. 여기서 武德(618~626)은 唐 高祖의 연호인데 구체적으로 그 시기는 알 수 없으나 아마도 당의 건국시에 이미 탐라국이 백제에 신속되어 있었음을 보여주는 것이 아닌가 생각된다. 이상의 사실을 통해서 볼 때 탐라국은 백제가 웅진으로 천도해 오자 신속을 청하였으며, 백제는 탐라국주를 비롯하여 그 신료에게 차등을 두고 백제의 관등을 하사하였음을 알 수 있다. 이는 5세기의 한 사례에 지나지 않으나 백제가 독립적인 부세력을 중앙통치체제내로 편제시키는 과정에서 나타난 동일한 경험에서 비롯되었을 것이다. 특히 고이왕대를 기점으로 등장하는 인물들이 부명을 관칭하고 있지 않은 사실은 부족연맹적 성격이 강한 부체제 단계에서 부집단을 중앙관제를 중심으로 편제하는 과정에서 나타난 현상으로 볼 수 있다. 또한 그 시기에 등장하는 것이 관등이라고 할 때 고이왕대가 바로 '率系' 관등이 출현하는 시기가 아닐까 생각된다.[48]

---

47) 이 때는 백제가 고구려의 남진으로 한성을 잃고 웅진으로 천도한 직후로 국가적 위기의 상황이었다. 이러한 때에 탐라국의 신속은 백제에 하나의 위안이 되었을 것이며, 이로 인해 문주왕이 크게 기뻐하였을 것이다.

48) 盧重國은 고이왕대에 佐平과 '率系'를 비롯해 '德系' 관등이 만들어졌고, 근초고왕대 와서 '率系'관등과 '德系'관등을 각각 5개의 관등으로 분화시켜 일원적인 관등체계를 만들었을 것으로 보고 있으나, 사료의 부족으로 구체적인 자료를 통한 이해에는 아직 도달하고 있지 못하다(盧重

다음은 '德系' 관등의 출현이다. 『삼국사기』에는 '德系' 관등을 소지한 인물이 전혀 보이고 있지 않다. 그런데 『日本書紀』에 '德系' 관등을 가진 인물이 나타나고 있어, 그 성격을 살펴볼 수 있다. 비록 6세기 관련 사료이지만 '德系' 관등의 성격을 살펴보는 데 참고가 되므로 관련 내용을 검토해 보기로 한다.

> C-1. 百濟遣下部杆率將軍三貴 上部奈率物部烏等 乞救兵 仍貢德
>   率東城子莫古 代前番 奈率東城子言 五經博士王柳貴 代固德
>   馬丁安 僧曇慧等九人 代僧道深等七人別奉勅 貢易博士施德
>   王道良 曆博士固德王保孫醫博士奈率王有㥄陀 採藥師施德潘
>   量豊固德丁有陀 樂人施德三斤 季德己麻次 季德進奴 對德進
>   陀 皆依請代之(『日本書紀』19, 欽明紀 15년(554) 2월)
> 2. 百濟國遣恩率首信 德率蓋文 那率福富味身等 進調幷獻佛舍
>   利 僧聆照律師 令威惠衆 惠宿 道嚴 令開等 寺工太良未太
>   文賈古子 鑪盤博士將德白昧淳 瓦博士麻奈文奴 陽貴文 㥄貴
>   文 昔麻帝彌 畫工白加 蘇我馬子宿禰 請百濟僧等 問受戒之
>   法(위의 책 21, 崇峻紀 元年(588))

위의 사료 C-1과 2를 살펴보면 '率系' 官等을 가진 인물과 '德系' 官等을 가진 인물간에 명확한 구분이 있음을 알 수 있다. 즉, '率系' 관등을 가진 인물은 사신으로 파견된 자들이며, '德系' 관등을 소지한 인물은 전문적 직능을 가지고 있는 자들이라는 사실이다. 사료 C-1을 보면, 五經博士 王柳貴를 대신하여 固德 馬丁安이 파견된 것으로 보아 固德 馬丁安은 五經博士임이 분명하다. 그리고 易博士 施德 王道良, 曆博士 固德 王保孫, 採藥師 施德 潘量豊·固德 丁有陀, 樂人 施德 三斤·季德 己麻次·季德 進奴·對德 進陀 등이 보이고 있다. 사료 C-2에는 鑪盤博士로 將德 白昧淳이 '德系'

國, 앞의 책, pp.107~112 및 pp.218~220).

관등을 가지고 있으며, 瓦博士인 麻奈文奴 등은 관등을 칭하고 있지는 않으나 노반박사의 관등이 장덕인 것으로 보아 아마 그와 비슷한 관등을 소지하였을 것으로 생각된다.49) 사료 C-1의 '率系' 관등인 奈率을 칭하고 있는 의박사 王有㥄陀의 경우를 제외하고는 '德系' 관등의 소지자들을 전문적 직능자 집단으로 파악하는 데는 무리가 없다. 따라서 '德系' 관등의 출현은 전문적 직능자 집단의 출현과 관련시켜 검토할 필요가 있다.50)

이러한 점에 주목하면서 4세기 '德系' 관등의 출현문제를 검토해 보기로 하겠다. 먼저 주목되는 것이 근초고왕대 박사 高興의 존재이다. 사료 C-1에서 고덕 馬丁安이 五經博士였음을 알 수 있었는데, 박사 高興도 이와 비슷한 신분을 가졌을 것이기 때문이다. 이는 근초고왕대 전문적 직능자의 출현을 보여주는 것으로 '德系' 관등이 성립되었을 가능성을 생각할 수 있게 한다. 특히 근초고왕대는 중국 동진 및 왜와의 외교관계가 수립되었을 뿐만 아니라 『일본서기』 신공기 52년조에 왜에 칠지도를 비롯해 칠자경 등을 보낸 사실과 백제에 철산이 있음을 기록하고 있다.51) 외국에 파견된 사신 가운데는 '率系' 뿐만 아니라 '德系' 관등 소지자도 포함되었을 것이며, 아

---

49) 瓦博士의 존재와 관련하여 참고되는 것이 석촌동 4호분 및 인근 주거지출토 樂浪系 기와편의 계통문제이다. 이들 기와편들이 文樣·製作技法·繩目文 등에서 樂浪瓦와 유사성을 가지고 있는데, 이는 낙랑·대방군의 멸망후 造瓦技術者들이 백제에 유입된 결과로 추정되고 있는 것이다(龜田修一, 「百濟漢城時代の瓦に關する覺書」, 『尹武炳博士回甲紀念論叢』, 1984, pp.561~562). 그렇다면 백제로 이동해 온 이들 직능자 집단이 점차 역할에 따라 일정한 官等을 부여받았을 가능성을 생각해 볼 수 있기 때문이다.

50) 權兌遠, 「百濟의 社會構造와 生活文化系統」, 『百濟硏究』 26, 1996, p.15.

51) 『日本書紀』 9, 神功紀 52년, 「久氐等從千熊長彦詣之 則獻七枝刀一口 七子鏡一面及種種重寶 仍啓曰 臣國以西有水 源出自谷那鐵山 其邈七日行之不及 當飮是水便取是山鐵…」. 神功紀 52년은 보정연대로 근초고왕 27년(372)에 해당된다.

울러 수공업 제품의 생산을 담당하는 직능자 중에 '德系' 관등을 가진 자들이 출현하였을 것이다.[52] 또한 침류왕대에는 불교의 수용에 따른 불사의 창건 등이 이루어지고 있는데, 이러한 사회구조의 다양화는 '德系' 관등의 분화를 촉진하고, 관등의 중요성을 부각시키게 되었을 것이다. 따라서 4세기를 '德系' 관등의 출현과 분화가 이루어진 시기로 파악하여도 무리가 없다고 하겠다.[53]

다음은 12·13위의 문독·무독이 언제 관등화하였는가 살펴보자. 문독·무독은 우리나라 역사상 처음으로 문·무를 구분하는 관등이다.[54] 문·무의 용례는 개로왕이 송에 보낸 국서내용에 '文武良輔世蒙朝爵'[55]과 동성왕이 남제에 보낸 국서내용중 '文武列顯'[56] 등에서 보인다. 문독·무독이 문·무에 대한 관념에 의해 나타난 관등이라고 할 때,[57] 그 성립시기는 늦어도 개로왕 4년(458) 이전으로 소급시켜 생각해 볼 수 있다.

끝으로 하급 군인직으로 보이는 14·15·16위[58]의 佐軍·振武·克虞는 언제 관등화가 이루어졌을까. 이들 '武系' 관등은 원래 소국 수장층들이 지녔던 지배기구였으나 국가체제의 정비에 따라 관등체계의 하부구조로 편제된 것이라고 한다.[59] 그런데 이들 관등

---

52) 근초고왕대 卓素라는 야철공과 服織의 女工 등을 倭에 파견한 기록도 참고된다[『古事記』中卷 應神紀 國主の歌 百濟の朝貢,「又貢上手人韓鍛名卓素 亦吳服西素二人也」(『古事記祝詞』, 岩波書店, p.248)].

53) 다만 '德系'관등을 가진 인물이 4세기대에 등장하지 않는 것은 당시 '率系'관등을 가진 세력을 중심으로 중앙귀족화하면서 이들이 중앙권력을 배타적으로 독점하고 있었던 사정을 반영하고 있는 것이 아닌가 생각된다.

54) 金哲埈,「百濟社會와 그 文化」,『韓國古代社會硏究』, 지식산업사, 1982, p.63.

55) 『宋書』東夷傳 백제조.

56) 『南齊書』東夷傳 백제조.

57) 盧重國, 앞의 책, p.225.

58) 金哲埈, 앞의 논문, p.63.

이 무계라고 하는 점이 주목될 필요가 있다. 그것은 소국의 수장층들이 중앙의 지배체제하에 편제되는 과정에서 그들이 가졌던 지배기구 가운데 주로 군사적 성격의 기구들을 재편하는 과정에서 武系 관등이 출현하였을 것이기 때문이다. 그렇다고 한다면 이들의 관등화는 각 재지세력들이 소유하고 있던 독자적인 군사권이 왕권하에 일원적으로 편제되는 근초고왕대에서 구할 수 있지 않을까 생각된다. 특히 근초고왕대는 장군의 직을 두어 직접 군사권을 운용하였는데, 이러한 과정에서 군대를 조직적으로 편제하기 위해 하급 군인직을 신설했을 가능성이 매우 크다. 장군이 전쟁 출정시에 갖는 임시 직명였다는 사실을 고려할 때 평상시에는 관등을 띠고 있었을 것이다. 장군에 임명되는 자가 평상시 관등을 띠고 있었다고 한다면 그 하위직에 편제되는 자도 서열에 따라 차등화된 관등을 띠었을 것이며, 이로 인해 하위의 무계 관등인 佐軍·振武·克虞 등이 출현하게 되었던 것이 아닌가 한다.

이상의 검토를 통해 볼 때 백제의 관등은 고이왕대 부세력을 중앙통치체제 내에 편제하는 과정에서 '率系'가 나타나기 시작하여, 4세기에 이르러서는 '德系'와 하위의 '武系'인 좌군·진무·극우가 나타남으로써 그 골자가 형성되었음을 알 수 있다. 특히 근초고왕대 중앙중심의 일원적인 통치체제가 성립되는 과정에서 부의 독자성이 상실되고 지배세력의 중앙 귀족화가 이루어지게 되면서 각 지역에 재지기반을 가지고 있었던 정치세력들은 중앙의 관등에 편입되지 않을 수 없었을 것이다. 이는 중앙 관등만이 제도적으로 그들의 신분적 특권을 보장해 주는 장치로서의 기능을 하게 되었을 것이기 때문이다. 이러한 측면에서 백제 관등의 골자는 근초고왕대를 경과하면서 성립되었을 것으로 이해할 수 있다. 그 결과 진사왕대에 이

---

59) 盧重國, 앞의 책, p.219.

르러 달솔·은솔 등의 관등명이 기록될 수 있었던 것으로 보인다. 다만 16관등으로의 체계적인 정비는 6세기초 좌평의 관등화와 함께 이루어진 것으로 생각된다.

다음은 관등의 성립에 따른 복색의 제정시기를 검토해 보기로 하겠다. 기록상 복색의 제정은 고이왕 27년 16관등이 정비된 이후에 이루어진 것으로 나타나고 있다.

> 二月 下令六品以上服紫 以銀花飾冠 十一品以上服緋 十六品以上服
> 靑(『三國史記』 24, 고이왕 27년)

그러나 고이왕대 16관등이 완비되지 않았음은 앞에서 살펴 보았다. 그러면 복색의 제정도 고이왕대의 사실로 볼 수 없을 것인가? 27년조의 기록에서는 복색의 제정이 16관등의 성립과 밀접한 관련이 있는 것으로 되어 있으나, 처음 복색이 정해질 때는 관제의 성립과 관련이 있었던 것으로 생각된다. 이는 고이왕대 南堂政治가 실시된 사실과 무관하지 않을 것이기 때문이다. 남당정치는 고이왕 28년에 처음 실시되었는데, 이 때 왕의 복장에 대한 상세한 내용이 기록되어 있다.[60] 즉, 왕의 복장과 일반 관료들의 복장이 달랐음을 상징적으로 보여주고 있는 것이다. 따라서 적어도 고이왕대는 왕과 일반 관료의 복색에 차이가 있었던 사실을 알 수 있다.

그러면 복색이 언제부터 위계에 따라 그 색을 달리하게 되었을까 살펴보기로 한다. 먼저, 복색과 관련하여 주목되는 것이 근초고왕대 황색기의 사용이다. 근초고왕은 24년(369) 大閱을 하는데 있어서 황색의 기치를 사용하고 있다.[61] 황색은 五行思想에서 중앙의

---

60) 『三國史記』 24, 고이왕 28년, 「王服紫大袖袍 靑錦袴 金花飾烏羅冠 素皮
帶烏韋履 座南堂聽事」.
61) 『三國史記』 24, 근초고왕 24년.

색을 상징한다는 점에서 복색문제와도 관련시켜 생각해 볼 수 있기 때문이다.[62] 특히 근초고왕대는 '率系'의 분화를 비롯하여 '德系' 관등의 출현·분화가 이루어지는 시기이기도 하다. 복색의 정비가 위계적인 관료조직의 마련을 위해 필요한 조치였다는 점에서 관등제의 성립과 밀접한 관련이 있다. 이와 같이 근초고왕대 관등제의 분화와 황색기의 사용은 당시 위계에 따른 복색의 구분이 있었음을 알게 한다.

이상에서 4세기의 중앙통치체제 가운데 관제 및 관등제의 정비 문제를 비롯해 복색문제를 검토해 보았다. 그 결과 관제로는 6좌평을 비롯해 左將·將軍·博士制가 성립되었으며, 관등은 率系·德系, 軍人職인 하위직의 성립과 이들의 분화현상이 일어나고 있었음을 알 수 있었다. 이들 제도는 고이왕대 비로소 나타나기 시작하였으나 4세기 근초고왕대를 거치면서 체계적인 골격을 갖추게 되었던 것으로 파악된다. 그리고 근초고왕대 왕권의 강화와 중앙집권적 통치체제로의 이행을 제도적으로 가능하게 한 것도 바로 이들 제도의 분화·정비에서 찾을 수 있다는 점에서 그 의미가 매우 크다고 하겠다.

2) 중앙 통치질서의 수립

백제가 4세기에 엄격한 율령제적 통치체제에 입각한 정치를 하였다는 사실은 근초고왕대의 다음 기록을 통해 확인할 수 있다.

春正月 祭天地神祇 拜眞淨爲朝廷佐平 淨王后親戚 性狼戾不仁 臨事苛細 恃勢自用國人疾之(『三國史記』24, 근초고왕 2년)

---

62) 李道學, 『百濟 古代國家 硏究』, 일지사, 1995, p.253.

즉, 근초고왕은 왕후의 친척인 진정을 조정좌평에 임명하여 刑獄의 업무를 관장하게 하고 있다. 그런데 진정이 왕비족이었다는 사실에서 조정좌평의 역할이 매우 중요하였음을 추측할 수 있으며, 이는 근초고왕대 엄격한 율령제[63]적 통치를 실현하였음을 보여주는 것이 아닌가 한다.

그러면 언제부터 백제가 율령제적 통치체제를 갖추게 되었을까? 삼국에서 율령을 도입한 시기와 관련해서는 고구려가 소수림왕 3년 (373),[64] 신라는 법흥왕 7년(520)[65]에 그 반포사실이 보이고 있으나 백제는 율령을 언제 처음 반포하였는지에 대한 기록이 없다. 따라서 백제가 언제부터 율령제적 통치체제를 갖추었는지에 대해서는 명확히 알 수 없다. 다만 백제의 율령과 관련하여 주목되는 것이 고이왕 29년조의 다음 기록이다.

春正月 下令 凡官人受財及盜者 三倍徵贓 禁錮終身(『三國史記』 24, 고이왕 29년)

위의 기록을 토대로 고이왕 29년에는 이미 율령이 반포되었을 것으로 이해하는 견해가 있다.[66] 그러나 위의 기록은 『구당서』 백제조의 내용과 동일한 것으로 사비시대의 사실이 소급·기록된 것으로 이해되는 등 위의 내용을 통해 백제 율령의 반포시기를 구하는 데는 문제가 없지도 않다. 다만 통치전반에 대한 규정은 아닐지

---

63) 律令의 연원은 秦·漢代에 기본법으로 둔 律과 황제의 조칙에 따라 수시로 개정보완되는 법을 令이라 한 것으로부터 시작되었다. 그리고 晋의 泰始律令(268)에 이르러 律은 형벌법, 令은 행정법을 주체로 하는 비형벌법법으로 기능이 분화되었다(田鳳德, 「新羅의 律令考」, 『서울대논문집』 인문사회과학 4, 1956).

64) 「三年 始頒律令」(『三國史記』 18, 소수림왕 3년)

65) 「春正月 頒示律令 始制百官公服 朱紫之秩」(『三國史記』 4, 법흥왕 7년)

66) 李鍾旭, 「百濟의 佐平」, 1976, pp.30~32.

라도 고이왕대 새로운 관직의 설치 등 관제의 정비과정에서 관인에 대한 일정한 규정이 마련되었을 가능성은 충분히 생각해 볼 수 있겠다. 이러한 문제점 등을 고려하여 백제에서 율령을 처음 반포한 시기를 근초고왕·근구수왕대로 추정하기도 하며,[67] 또는 제사 색복제도에 대한 검토를 통하여 5세기 후반에서 6세기 전반으로 이해하기도 한다.[68] 그러나 어떤 관련사료도 백제 율령의 반포시기를 단정적으로 보여주지는 못한다. 백제에서 율령의 존재를 분명하게 보여주는 것으로는 무령왕릉에서 출토된 매지권에서 확인할 수 있을 뿐이다. 즉, 매지권의 내용 가운데 「不從律令」이라는 문구가 보이고 있는 것이다.[69] 따라서 무령왕대 이전에 이미 율령에 입각한 정치가 시행되고 있었음을 확인할 수 있다.[70]

그러면 언제 율령이 반포되었는가 검토해 보기로 한다. 먼저 삼국 가운데 제일 먼저 율령이 반포된 고구려의 경우를 통해 율령이 반포되는 시점의 정치상황을 살펴볼 필요가 있다. 이때 주목되는 점

---

67) 盧重國, 「百濟律令에 대하여」, 『百濟研究』 17, 1986, pp.57~59.
朴林花, 「百濟 律令 頒布時期에 대한 一考察」, 『慶大史論』 7, 1994, pp.202~204.
68) 井上秀雄, 「百濟の律令體制への變遷」, 『律令制』, 1986, p.158.
69) 「錢一万文 右一件 乙巳年八月十二日 寧東大將軍百濟斯麻王 以前件錢 詢 [訟]土王土伯土父母上下衆官二千石 買申地爲墓 故立券爲明 不從律令」 (「武寧王妃 誌石」, 『韓國古代金石文』 제1권, 한국고대사회연구소편, 1992)
武寧王陵 出土 買地券과 관련해서는 다음의 論考가 참고된다.
李丙燾, 「百濟 武寧王陵 出土 誌石에 대하여」, 『韓國古代史研究』, 박영사, 1976.
任昌淳, 「買地券銘文」, 『武寧王陵發掘調査報告書』, 1973, pp.48~62.
成周鐸, 「武寧王陵出土 誌石에 關한 研究」, 『百濟文化』 21, 1991, pp.121~124.
70) 盧重國, 앞의 논문, p.56.
'不從律令'을 도교신앙의 실태를 엿볼 수 있는 자료로 보는 견해도 있다(李基東, 「武寧王陵出土 誌石과 百濟史研究의 新展開」, 『百濟文化』 21, 1991, pp.40~41).

은 소수림왕 3년 율령이 반
포되기 바로 전해에 불교
가 수용되고, 태학이 설립
되었다는 사실이다.[71] 태학
의 설립은 유교의 교육을
목적으로 하고 있다는 점
에서 율령정치의 실시와
밀접한 관련이 있다. 그리
고 신라의 경우에는 율령
이 반포되는 법흥왕 7년에
백관의 공복을 제정하고

■ 무령왕릉 출토 왕비지석('不從律令'銘文이 남아있다)

있으며, 왕 15년(528)에는 불교가 국가종교로 받아들여지고 있다.
특히 율령의 반포에 있어서 전제조건으로 유학에 대한 이해와 이를
제정·시행할 수 있는 국가권력과 지배체제의 성립이 중요시되고
있다.[72] 따라서 백제의 율령 반포시기도 위와 같은 조건들이 갖추
어지는 시점에서 찾는 것이 사회발전 단계상으로 볼 때 타당하다고
하겠다. 이러한 점에 주목하면서 율령의 반포 시기와 관련하여 4세
기에 나타나고 있는 주목되는 사료들에 대한 검토를 통하여 율령시
행의 시대적 배경을 살펴보기로 하겠다.

D - 1. 春二月 發使巡問百姓疾苦 其鰥寡孤獨不能自存者 賜穀人三
石(『三國史記』 24, 비류왕 9년)

2. 仍移兵西廻 至古奚津 屠南蠻忱彌多禮 以賜百濟 於是 其王
肖古及王子貴須 亦領軍來會 時比利 辟中 布彌支 半古四邑
自然降伏(『日本書紀』 9, 神功紀 49년 3월)

---

71) 夏六月 秦王符堅遣使及浮屠順道 送佛像 經文 王遣使廻謝 以貢方物 立
太學 教育子弟(『三國史記』 18, 소수림왕 3년)
72) 盧重國, 앞의 논문, pp.57~58.

3. 二十四年 秋九月 高句麗王斯由帥步騎二萬 來屯雉壤 分兵侵
   奪民戶 王遣太子以兵徑至雉壤 急擊破之 獲五千餘級 其虜獲
   分賜將士(『三國史記』24, 근초고왕 24년)
4. 冬十一月 大閱於漢水南 旗幟皆用黃(위의 책, 근초고왕 24
   년)
5. 春正月 遣使入晋朝貢(위의 책, 근초고왕 27년)
6. 春二月 遣使入晋朝貢(위의 책, 근초고왕 28년)
7. 古記云 百濟開國以來 未有以文字記事 至是 得博士高興 始
   有書記(위의 책, 근초고왕대)
8. 秋七月 遣使入晋朝貢 九月 胡僧摩羅難陀自晋至 王迎致宮內
   禮敬焉 佛法始於此(위의 책, 침류왕 원년)

　　사료 D-1의 구휼내용은 다분히 유교에서의 위민사상이 내포되
어 있음을 볼 수 있다. 물론 구휼기록은 이보다 앞서 보이고는 있으
나,[73) 유교에서 구휼의 첫 대상으로 삼고있는 鰥寡孤獨의 존재가
처음으로 나타나고 있는 사실은 특히 주목된다. 이는 비류왕대 이미
유교에 대한 이해가 깊었음을 의미하는 것으로 받아들일 수 있기
때문이다.[74)
　　다음 사료 D-2와 3은 근초고왕대 활발한 대외팽창정책이 실시
되었음을 보여주는 내용으로,[75) 그 결과 새로운 지역에 대한 정치
적 영향력을 확대할 수 있게 되었다. 한편 대외팽창정책의 성공은
대내적으로는 왕권의 강화와 국가권력의 증대를 가져왔을 뿐만 아
니라 새로운 체제정비의 필요성을 제기하였을 것이다. 그 결과 근초

---

73) 비류왕 이전의 구휼내용으로 다음이 참고된다.
　　1. 冬十月 王巡撫東西兩部 貧不能自存者給穀人二石(『三國史記』23, 다루
　　　　왕 11년)
　　2. 春夏 旱 冬 民饑 發倉賑恤 又復一年租調(위의 책 24, 고이왕 15년)
74) 이것은 愛民·重民을 강조하고 있는 선진유가적 德治思想의 전형이라
　　고 한다(宋寅昌,「百濟儒學에 나타난 道義精神」,『百濟의 宗教와 思想』,
　　1994, pp.135~136).
75) 近肖古王代의 對外膨脹 過程에 대해서는 제5장을 참고할 것.

고왕 24년에는 大閱을 함에 있어서 중앙을 상징하는 황색 기치를 사용하고 있는데, 이는 군사권의 통합과 함께 왕을 중심으로 한 중앙집권적 통치체제가 확립되었음을 대내외적으로 과시하는 것으로 받아들일 수 있다. 특히 황색이 五行思想에서 중앙의 색을 상징하고 있다는 점에서 왕을 정점으로 한 복색의 제정과 관련시켜 검토할 수 있다. 공복의 복색제정은 일원적인 질서체제를 확립하는데 있어서 필수적인 요소라는 점에서 중앙집권적 지배체제의 수립과 상호 밀접한 관련을 가지고 있다. 물론 고이왕 27년에 복색을 제정하였다는 기록이 있으나[76] 후대의 사실이 소급된 것으로 이해되고 있기 때문에 복색의 문제를 살펴볼 수 있는 내용으로 근초고왕대의 황색기 사용이 주목된다. 비록 그 내용이 근초고왕의 군사권 장악이라는 측면에서 중시되어 왔지만 색이 상징하는 것에 의미를 둔다면 이를 복색과 관련지어 볼 수 있다. 즉, 근초고왕대에는 복색에 대한 명확한 관념이 형성되어 있었던 것으로 이해할 수 있는 것이다.[77] 이는 신라에서 율령의 반포와 함께 백관의 공복을 제정한 사실[78]과 결부시켜 보았을 때 시사하는 점이 크다고 하겠다.

다음은 근초고왕 27·28년에 걸쳐 진에 사신을 파견한 사실을 주목할 필요가 있다. 당시 진에서는 泰始律令이 반포된 이후였는데, 중앙집권화를 추구하던 근초고왕의 입장에서 어떠한 형태로든 이들 율령에 대한 내용을 알고 있었을 것이기 때문이다. 뿐만 아니라 근초고왕대는 박사 고흥이 『서기』를 편찬하고, 일본에 『천자문』과 『논어』를 전해주는 등[79] 유교지식에 대한 이해가 상당히 깊었다. 이러한 당시의 상황은 근초고왕으로 하여금 유교적 정치질서의 수

---

76) 『三國史記』 24, 고이왕 27년.
77) 李道學, 앞의 책, p.253.
78) 「春正月 頒示律令 始制百官公服 朱紫之秩」(『三國史記』 4, 법흥왕 7년)
79) 『日本書紀』 應神紀 15·16년.

립에 지대한 관심을 가지게 하였을 것이다.

다음은 4세기에 율령제적 통치행위를 보여주는 내용을 검토하기로 한다.

> E-1. 淨王后親戚 性狼戾不仁 臨事苛細 恃勢自用 國人疾之(『三國
>   史記』24, 근초고왕 2년)
> 2. 至半乞壤將戰 高句麗人斯紀本百濟人 誤傷國馬蹄 懼罪奔於
>   彼 至是還來 告太子曰(위의 책, 근구수왕 즉위년)

먼저, 사료 E-1은 몇 가지로 해석이 가능하다. 첫째는 淨이 왕후의 친척으로 권력을 남용하였을 경우이고, 둘째는 근초고왕이 즉위할 때 반대한 세력에 대해 가혹한 탄압을 하였을 경우, 셋째는 법을 적용함에 있어서 아주 가혹하리만큼 엄격하게 적용했을 경우 등이다. 이들 내용 가운데 일반적으로 근초고왕이 즉위하는 데 있어 반대한 세력에 대한 숙청과정으로 이해된다.[80] 그리고 이 과정에서 아주 가혹하리만치 엄밀하게 법을 적용하였을 것으로 생각한다. 아울러 법의 집행이 조정좌평의 직에 있었던 眞淨에 의해 행사되었을 가능성도 생각할 수 있는데, 이는 제도적으로 조정좌평이 형옥사의 업무를 분장하는 내용뿐만 아니라 법의 집행에 대한 세칙까지도 율령에 의해 규정되어 있었음을 생각하게 한다.

근초고왕대 법규의 적용이 세밀하고도 엄격하였던 사실은 사료 E-2를 통해서도 확인된다. 이 사료는 근구수왕 즉위년조에 기록되어 있지만 근초고왕 24년의 사실을 기록한 것이다. 내용을 살펴보면, 고구려인 斯紀는 본래 백제인이었는데, 國馬의 말굽을 상하게 하여 죄를 받을 것을 두려워하여 도망갔었던 인물이었다. 여기서 국

---

80) 盧重國, 「4~5世紀 百濟의 政治運營」, 『韓國古代史論叢』6, 1994, pp.167
   ~168.

마는 御馬를 포함해 국가에서 기마전투용으로 사육한 전투마일 가
능성이 높으며, 斯紀는 그 사육책임자였던 것으로 생각된다. 근초고
왕대는 대외팽창정책이 활발하게 전개되었던 시기였으며, 그로 인
해 대규모의 대외전쟁이 빈번하였다. 이러한 국가적 상황에서 전투
용 말은 아주 귀중하게 사육되었을 것이다. 따라서 국마 사육에 대
한 법규가 제정되어 있었을 것이며, 또한 엄격했을 것이다. 따라서
국마를 제대로 관리하지 못함으로써 받게 될 처벌은 매우 무거웠을
것임은 당연하다. 사기가 국마의 말굽을 상하게 하여 죄를 받을 것
을 두려워 하여 고구려로 도망간 것은 당시의 그러한 상황을 실증
적으로 보여주는 것이 아닌가 한다. 이는 당시 법률이 아주 세분화
되어 있었음과 법적용이 아주 철저하게 이루어지고 있었음을 보여
주는 것이라고 하겠다.[81]

이상에서 검토한 시대적 상황 및 율령제적 통치행위 등과 관련
된 내용을 통해서 볼 때 백제에서 율령제적 통치체제가 수립된 시
기로 근초고왕대를 지목하는 것은 전혀 무리한 일이 아니다. 특히
영역국가로의 팽창이 이루어져 새로 편입된 지역을 효율적으로 통
제하기 위해서는 기존의 전통적이고 관습법적인 법조문 대신 보다
객관적이고 만민법적인 성격의 법이 필요하였을 것이다.[82]

81) 그런데 斯紀가 다시 대고구려와의 전투에 참여하여 공을 세우고 있는
데, 이는 당시 대외전쟁에서의 승리가 더욱 중요시 되었음을 의미하는
것이다. 그리고 전쟁에서의 승리로 인해 斯紀의 죄는 사면되었을 가능
성이 크다. 물론 이러한 일련의 조처가 관습법적 차원에서 처리되었을
가능성도 배제할 수는 없다. 그러나 근초고왕대 빈번한 대외전쟁 등을
수행하기 위해서는 이와 관련된 명확한 법규정이 필요하였을 것이다.
따라서 이러한 일련의 행위에 대한 법규정 즉, 사면 등에 관련된 법조
항도 있었을 것으로 생각된다.
82) 신라의 경우 蔚珍 鳳坪新羅碑에는 「奴人法」·「大敎法」이란 용례가 보
이고 있는데, 이 비문의 연대가 524년으로 비정되고 있어 법흥왕대 율
령을 반포한 시기와 4년의 차이밖에 보이고 있지 않다. 그런데 여기서
「奴人法」을 6세기 초에 새롭게 영토로 편입된 지역에 國役을 책임지우

현재 백제 율령의 구체적인 내용에 대해서는 알려져 있지 않다.[83] 다만 그 전거가 되었을 가능성이 큰 것으로 晉武帝 泰始 4년(268)에 반포된[84] 泰始律令을 생각해 볼 수 있다. 이는 근초고왕이 두 차례에 걸쳐 진에 사신을 파견한 사실과 진에서 근초고왕을 「鎭東將軍領樂浪太守」에 봉한 사실[85] 등을 통해 볼 때 진의 율령을 받아들였을 가능성이 크기 때문이다.[86]

그러면 율령은 어떠한 내용으로 구성되어 있었을까? 근초고왕대 대외팽창이 활발하게 이루어지고 있었던 점으로 보아 율령은 대개 부국강병을 추구하는 방향에서 제정되었을 것이다. 이를 위해 앞에서 검토한 내용을 토대로 살펴보면, 첫째는 국방 및 조세관련 법규

기 위한 법령으로 이해하고 있는 점으로 볼 때(朱甫暾,「蔚珍 鳳坪新羅碑와 法興王代 律令」,『韓國古代史硏究』2, 1989) 새로 편입된 지역을 다스리기 위해서 새로운 법령이 제정되었음을 알 수 있다.

83) 백제 율령의 내용에 대해서는 고구려·신라 등의 율령내용을 참고하여 이해할 수 있으며, 다음의 연구가 참고된다.
田鳳德,「新羅律令考」,『서울대논문집』(인문 사회과학 4), 1956.
盧重國,「高句麗律令에 관한 一試論」,『東方學誌』21, 1979.
____,「百濟律令에 대하여」,『百濟硏究』17, 1986.
李仁哲,「新羅律令의 篇目과 그 內容」,『정신문화연구』54, 1994.
百濟律令의 일반적인 내용에 대해서는 盧重國의 「百濟 律令에 대하여」(pp.61~62)에 잘 정리되어 있어 참고되며, 이들 내용 중 대부분은 이미 4세기대에도 적용되었을 것으로 생각된다. 참고로 그 내용을 살펴보면 다음과 같다.
律 ┌ 刑種 : 斬刑·流刑·棄市刑·籍沒刑·禁錮刑·賠償刑·贖刑
   └ 罪刑 : 謀反罪·退軍罪·殺人罪·盜罪·受賕罪·犯姦罪
令 : 官位令·職員令·衣冠令·祠令·喪葬令·賦役令·學令·公式令
84)『晋書』3, 武帝紀 30, 刑法條.
85) 「咸安二年春正月辛丑 百濟林邑王 各遣使貢方物 六月 遣使百濟王餘句 爲鎭東將軍領樂浪太守」(『晋書』卷 9, 帝紀 9, 簡文帝 咸安 2년)
86) 근초고왕 3년부터 20년 사이의 기록이 누락되어 이 기간의 사실에 대해서는 알 수 없다. 그러나 근초고왕대 晉과 보다 많은 외교관계가 있었을 가능성을 생각해 볼 수 있으며, 백제는 晉의 정치체제에 대해 많은 것을 알고 있었을 것이다.

가 많았을 것이다. 비류왕대 대규모 토목공사를 위한 역역과 근초고
왕대 수 만명에 이르는 병력의 동원을 위한 군역 등은 그 핵심을
이루고 있었을 것이다. 또한 이러한 역역·군역의 효율적인 시행을
위해서는 호구에 대한 파악이 이루어져야 한다는 점에서 이와 관련
된 법조문도 어느 정도 제정되어 있었을 것이다. 둘째는 근초고왕
이후 확대된 영역국가를 효율적으로 통치하기 위한 법체계의 정비
를 담고 있었을 것이다. 여기에는 새로 편입된 지역의 백성 및 그
수장층에 대한 처우문제도 포함되었을 것이다. 셋째는 중앙집권적
통치체제를 유지하기 위한 정치기구, 관등제·관직·군사조직·복
색 등에 대한 조문을 담고 있었을 것이다. 끝으로 왕위계승권의 확
립으로 인한 왕족의 신분상의 특권을 비롯해 왕비족의 등장 등 중
앙귀족의 출현, 빈번한 전쟁으로 인한 포로 및 노비의 증가 등에 따
른 신분제[87]에 대한 규정도 마련되었을 것이다.

　이상에서 4세기의 율령제적 통치질서 수립문제를 검토해 보았다.
사료의 부족으로 구체적인 내용을 확인할 수는 없으나 전체적인 흐
름은 파악할 수 있으며, 아울러 백제가 율령제적 통치체제를 수립하
는 시기를 근초고왕대로 이해할 수 있었다. 백제는 4세기 근초고왕
대를 시점으로 율령체제에 입각한 통치구조가 확립됨으로써 이후
중앙집권적 국가체제로 이행할 수 있게 되었다.[88]

　백제가 4세기를 경과하면서 국가체제의 정비를 일단락지었음은
근초고왕대에 편찬된 『서기』의 존재를 통해서 더욱 분명해진다. 아
울러 사서의 편찬이 왕족의 혈연의식과 유교적 정치이념의 표시로
이해되고 있다는 점에서[89] 근초고왕대 『서기』의 편찬은 어쩌면 당

---

87) 權兌遠, 앞의 논문, pp.6～19에서는 백제사회의 신분을 왕족·왕비족,
　　귀족·관료, 민, 노비 등으로 크게 4계급으로 구분하여 이해하고 있어
　　참고된다.
88) 李道學, 앞의 책, pp.208～316.
89) 李基東, 「古代國家의 歷史認識」, 『韓國史論』 6, 1979, p.9.

연한 역사 발전과정에서의 산물이라고 할 수 있다. 즉, 근초고왕대
는 초고계 직계로의 왕위계승권이 확립되었을 뿐만 아니라 율령의
반포 등 중앙집권적인 국가체제의 성립을 가져온 시기였기 때문이
다.

　　그러면 근초고왕은 어떤 목적에서 『서기』를 편찬하였을까. 다음
은 『서기』 편찬에 관한 내용이다.

　　古記云　百濟開國以來　未有以文字記事　至是　得博士高興　始有書記
　然高興未嘗　顯於他書　不知其何許人也(『三國史記』 24, 근초고왕조)

　　위의 사료를 보면, 백제는 개국이래 아직 문자로 사실을 기록함
이 없었는데, 근초고왕대에 이르러 박사 고흥을 얻어 비로소 『서기』
를 갖게 되었다고 기록하고 있다. 따라서 『서기』는 국가의 여러 사
실들에 대한 기록물 즉, 역사서로 볼 수가 있다.[90]

　　먼저 근초고왕대 역사서를 편찬할 수 있었던 시대적 배경에 대
하여 살펴 보기로 하겠다. 그에 대한 해명은 또한 역사서의 내용을
짐작할 수 있게 해주기도 한다.

　　첫째, 고이왕대부터 성립되기 시작한 중앙통치체제가 근초고왕대
에 이르러 일단락되었을 것이라고 하는 점이다. 이러한 내부 통치체
제의 정비사실을 추정할 수 있는 것으로 주변지역으로의 팽창, 특히
남부 마한지역의 복속과 근초고왕 21년 이후부터 나타나는 일련의
정책 등을 통해서 이해할 수 있다. 366·368년 신라와의 교빙, 372
·373년 진에의 사신파견, 그리고 367년 왜와의 외교 교섭기사[91]

---

90) 그런데 『書記』를 역사서 이름이 아닌 보통명사 즉 공식적인 문자기록
　　이 제도화되기 시작했다는 의미로 보는 견해도 있으나(李基東, 「三國의
　　文化」, 『韓國史講座』 고대편, p.245) '未有以文字記事' 는 글자 그대로
　　한자기사가 없었다는 것이 아니라 國史의 편수가 아직 없었다는 의미
　　로 받아들이는 것이 타당하다(李丙燾, 『國譯 三國史記』, p.377, 주1).

등은 내부 통치체제의 정비 이후에 실시되었던 것으로 볼 수 있기 때문이다. 둘째는 『서기』가 편찬될 수 있었던 것으로 유교에 대한 이해도 빼놓을 수 없다. 『일본서기』 응신기 16년조나 『고사기』에 阿直伎와 王仁을 왜에 보내어 『천자문』과 『논어』를 보내준 것이 근초고왕대라고 하는 견해92)를 통해 볼 때 근초고왕대는 이미 유교에 대한 이해가 깊었으며, 이는 역사서가 편찬될 수 있는 터전이 되었을 것이기 때문이다. 셋째, 근초고왕대에 와서 초고계 직계로의 왕위계승권이 확립되었다고 하는 점이다. 비류왕이 비록 초고계이기는 하지만 직계가 아니었으며, 근초고왕대에 와서야 비로소 초고계 직계로의 왕위계승이 이루어지게 되었던 것이다. 근초고왕이 초고왕에 '近'字를 관칭하고 있는 것이 바로 이러한 사실을 보여주는 것이다.

다음은 『서기』 편찬의 목적과 내용에 대해 생각해 보기로 하겠다. 우선, 신라의 예를 통하여 역사서 편찬의 의도를 살펴볼 수 있다.

> 國史者記君臣之善惡 示褒貶於萬代 不有修撰 後代何觀(『三國史記』 4, 진흥왕 6년)

즉, 군신의 선악을 기록하여 만대에 포폄을 보이기 위한 것이라고 한다. 근초고왕이 『서기』를 편찬한 의도도 이와 같은 성격을 일부 가졌을 것으로 추측할 수 있다. 다만 그 편찬시기에 있어 백제가 대략 2세기 정도 앞서고 있다는 점과 비록 고이왕대부터 관제정비 기록이 보이고 있기는 하지만 신라에서 『국사』가 편찬되는 시점과

---

91) 『日本書紀』 9, 神功紀 47년.
92) 李丙燾, 「百濟學術 및 技術의 日本傳播」, 『韓國古代史研究』, 박영사, 1976, pp.576~578.

비교해 체제의 정비가 미흡했던 점으로 볼 때 그 실제 내용에 있어서는 약간의 차이가 있었을 것으로 생각된다. 또한 고구려의 경우 국초에 편찬된 『유기』100권이 600년(영양왕 11년) 大學博士 李文眞에 의해 『신집』5권으로 개수되고 있는 사실[93]을 통해서도 참고된다. 이 때 분량이 대폭 축소되었음을 알 수 있는데, 『신집』이 신라『국사』의 편찬목적과 같다고 보았을 때 백제의 『서기』는 고구려의 『유기』와 비슷한 성격을 가지고 있었을 것이기 때문이다. 대부분 국가 성립 초기에 서술된 역사서의 분량이 많은데, 이는 서술내용에 대한 취사선택이 이루어지지 않았을 뿐만 아니라 왕실의 전통과 권위 등을 내세우는 역사서술에 중점을 두었기 때문이다.[94]

이러한 측면에서 『서기』의 내용을 검토할 때, 우선 주목되는 점은 근초고왕 왕계의 시조전승과 관련된 내용과 자신의 왕위계승의 정당성을 주장하는 내용이 다수 포함되었을 것이라는 점이다. 앞에서 검토하였듯이 근초고왕은 정상적인 방법, 이를테면 왕위계승에 있어서의 순번에 의한 계승이라기 보다는 실력에 의한 찬탈적인 성격이 강하였음을 볼 수 있다. 따라서 약간은 정도에서 벗어난 왕위계승을 합리화하기 위하여 왕통의 정통성과 왕위계승의 정당성을 주장하기 위한 의도가 있었을 것임을 추측할 수 있다.[95] 이러한 현

---

93) 『三國史記』20, 영양왕 11년.
94) 金杜珍, 「古代의 文化意識」, 『한국사』2, 1984, p.286.
95) 이와 관련하여 현재 『三國史記』에서 전해지고 있는 溫祚-沸流의 始祖傳說이 주목된다. 여기에서 溫祚가 沸流세력을 통합하여 백제를 건국한 것으로 기록되고 있음을 볼 수 있다. 이는 古爾系인 契王을 이어 肖古系로서 왕위에 오른 근초고왕으로서는 『書記』를 편찬함에 있어 그의 直系인 溫祚-肖古系를 당연히 중시하였을 것이며, 史書의 편찬목적 또한 여기에 있었을 것임을 추측할 수 있다. 이는 聯盟段階의 복합적이던 王室系譜를 현재의 王室을 중심으로 일원화하고, 이 과정에서 慰禮集團의 시조였던 溫祚를 全百濟의 시조로 격상시켰음을 의미한다(盧重國, 앞의 책, pp.112~114).

상은 온조 - 초고계인 근초고왕이 『서기』를 편찬하는 과정에서 비류 전승에 대한 내용을 함께 기록하였을 뿐만 아니라 온조와 비류를 형제로 기록하게 하였을 가능성을 배제할 수 없다. 즉, 비류계통을 잇고 있는 계왕의 뒤를 이어 자신이 왕위에 오르고 있기 때문에 자신의 왕위계승을 합리화하기 위한 의도에서 비류와 온조를 형제로 설정하게 되었을 가능성도 추측해 볼 수 있겠다.[96]

다음은 근초고왕대 초고계 직계의 왕위계승권이 확립된 점으로 보아 중앙통치체제에 편제된 귀족세력 가운데서 초월적인 신분적 지위를 확보하기 위한 새로운 관념체계의 수립과 관련된 내용들이 포함되었을 것이다. 이와 관련하여 근초고왕은 불교사상에 대해 관심을 표명했을 가능성이 있다. 이는 초기불교가 왕권의 전제화에 유리한 王卽佛思想을 가졌다는 점[97]에서 근초고왕이 새로운 사상인 불교의 수용을 통해 왕실의 권위를 수립하고자 했을 것이기 때문이다. 끝으로 신라『국사』편찬의 목적에서 알 수 있듯이 군주의 통치행위에 대한 내용을 생각해 볼 수 있다. 이와 관련해서는 주로 근초고왕대 중앙집권적 통치체제의 수립과 대외팽창 과정에서 제고된 국가적 위상을 대내외적으로 과시하는 내용들로 구성되었을 것이다.

결국『서기』의 편찬은 근초고왕대 초고계 직계로의 왕위계승권 확립과 중앙집권적 전제왕권의 수립을 통한 王者의 초월적 위치를 대내외적으로 공표하고자 한 의도에서 이루어진 것으로 이해할 수

---

96) 이러한 문제는 근초고왕이 比流王의 장자가 아닌 第2子로 기록되고 있는 점으로 보아 비류왕과는 이질적인 집단이었을 가능성이 있다고 하는 견해(金杜珍, 앞의 논문, p.21)와 관련시켜 주목된다. 필자는 근초고왕이 比流王과 이질적인 집단이라기 보다는 같은 肖古系 내에서 家系를 달리했을 것으로 생각한다. 다만 근초고왕이 王位繼承上에 있어 최우선권자는 아니었으며, 그의 王位繼承은 실력에 의해 이루어졌을 가능성이 크다.

97) 金杜珍, 「古代人의 信仰과 佛敎受容」, 『한국사』 2, 1984, pp.304~305.

있겠다.

2. 지방통치조직과 지방지배

중앙집권적 통치체제로의 이행은 곧 지방의 존재를 부각시키게 되며, 아울러 이들 지방에 대한 효율적인 통제방식을 필요로 한다. 이로 인해 새로운 지방 통제방식이 나타나고, 이들 지역에는 지방관의 파견이 이루어지게 된다. 따라서 4세기 백제 지방통치조직에 대한 문제는 중앙 통치체제와 함께 검토될 필요가 있다고 하겠다.

백제 지방통치와 관련된 문제는 백제사 가운데서도 가장 많은 관심의 대상이 되어 온 주제중의 하나이다. 그 결과 현재 많은 연구성과가 축적되어 개략적이나마 백제 지방통치의 변화과정을 그려볼 수 있게 되었다.98) 그렇지만 여전히 관련사료의 부족으로 명확한 해명을 얻고 있지는 못한 실정이며, 이는 대부분의 연구자들로 하여금 동일 사료에 대해서조차 전혀 다른 해석상의 차이를 도출해 내게 하고 있다. 이로 인해 지방통치제도의 성립시기 및 통치방식 등에 있어서 각기 다른 방식의 이해를 가지게 되었다.

현재 백제의 지방통치조직은 크게 3단계로 변화하고 있는 것으로 이해되고 있다. 즉, 部城村制(혹은 部制) - 檐魯制 - 方郡城制로의 이행이 그것이다. 그러나 지방통치조직에 대한 분명한 기록은 「양

---

98) 백제의 지방통치체제와 관련된 최근의 연구성과로 4편의 박사학위 논문과 2편의 단행본을 들 수 있다.
金英心, 「百濟 地方統治體制 硏究」, 서울대대학원 박사학위논문, 1997.
朴賢淑, 「百濟 地方統治體制 硏究」, 고려대대학원 박사학위논문, 1997.
金起燮, 「百濟 漢城時代 統治體制 硏究」, 한국정신문화연구원 한국학대학원 박사학위논문, 1997.
李鎔彬, 『百濟 地方統治制度 硏究』, 서경, 2002.
충남대 백제연구소, 『백제의 중앙과 지방』, 1997.
한국상고사학회, 『백제의 지방통치』, 1998.

직공도」및『양서』에 보이고 있는 담로가 가장 이른 시기에 해당된다. 담로제는 웅진시대에 실시되었던 지방통치조직이었으며, 처음 나타난 시기는 소급되어도 대개 근초고왕대를 넘지 못하는 것으로 이해되고 있다. 따라서 한성시대 지방통치조직을 살펴보기 위해서는 담로제가 실시되기 이전의 지방통치조직의 형성 및 그 성격에 대한 검토뿐만 아니라 담로제로의 이행시기에 대한 검토가 필요하다.

본절에서는 4세기 백제 지방통치조직이 어떠한 형태로 조직·운영되고 있었는가 하는 문제를 살펴보는 것이 목적이다. 그러나 연구사에 대한 검토를 통해서도 알 수 있듯이 4세기만을 통해서는 이를 살펴볼 수 없으며, 백제 지방통치조직의 전반적인 변화과정 속에서 4세기 지방통치 방식에 접근할 수 있을 것으로 생각된다.

1) 부성제의 운영과 변화

4세기 지방통치조직은 部體制 또는 部城村制에서 檐魯制로 이행하는 것으로 이해되고 있다. 4세기의 지방조직을 부제 또는 부성촌제로 이해하는 근거는 다음과 같다. 먼저, 부체제는『삼국사기』초기기록에 보이고 있는 동·서·남·북 등의 방위명이 붙어있는 부를 지방 분정의 행정단위로 보는 견해이다.[99] 그리고 部城村制는 기록에 나타난 부명에 더하여 [광개토왕릉비문]에 기록된 고구려에 의해 공파된 58성 700촌에 대한 내용에서 성·촌까지를 지방통치조직으로 이해하는 것이다.[100]

---

99) 朴賢淑,「百濟 初期의 地方統治體制 硏究」,『百濟文化』20, 1990, pp.23 ~27.
100) 李道學,「漢城 後期의 百濟 王權과 支配體制의 整備」,『百濟論叢』2, 1988, pp.302~307.
金起燮, 앞의 논문, pp.189~218.

그러면 먼저 지방통치조직인 部의 성립과정을 살펴보기로 하겠다. 백제초기에 나타나고 있는 부는 『주서』[101] 등 중국 사서에 보이고 있는 王都의 행정구역으로서의 5부와는 성격을 달리하는 것으로 지방통치조직으로서의 기능을 가지고 있는 것이다.

마한 54국 가운데 한 소국으로 출발한 백제는 주변 여러 소국들을 복속해 가는 과정에서 이들 제세력을 중앙의 지배체제하에 어떠한 방식으로 편제할 것인가 하는 문제가 가장 큰 과제 가운데 하나였을 것이다. 특히 일 소국적인 단계에서는 무력에 의한 복속보다는 정치적 타협을 통한 연맹의 형성이라는 측면을 중시할 수밖에 없다. 이러한 과정에서 자연스럽게 나타난 것이 바로 각 정치단위를 구성하고 있었던 지방세력의 존재를 인정하는 연맹체적인 정치형태였다. 그리고 이들 제세력을 편제하는 과정에서 부제적 지방 지배체제가 출현하였던 것으로 생각된다.

다음은 『삼국사기』 백제본기에 나타나고 있는 부의 설치기록이다.

F - 1. 分國内民戸爲南北部(『三國史記』 23, 온조왕 31년)
  2. 加置東西二部(위의 책, 온조왕 33년)

부는 온조왕 31년(13) 남북 2부의 성립을 시작으로, 이어 33년에 동서 2부가 증치되었다. 지방의 구획은 반드시 국가 통치경역이 확정된 후에야 가능하다. 따라서 부제의 출현은 백제에서 경역에 대한 관념이 언제 형성되고 있는가와 밀접한 관계가 있다. 이와 관련하여 온조왕 13년조의 「遣使馬韓告遷都 遂劃定疆場 北之浿河 南限熊川 西窮大海 東極走壤」의 기록이 주목된다.[102] 즉 동·서·남·북의 4

---

101) 『周書』 異域列傳 백제조,「都下有萬家 分爲五部」.
   『隋書』 東夷列傳 백제조,「畿內爲五部」.

부 설치는 온조왕 13년 강역의 설정과 상호 계기성을 가지고 있으며, 위의 영역을 분정하는 방법으로 방위명이 사용되었던 것이다.[103] 따라서 부는 처음부터 영역을 분정하기 위해 인위적으로 사용되고 있다는 점에서 이를 백제 초기의 지방통치 단위의 하나로 보아 무리가 없다고 생각된다.[104]

다만 부의 설치가 온조왕대에 이루어진 것으로 기록되어 있으나 실제는 고이왕대의 집권력 강화과정에서 나타난 현상으로 보아 성립시기를 고이왕 후반기로 보는 견해도 있다.[105] 그러나 '部'라는

---

102) 『三國史記』 23, 온조왕 13년.

그러나 위 내용의 기년에 대해서는 많은 논란이 있으며, 지명비정에도 약간의 이견이 있는 실정이다. 이러한 차이는 지방통치조직의 변화과정 속에서 다시 재검토하기로 하겠다.

103) 백제에서 四方에 대한 의식은 수도를 위례성으로 정할 때부터 나타나고 있으며, 4部의 구획도 四方意識의 발로에서 비롯된 것으로 이해하기도 한다(李基東, 「百濟의 政治理念에 대한 一考察」, 『百濟史研究』, 일조각, 1996, pp.169~171). 한편 위례성의 위치는 하북위례성에서 하남위례성으로 이동하였으며, 하남위례성은 夢村土城(成周鐸, 「漢江流域 百濟初期 城址研究」, 『百濟研究』 14, 1983, pp.127~132), 또는 풍납토성에 비정되어 왔으나 현재 풍납토성이 유력시되고 있다(「백제도성의 변천과 연구상의 제문제」, 제3회 문화재연구학술대회 요지문, 2002, p.5).

104) 千寬宇는 백제본기에 보이는 특정인물의 부소속 표시가 초고왕 49 (214)년조에서 끊어지고 있는 것은 이 원시적인 4部 구획이 도리어 伯濟國 조기에 실재했던 것을 보여 주는 것으로 이해하고 있다(千寬宇, 「三韓考」 제3부, 『古朝鮮史·三韓史研究』, 일조각, 1989, p.313).

105) 盧重國, 앞의 책, p.98.

盧泰敦은 고이왕대를 주목하면서 관제의 정비, 즉 중앙 집권력의 강화에 따라 本紀初에 東部나 北部라는 말로 표현되어진 부족들을 위시해 漢水沿邊의 諸部族들은 慰禮部族이 중심이 되어 강력한 통제하의 고대국가의 주체로서 연맹체를 형성하였는데, 이 때 部가 성립된 것이며, 部名冠稱이 초고왕 때까지 보이는 것은 웅진천도로 인해 소멸된 부족으로서의 部에 대한 관념을 사서 편찬시 후대의 5部·5方 관념을 가지고 部名을 정한 것으로 보고 있다(盧泰敦, 「三國時代의 '部'에 관한 研究」, 『韓國史論』 2, 1975). 金哲埈은 고이왕대 官位와 官名성립에

명칭 자체가 비록 후대 용어를 소급하여 기록한 것이라 할지라도 한성 초기의 행정단위를 나타내던 용어 대신에 사용된 것이라고 한다면 어떠한 형태로든 이미 한성 초기에 지방 행정조직이 있었다고 하겠다. 즉, 한성 초기에 백제와 정치적 연맹관계에 놓여 있었던 지역을 재지기반의 온존과 그들 세력의 정치적 독립성을 인정한 상태에서 중앙의 정치질서 안으로 편제시키는 과정에서 나타난 지역분할적인 행정단위를 지칭하는 용어가 있었을 것이며, '部'는 그 용어를 대신하여 사용된 것으로 볼 수 있겠다.[106] 이는 고구려의 부가 소국이 변화된 것으로 보는 것과 같은 맥락에서 이해를 해야 하며, 백제초기의 부 역시 이전의 소국단계의 변형이라고 볼 수 있는 것이다.[107] 그런데 기록에 나타나고 있는 4부 이외에도 왕도가 위치

상응하여 생겨난 지방편제로 이해하고 있고(金哲埈, 「百濟建國考」, 『百濟研究』특집호, 1982, p.12), 李道學은 백제 部體制를 집권체제가 확립된 이후의 정치체로 파악하기도 한다(李道學, 「百濟 集權國家形成過程 硏究」, 한양대대학원박사학위논문, 1991, pp.61~62).

106) 실제 3세기경에 한강·북한강·남부지역 등에 상당히 공통적인 문화요소들이 보이고 있는 점도 당시 정치적 연맹관계를 생각할 수 있게 한다. 예를 들면, 加平 馬場里住居址를 비롯해 서울 岩寺洞 百濟文化層, 청주 新鳳洞 9號 土壙墓 등에서 출토된 김해식 無文平底廣肩壺의 경우 색조나 기형면에서 서로 연결될 수 있다는 점이다(權五榮, 「初期 百濟의 성장과정에 대한 일고찰」, 『韓國史論』15, pp.38~40). 특히 마장리주거지는 대략 A.D. 200년경으로 비정되고 있어 이들 지역에서 백제초기에 있어 상호 문화적인 연결 뿐만 아니라 정치적인 관계까지도 생각하게 한다.

107) 古爾王 이전까지 유력한 정치세력이 部名을 冠稱한 것은 이러한 사실을 보여 주는 遺習으로 이해할 수 있다. 따라서 초기 部는 지방 행정단위라기 보다는 部族的 성격의 諸勢力을 方位名을 통해 聯盟體制로 통합하는 과정에서 나타난 것이라고 하겠다. 특히 온조왕 41년(23) 右輔에 임명된 乙音을 '族父'로 표현하고 있는 것도 당시 정치세력의 族制的 성격을 보여주는 것이 아닌가 생각된다.

部의 성립을 樂浪·靺鞨 등의 諸外部勢力의 압력과 새로이 편입된 馬韓 지역에 대한 원활한 통제를 위해 이루어진 지방 통치방식으로 이해하는 견해도 있다(朴賢淑, 앞의 논문, 1990, pp.23~27). 이는 백

한 부분을 중부로 하여 5부가 성립되었을 것으로 이해하기도 한다.[108] 그러나 왕도지역을 중부로 기록한 예가 보이지 않을 뿐만 아니라 왕도인을 기록할 때에는 한성인으로 기록하고 있으며,[109] 또한 사비시대 지방통치조직으로 5방제가 실시된 경우에도 중방이 왕도가 아닌 古沙城(현 古阜에 비정)였다는 점으로 보아 5부체제보다는 4부체제로 이해하는 것이 타당하다고 생각된다.[110]

다음은 城의 출현배경을 살펴봄으로써 성이 지방통치조직로서의 기능을 가지고 있는가 살펴보기로 한다. 지방통치단위로서 城과 관련하여 주목되는 것이 마한 제소국의 치소와의 관계이다. 『삼국지』 동이전 한조에 의하면 「國邑雖有主帥 邑落雜居 不能善相制御」라고 하여 국읍과 읍락의 존재가 보이고 있다. 여기서 제소국의 중심 치

제초기 部의 성립을 인정할 뿐만 아니라 部가 실질적인 지방통치조직으로서의 기능을 가지고 있었음을 의미하는 것이라고 하겠다.

108) 盧重國, 앞의 책, pp.94~99.

109) 「漢城人家馬生牛」(『三國史記』 23, 온조왕 25년)
「漢城人解忠來告曰」(위의 책 25, 전지왕 원년)

110) 李宇泰, 「百濟의 部體制」, 『百濟史의 比較研究』, 충남대 백제연구소, 1993.
담로관련 기록이 실려있는 『梁書』 백제조와 신라조를 비교 검토해 보면, 백제에는 중앙 행정구역이 확정되어 있지 않았던 것으로 이해할 수 있다.
1. 其俗呼城曰健牟羅 其邑在內曰啄評 在外曰邑勒 亦中國之言郡縣也 國有六啄評五十二邑勒(『梁書』 東夷列傳 新羅條)
2. 號所治城曰固麻 謂邑曰檐魯 如中國之言郡縣也 其國有二十二檐魯 皆以子弟宗族分據之(『梁書』 東夷列傳 百濟條)
즉, 위의 두 사료를 살펴보면 신라의 경우는 그 邑이 在內·在外로 구분되어 있지만 백제의 경우는 그렇지 않다. 신라의 경우 在內가 王京 6部를 의미하는 것으로 볼 수도 있다는 점에서 지방과는 다른 행정구역 즉, 王京으로 볼 수 있다. 그러나 백제는 王城과 地方의 존재만 보이고 있어 王都가 위치하고 있는 지역을 하나의 지방통치조직, 예를 들면 王京과 같은 특별 행정구역으로 편제하지 않았음을 알수 있다.

소가 국읍였는데, 이곳에 성이 축조되었을 것이다.111)

한편 『삼국사기』의 기록을 통해 성의 존재를 검토할 때, 그 기록
은 온조왕대부터 찾아지고 있다. 먼저 성의 출현과 관련하여 온조가
馬首城을 축조하는 과정에서 낙랑태수와의 사이에 오고간 내용이
주목된다. 내용을 보면, 온조가 8년에 마수성을 축조한 것에 대해
낙랑태수가 항의를 하자 온조가 「設險守國 古今常道」라고 하였
다.112) 이를 통해 보면, 백제에서 성의 축조 목적은 변방 및 요충지
의 방비를 위한 것이었음을 알 수 있다. 이 외에도 백제 전시대를
걸쳐 25차례의 축성기록이 나타나고 있는데, 대부분 적의 방비를 위
한 축성임을 알 수 있다. 따라서 초기 성은 주로 외적의 방어를 위
해 축조되었으며, 인위적인 행정단위로서 출발하지는 않았던 것으
로 생각된다. 그러나 성이 방어를 목적으로 축조되었지만 일정한 영
역을 방비하게 되면서 자연스럽게 일정 영역을 포괄하는 행정단위
적인 명칭으로도 사용되게 되었을 것이며,113) 중앙중심의 통치체제

---

111) 그런데 『三國志』 동이전 한조 서두에는 「各有長帥 大者自名爲臣智 其
次爲邑借 散在山海間 無城郭」라고하여 성곽이 없는 것으로 기록되고
있으나, 말미에는 다시 「其國中有所爲及官家使築城郭」이라고하여 성
곽이 존재하였을 가능성을 보여주고 있어 차이를 보이고 있다. 그러나
이 내용은 전자는 '各有長帥'를 이어 기록된 것으로 보아 치소로서의
都城을 의미하며, 후자의 경우는 방어성으로서의 城郭을 의미하는 것
으로 이해할 수 있다. 따라서 백제에 편입된 중심치소에 대해서는 백
제에 의해 별도의 성이 축조되었을 가능성이 있다.

112) 『三國史記』 23, 온조왕 8년, 「築馬首城 竪甁山柵 樂浪太守使告曰 頃者
聘問結好 意同一家 今逼我疆 造立城柵 或者其有蠶食之謀乎 若不渝舊
好 隳城破柵 則無所猜疑 苟或不然 請一戰以決勝負 王報曰 設險守國
古今常道 豈敢以此有渝於和好宜若執事之所不疑也 若執事恃强出師 則
小國亦有以待之耳」.

113) 盧重國, 「漢城時代 百濟의 地方統治體制」, 『변태섭박사화갑기념논총』,
1985. p.174. 그리고 城을 축조하기 위한 人力의 動員範圍 및 城의 維
持를 위한 物資의 조달을 담당한 村落들이 자연스럽게 城의 통제력하
에 놓이게 되었을 것이며, 유사시에는 軍役動員의 단위로서의 기능도
함께 있었을 것이다. 이는 중앙집권적 통치체제가 확립된 경우에는 모

가 마련되면서부터는 이들 성을 중심으로 지방통치조직이 짜여지게 되었을 것이다.

그러면 언제부터 성이 통치조직으로서의 성격을 갖기 시작했을까? 이와 관련하여 온조왕 26년조의 기록이 주목된다. 온조왕은 마한 복속시 항복하지 않았던 원산·금현의 2성이 이듬해 항복하자 이들 성민을 한산의 북쪽에 사민을 시켰다.[114] 그런데 온조왕 34년 마한의 옛 장수였던 주근이 우곡성에서 반란을 일으키고 있다.[115] 우곡성의 위치는 분명하게 알 수 없지만 다루왕 29년 동부에 명하여 우곡성을 축조,[116] 말갈세력을 방비한 사실을 통해 한성의 북쪽에 위치하고 있었던 것으로 보인다. 그리고 牛谷城에서 반란을 일으킨 주근은 온조왕 27년 원산·금현 2성의 사민집단의 대표적 인물이었던 것으로 생각된다. 반란을 일으킨 원인은 아마도 그들의 신분적인 처우문제에 기인했을 가능성이 크다. 그렇다고 한다면 이들은 일반민들과는 다른 신분적 위치에 있었을 것이며, 따라서 우곡성이

든 物資 및 人力의 動員이 중앙에 의해 통제되었을 것이나 그렇지 못한 상황에서 城의 유지는 주변 村落에 의존할 수밖에 없었을 것이며, 이러한 과정에서 城을 중심으로 하여 일정 영역에 대한 통제력을 행사할 수 있었을 것이다.

114) 『三國史記』23, 온조왕 27년, 「二城降 移其民於漢山之北 馬韓遂滅」.
　　이 때 사민의 대상이 2城民에 한정된 것으로 기록되고 있으나 2城의 항복으로 인해 마한이 드디어 멸망했다고 한 것으로 보아 온조왕 26년 國邑 병합시 마한의 지배계층이 2城을 근거로 저항했던 것으로 보인다. 따라서 圓山·錦峴 2城의 항복은 곧 마한 지배세력의 항복을 의미하는 것이 아닌가 생각된다.

115) 『三國史記』23, 온조왕 34년, 「冬十月 馬韓舊將周勤據牛谷城叛 王躬帥兵五千討之」.

116) 『三國史記』23, 다루왕 29년.
　　그런데 牛谷城의 명칭이 이미 온조왕 34년에 보이고 있어, 성의 축조와는 40년의 차이가 있다. 이는 온조왕 34년에 보이는 우곡성은 통치단위로서의 城이었음에 비하여 다루왕 29년의 우곡성은 말갈을 방비하기 위해 축조한 방어성이었던 것으로 이해된다.

사민된 구마한인들에 의해 형성된 특별구역으로서의 성격을 가지고 있었음을 의미한다.117) 또한 기루왕 32년 및 구수왕 16년에는 말갈이 우곡성에 침입하여 백성들을 약탈하였음이 기록되어 있다.118) 그런데 이 때 우곡성에 대한 용어가 '牛谷' 또는 '牛谷界'로 기술되고 있다. 이는 우곡성이 단지 산성내지는 성곽으로서의 기능을 한 것이 아니라 우곡성에서 관할하는 일정한 행정범위를 포괄하여 가리키고 있음을 보여준다.119)

다음은 [광개토왕릉비문]의 내용을 통해서 성이 일정한 영역을 포괄하는 존재 즉, 지방통치조직으로서의 기능이 있었음을 알 수 있다. 비문의 내용을 보면 「守墓人烟戶」를 差定함에 있어서 성을 기준으로 하고 있는데, 이는 성이 단순히 군사적 목적만이 아닌 일정한 행정단위로서의 기능을 가지고 있었음을 보여준다. 물론 [광개토왕릉비문]에 보이고 있는 58성이 모두 행정단위로서의 성이 아니었다고 하는 점은 성의 1차적 축조 목적에 비추어 보면 충분히 짐작

---

117) 그런데 東部勢力이 있었음에도 불구하고 동부지역에 徙民시켰다는 점으로 보아 재지세력의 영향력이 미치지 않는 영역이 있었음을 알 수 있다. 이는 東部 출신세력이 東部 전체를 관할한 것은 아니었음을 의미한다. 즉, 초기의 部名은 方位名을 사용한 관념적 지역분할 용어로서의 의미가 크다는 사실을 보여준다.

특히 반란시 왕이 몸소 5천의 병사를 이끌고 토벌한 것으로 기록되어 있는데, 반란을 진압하는데 이 정도의 대군을 동원하였다는 것은 반란군의 수가 매우 많았음을 보여준다. 그리고 이들 반란군이 사민된 舊馬韓人였다고 한다면 지배세력을 포함한 상당수의 주민이 사민되었던 것으로 이해된다.

118) 1. 秋七月 靺鞨入牛谷 奪掠民口而歸(『三國史記』 23, 기루왕 32년)

2. 十一月 大疫 靺鞨入牛谷界 奪掠人物 王遣精兵三百拒之(위의 책, 구수왕 16년)

119) 신라의 경우에도 지역단위로서의 城의 존재를 찾아볼 수 있는데, 미추왕 23년(284)의 '諸城', 유례왕 12년(295)의 '城邑' 등이다. 여기에서 '諸城', '城邑' 등은 지역단위를 나타내는 것으로, 州·郡·縣이 제도화되기 이전의 지역단위로 기능하였던 것으로 파악된다.(千寬宇, 「三韓考」, 『古朝鮮史·三韓史硏究』, pp.264~265)

이 된다.[120]

이상의 내용을 통해 볼 때 성은 변방의 방비를 위한 순수한 군사적 목적을 위해 축조된 1차적 의미의 성뿐만 아니라 지방통치단위로서의 성격을 가진 2차적 의미의 성 등 두 가지 형태가 있었음을 알 수 있다.

다음은 村에 대하여 검토해 보기로 하겠다. 신라의 경우 촌은 행정촌과 자연촌으로 구분하여 이해되고 있으나,[121] 백제의 경우에는 대개 자연촌으로 파악되고 있는 듯하다.[122] 백제의 촌에 대해 최초로 기록하고 있는 [광개토왕릉비문]에 보이고 있는 '58城 700村'의 촌도 이러한 측면에서 이해할 필요가 있다고 생각된다. 또한 「守墓人烟戶」 差定時 촌명은 나타나고 있지 않다. 이 점은 촌이 지방통치체제속에 편입된 행정단위로서의 성격이 없는 자연스럽게 형성된 집락단위였음을 보여주는 것이라고 하겠다. 이와 관련하여 참고되는 것으로 [광개토왕릉비문]의 永樂5年 碑麗공격에 대한 내용이다. 광개토왕은 영락 5년에 비려를 공략하여 3부락 6~700영을 공파하였는데, 이 때 '3部落 6~700營'은 자연부락을 기록한 것으로 생각된다.[123] 즉, 고구려가 공파하여 빼앗은 700촌에 대한 기록은 1차적으로 자연촌락을 대상으로 하고 있음을 알 수 있다. 『삼국사기』의

---

120) [廣開土王陵碑文]에 보이는 '58城'을 고구려 영토에 편입된 지방통치조직을 보여 주는 것일 가능성도 지적되고 있다(李宇泰, 「新羅의 村과村主」, 『韓國史論』 7, 1981, p.83 ; 金周成, 「百濟 地方統治組織의 變化와 地方社會의 再編」, 『國史館論叢』 35, p.38).
  그러나 당시 백제의 경우에도 城이 지방통치단위로서 기능하고 있었다는 점에서 백제의 통치단위 名稱(用例)을 그대로 사용한 것으로 보아야 한다.
121) 李宇泰, 앞의 논문, pp.82~83.
122) 金英心, 「百濟의 城・村과 地方統治」, 제25회 백제연구 공개강좌 발표요지문, 충남대 백제연구소, 1997.2.21, p.7.
123) 「永樂五年 歲在乙未 王以碑麗 不歸□人 躬率往討 過富山 負山 至鹽水上 破其三部落六七百營 牛馬群羊 不可稱數」([廣開土王陵碑文])

기록에서 촌의 용례는 동성왕 11년 '海村人'과 관련하여 처음 나타나고 있는데, 이때까지도 촌이 통치단위로서가 아닌 자연촌으로 존재하고 있었던 것으로 생각된다. 다만 신라가 백제를 멸망시킨 뒤에 백제지역을 행정구역으로 편제하는 가운데 행정단위로서의 촌명이 보이고 있어,124) 동성왕 이후 언제인가 촌이 행정단위적 성격으로 변화되었을 가능성은 추측할 수 있다.

이상의 검토를 통해 볼 때 백제 초기 지방통치조직은 인위적 영역분할인 부와 지방통치의 거점으로서의 기능을 가진 성을 기준으로 할 수 있다. 따라서 部·城體制라고 보는 것이 타당하다. 부가 왕도 이외의 영역을 중앙에 편제하기 위한 지역분할적 성격을 가진 행정단위라고 한다면, 성은 일정지역을 통제하기 위한 통치조직으로서의 실질적 행정단위라고 하겠다.

그러면 부와 성이 어떠한 관계에 있었는지 살펴볼 필요가 있다. 왜냐하면 部城制라고 하면 당연히 성이 부의 하부 행정단위가 되기 때문이다. 그러나 실제 성이 부의 하부 행정단위였음을 알려주는 기록은 보이지 않는다. 즉, 부는 전국을 중앙에 편제시키기 위한 광의의 관념적 지역분할 행정단위라고 한다면 성은 실질적으로 각 지역을 편제하고 통제하기 위한 행정단위였다고 하겠다. 결국 부·성은 상·하 예속적인 행정조직이 아닌 독립적인 지방 편제단위임을 알 수 있다. 아울러 지방통치를 위한 실질적인 행정단위는 성이었음을 의미한다. 그러나 이러한 독립적이고, 지역적인 성격을 가진 성을 통한 지방통치는 사회·경제의 발전과 보다 대규모적이고 장기지속적인 군사활동의 필요성에 의해 지방을 직접 통치할 수 있는 방식으로 변화하지 않으면 안되었다.125)

---

124)『三國史記』36, 지리 3,「井邑縣 本百濟井村 景德王改名 今因之」.
125) 金英心,「百濟 地方統治體制 研究」, 서울대대학원 박사학위논문, 1997, p.114.

그러면 언제, 어떠한 형태로 지방통치조직이 변화했는지 살펴보기로 한다. 部城制는 檐魯制로 변화하였다. 따라서 담로제로의 이행시기에 대한 검토는 곧 부성제의 변화시기를 구명하는 한 방법이 된다고 하겠다.

현재 담로제의 실시시기에 대해서는 다양한 의견이 제기되고 있다. 첫째, 백제건국 초기부터 존재하였다고 보는 견해,[126] 둘째, 근초고왕대를 중심으로 하여 성립된 것으로 보는 견해,[127] 또는 그보다 소급해 보려는 견해,[128] 셋째, 부성촌제를 골자로 하며, 근초고왕대 새로 복속된 금강이남의 지역을 거점성 중심으로 통치한 것을 담로제로 보는 견해,[129] 넷째, 5세기 중엽 즉, 개로왕대를 전후한 시기로 보는 견해,[130] 다섯째, 무령왕대에 비로소 실시되었을 것으로 보는 견해 등이 있다.[131] 그러면 왜 부성제에서 담로제의 변화

126) 李丙燾,『韓國史』고대편, 진단학회, 1959, pp.546~547.
127) 盧重國,「漢城時代 百濟의 檐魯制 實施와 編制基準」,『啓明史學』 2, 1991, pp.16~21.
   金周成,「百濟 地方統治組織의 變化와 地方社會의 再編」,『國史館論叢』 35, 1992, pp.30~41.
128) 朴賢淑,「百濟 初期의 地方統治體制 研究」,『百濟文化』 20, 1990, pp.23 ~27 및「百濟 檐魯制의 實施와 그 性格」,『宋甲鎬敎授停年退任論文集』, 1993, pp.621~627.
129) 李道學,「漢城後期의 百濟 王權과 支配體制의 整備」,『百濟論叢』 2, 1990, pp.307~310. 즉, 한성시대 전기는 部-城-村을 중심으로 하였으며, 한성시대 후기에는 금강 이북지역은 여전히 部-城-村制였으나 복속지는 일부 城에만 지방관을 파견하는 거점 지배방식을 취한 二元的 통치형태를 취했다고 보았다. 이러한 통치방식은 475년 한성함락 이후 붕괴되었으며, 그 과도기적인 통치형태로 성 중심의 담로제가 실시되었다는 것이다.
130) 金英心,「5-6世紀 百濟의 地方統治體制」,『韓國史論』 22, 1990, pp.73 ~90.
   金起燮, 앞의 논문, pp.189~218.
131) 李基白,「百濟史上의 武寧王」,『武寧王陵發掘調査報告書』, 1973, pp.68 ~69.

시기에 대하여 이와 같이 다양한 견해가 제기되고 있을까? 그 이유는 담로제의 실시를 전해주고 있는 사료의 부족과 백제사 연구의 기본자료라고 할 수 있는 『삼국사기』 백제본기에 담로제와 관련된 내용이 전혀 언급되어 있지 않다는 데 일차적 원인이 있을 것이다. 그렇지만 담로제 관련 기록에 대한 면밀한 분석과 당시의 정치변화에 대한 체계적인 이해를 통해 그 변화의 모습을 찾아볼 수 있을 것이다.

다음은 백제사상에서 지방통치제도로서 담로제가 실시되었음을 보여주는 기록이다.

> G - 1. 所治城曰固麻 謂邑檐魯 於中國郡縣 有二十二檐魯 分子弟宗
> 族爲之(「梁職貢圖」 百濟國使)
>
> 2. 號所治城曰固麻 謂邑曰檐魯 如中國之言郡縣也 其國有二十
> 二檐魯 皆以子弟宗族分據之(『梁書』 東夷列傳 百濟條)

내용을 살펴보면, 첫째, 읍을 담로라고 하는데 중국의 군현과 같다. 둘째, 22개의 담로가 있으며, 모두 자제종족을 분거시켰다고 하는 것이다. 담로는 백제어로 드르·다라의 음역으로 성읍을 의미한다.[132] 그리고 중국의 군현과 같다고 하는 점으로 보아 지방통치조직[133]이라는 사실과 전국에 22개가 분치되어 있었음을 알 수 있다. 또한 治城을 古麻라고 한 것을 통해 시대적 상황이 웅진시대였음을

鄭載潤, 「熊津·泗沘時代 百濟의 地方統治體制」, 『韓國上古史學報』 10, 1992, pp.514~517.

132) 李丙燾, 「風納里土城과 百濟時代의 蛇城」, 『韓國古代史研究』, 1976, p.506.
백제가 馬韓 諸小國을 복속해 가는 과정에서 이들 지역을 다스리는 데 있어서 城을 중심으로 하였으며, 그 治城을 담로라고 보기도 한다 (兪元載, 「『梁書』 「百濟傳」의 檐魯」, 『百濟의 中央과 地方』, 충남대 백제연구소, 1997, pp.100~112).

133) 성을 중심으로 하는 지방통치조직이었다고 한다(金周成, 앞의 논문, p.30).

추정할 수 있게 한다.[134]

그러면 지방제도로서의 담로제가 처음 실시된 시기는 언제이며, 실시배경은 무엇일까? 담로제가 실시되기 이전에 지방은 부성제에 의해 편제되어 있었음은 앞에서 검토하였다. 部는 비유왕 2년까지 기록에 분명하게 나타나고 있다. 물론 동성왕 12년(490)에도 북부명이 보이고 있으나, 이 때는 이미 한강유역을 상실한 이후이므로 웅진 북부지역을 지칭하는 막연한 표현에 지나지 않는다고 하겠다. 따

---

134) 固麻城이 大城, 즉 수도에 대한 일반적 지칭일 가능성이 있다는 지적도 있으나 (山尾幸久, 「朝鮮三國の軍區組織」, 『古代朝鮮と日本』, 1974, p.162) 固麻가 공주의 古名이므로 웅진시대로 이해하는 데 큰 문제는 없을 듯하다.
　「梁職貢圖」는 蕭繹이 荊州에 온 외국인의 용모 풍속을 관찰하고, 京師 建康에만 오고 荊州까지는 오지 않은 데 대하여는 별도로 사람을 보내서 조사시켜서 편찬한 것이라고 한다. 그리고 그 작성연대는 526년에서 539년으로 추정되고 있다(李弘稙, 「梁 職貢圖 論考」, 『韓國古代史의 研究』, 1987). 『梁書』는 唐 太宗 貞觀 3~10년(629~636) 사이에 姚思廉이 撰한 것으로 梁朝 4代(502~557) 56년간의 正史이다. 따라서 『梁書』가 「梁職貢圖」의 내용을 참고하여 서술했음을 알 수 있다. 그런데 『梁書』에서 담로에 관한 내용은 梁 普通 5년(523)과 中大通 6년(534) 사이에 기록되고 있다. 따라서 담로에 대한 내용은 526년에서 534년 사이에 기술되었을 가능성이 크다.
　그렇다고 해서 「梁職貢圖」의 내용이 526~534년의 백제 사정을 보여주는 것은 아니다. 「梁職貢圖」가 기록하고 있는 내용의 시점을 파악해 볼 수 있는 것으로 다음이 참고된다.
　1. 旁小國有叛波·卓·多羅·前羅·斯羅·止迷·麻連·上己文·下枕羅等附之(「梁職貢圖」)
　2. 以己汶·滯沙 賜百濟國(『日本書紀』 17, 繼體紀 7년 11월)
　위의 내용을 검토해 보면, 우선 사료 1의 上己文은 사료 2의 己汶에 해당된다. 그리고 사료 2는 이들 지역이 백제에 귀속된 사실을 보여주는 것이다. 따라서 사료 1의 上己文이 백제에 附庸했던 시기는 이 지역이 백제에 편속되는 사정을 보여주는 사료 2보다 앞선 시기여야 하며, 결국 그 하한은 무령왕 13년(513) 이전으로 볼 수 있다. 즉, 「梁職貢圖」의 내용은 『日本書紀』 繼體紀 7년인 무령왕 13년을 그 하한으로 하고 있으나, 상한은 분명하지 않다.

라서 부성체제의 변화시기는 비유왕 이후에서 찾을 수 있다. 이 때 주목되는 기록이 『일본서기』 인덕기 41년조이다.

春三月 遣紀角宿禰於百濟 始分國郡疆場 俱錄鄕土所出」(『日本書紀』 11, 仁德紀 41년)

『일본서기』 인덕기 41년은 보정연대로 473년 즉, 개로왕 19년에 해당된다. 이 기록을 근초고왕대의 사실로 이해하는 입장에서 근초 고왕대 담로제가 실시된 것으로 이해하기도 한다.[135] 그러나 『일본 서기』의 내용 가운데 웅략기 20년(476) 이전의 기록은 2周甲(120 년) 인하해 보아야 하며,[136] 위의 기록도 마찬가지라고 하겠다. 따라서 기록의 시점을 2주갑 인하하여 개로왕 19년(473)에 해당시키 는 것이 타당할 듯하다.[137] 다만 '始分'에 의미를 둘 경우 백제 지 방통치체제가 개로왕대에 와서야 비로소 성립되었던 것으로 이해할 소지도 있다. 실제 백제가 개로왕대에 와서야 비로소 '國郡疆場'을 나누어 지방통치조직을 마련했다고 하는 것은 성립하기 어렵다는 점에서 이 기록을 기년의 조정없이 근초고왕대의 사실로 이해하는 근거가 되기도 한다.[138] 그러나 『일본서기』에서 紀角宿爾[139]를 파

---

135) 盧重國, 「漢城時代 百濟의 檐魯制 實施와 編制基準」, 『啓明史學』 2, 1991, p.20.
136) 李丙燾, 「百濟七支刀考」, 『韓國古代史硏究』, 1976, p.518.
137) 金英心, 「5~6世紀 百濟의 地方統治體制」, 앞의 책, pp.84~85.
    金起燮, 「百濟 漢城時代 統治體制 硏究」, 1997, pp.200~201.
138) 盧重國, 앞의 논문, pp.19~20.
139) 紀角宿禰를 『古事記』 中卷 孝元條에 보이는 木角宿禰로 보아 이를 木 氏로 이해하면서 百濟系 倭人의 선조가 본국 백제에 있었을 때의 사 실을 倭地 이주후에 백제로 건너와서 한 것인 양 기술한 것으로 보기 도 하나(千寬宇, 「三韓攷」 제3부, 앞의 책, p.264) 그 실제를 확인하기 어려우며, 『日本書紀』 仁德紀 41년의 내용을 기년 조정없이 근초고왕 대로 보았다는 점 등은 문제로 지적될 수 있겠다. 또한 紀角宿禰는

견하여 백제의 國郡疆場을 나누었다고 기록한 것이 윤색에 의한 것이 듯이 '始分' 역시 윤색되어 부가된 내용으로 보아야 할 것이다. 결국 인덕기 41년조의 기록에서는 단지 개로왕대 지방을 새롭게 편제하여 그 동안 실시되지 않았던 각 지방에서 생산되는 특산물에 대한 것을 처음으로 기록하게 하였다는 내용만을 받아들일 수 있지 않을까 한다.

다만 새로운 지방통치제도가 마련된 이유에 대해서는 밝히고 있지 않으나 대고구려전의 지속적인 수행과 개로왕대 대토목공사 등으로 인해 인적·물적기반을 확보하기 위한 필요성에서 비롯되었을 것이다. 즉, 직접지배 영역의 확대를 통한 주민의 확보와 조세수익의 증대를 꾀하기 위한 것이다. 이를 위해 근초고왕대 정치적인 복속이 이루어졌음에도 불구하고 간접지배하에 두고 있었던 지역들을 직접지배로 전환하는 과정에서 지방통치체제에 대한 새로운 변화가

『日本書紀』應神紀 3년조에 진사왕을 폐하고 아신왕을 세우는데 파견된 인물과 同名이나 시기상으로 80년의 차이가 나고 있어 同一人으로 볼 수 없으며, 나아가 그 실제성에 의문을 갖지 않을 수 없다. 千寬宇의 견해대로 이를 木氏의 역사활동으로 이해할 수 있다고 한다면 개로왕대 목씨세력을 등용, 지방통치제도에 대한 대대적인 개편작업이 있었던 것이 아닌가 추측된다. 이러한 점은 당시가 解氏 王妃族時代였음에도 불구하고 개로왕대 해씨의 존재가 보이지 않을 뿐만 아니라 개로왕 4년 宋에 신료 11명에 대한 관작을 요청할 때 8명이 扶餘氏이고, 나머지 異姓貴族 3명중 1명이 沐衿 즉, 木氏였던 것으로 보인다. 만약 沐衿이 木氏라고 한다면 개로왕대 목씨가 다시 정치 전면에 등장하고 있었음을 말해 주는 것이며, 이는 개로왕이 왕권을 강화하는데 王族뿐만 아니라 당시 王妃族으로 권력을 장악하고 있었던 解氏를 배제하고 그와 대립적인 관계에 있었던 木氏세력을 이용하였음을 생각할 수 있게 한다. 아울러 문주가 한성함락으로 인해 남하할 때 木劦滿致 등과 동행하고 있는데, 이는 개로왕대 목씨세력이 다시 정치일선에 복귀하였음을 보여주는 사실이다(盧重國, 「百濟의 貴族家門 硏究」, 『大邱史學』48, 1994, pp.22~24. 그리고 당시 해씨세력의 동향에 대해서는 姜鍾元, 「百濟 漢城時代 政治勢力의 存在樣態」, 『忠南史學』9, 1997, pp.20~28가 참고된다).

일어나게 되었으며, 그것이 바로 담로제였던 것이다.

그런데 담로에 자제종족을 파견하였다고 한다. 새로운 지방제도의 마련과 함께 자제종족이 파견되었다고 하는 점은 왕족의 정치적 입지 강화와 밀접한 관련이 있다. 각 지방에 왕의 측근인 왕족을 파견하였다는 점은 이들 지역을 직접 지배하에 두고자 한 의도에서 나타난 결과이기 때문이다. 이와 관련하여 다음의 기록이 주목된다.

> H-1. 慶遣使上表曰「臣國累葉 偏受殊恩 文武良輔 世蒙朝爵 行冠軍將軍右賢王餘紀等十一人 忠勤宜在顯進 伏願垂愍 竝聽賜除」 仍以行冠軍將軍右賢王餘紀爲冠軍將軍 以行征虜將軍左賢王餘昆・行征虜將軍餘暉竝爲征虜將軍 以行輔國將軍餘都・餘又竝爲輔國將軍 以行龍驤將軍沐衿・餘爵竝龍驤將軍 以行寧朔將軍餘流・麋貴竝爲寧朔將軍 以行建武將軍于西・餘婁竝爲建武將軍」(『宋書』東夷傳 백제조)
> 2. 謹遣私署冠軍將軍 駙馬都尉弗斯侯 長史餘禮 龍驤將軍 帶方太守 司馬張茂等投舫波阻(『魏書』列傳88 백제조)

위의 사료 H-1은 개로왕 4년(458) 신료 11명에 대한 관작을 송에 요청하는 내용이다. 이 가운데 8명이 왕족과 같은 부여 성을 가진 사람이고 3명만이 이성 출신이다. 물론 중국 왕조와의 외교상의 필요에 의해 일반 귀족들이 왕족의 성을 사용했을 가능성도 지적되고 있으나,[140] 3명의 이성 귀족이 보이고 있다는 점에서 이를 받아들이기 어렵다. 11명의 관작 신청자 중에 왕족이 8명이라는 사실은 왕족의 정치적 입지가 매우 강화되었음을 의미하는 것으로,[141] 이러한 당시의 정치상황이 22담로에 자제종족이 파견될 수 있는 환경

---

140) 井上秀雄,「百濟貴姓에 대하여」,『百濟研究』특집호, 1982, pp.51~52.
141) 개로왕대 再曾桀婁・古尒萬年 등의 고구려 망명(「桀婁 萬年本國人也 獲罪逃竄高句麗」(『三國史記』25, 개로왕 21년) 및 解氏勢力의 약화 등은 王族의 세력강화와 밀접한 관련을 맺고 있었던 것으로 보인다.

을 마련해 주었던 것이다.[142]

또한 사료 H-1에서의 右賢王·左賢王을 비롯해 H-2에는 弗斯侯 및 太守職이 보이고 있다. 즉, 개로왕대 王·侯·太守制가 시행되었음을 보여주는 것으로, 이는 대왕권을 전제로 한 유력한 지배세력간의 신분적 체계를 서열화함으로써 왕권의 전제화를 도모하고자한 것으로 이해되고 있다.[143]

담로제가 王·侯制와 밀접한 관련이 있다는 견해는 동성왕 12년(490) 및 17년(495) 남제에 대한 작위요청에 대한 기록과 관련하여 주목된다.[144] 내용을 살펴보면, 490년에는 面中王 姐瑾은 都漢王, 八中侯 餘古는 阿錯王, 餘歷은 邁盧王, 餘固는 弗斯侯의 관작을, 495년에는 沙法名은 邁羅王, 贊首流는 辟中王, 解禮昆은 弗中侯, 木干那는 面中侯의 관작을 요청하여 제수받고 있다. 이 때 왕·후호가 지역명을 관칭하고 있어 이를 지방통치와 관련하여 이해할 수 있는

---

142) 그러나 22담로 모두에 中央으로부터 子弟宗族이 파견되지는 않았던 것으로 보인다. 이는 益山 笠店里古墳과 羅州 新村里9號墳에서 출토된 金銅冠 등의 부장품을 통해서 볼 때, 이들은 재지수장층였을 것으로 보여지기 때문이다. 이들은 상당히 독립적인 정치세력을 형성하고 있었던 것으로 보이며, 이러한 점은 지방통치조직으로서의 담로제가 가지는 한계로 지적될 수 있다. 따라서 왕권이 보다 강화되는 시점에 이르게 되면 담로제 또한 변화하지 않을 수 없었을 것이다.

143) 坂元義種, 『古代東アジアの日本と朝鮮』, 吉川弘文館, 1978, p.67.
梁起錫, 「五世紀 百濟의 「王」·「侯」·「太守」制에 對하여」, 『史學硏究』 38, 1984, pp.64~65.
李道學, 앞의 논문, pp.297~299.

144) 1. 寧朔將軍 面中王姐瑾 歷贊時務 務功立列 今假行冠軍將軍 都漢王 建威將軍 八中侯餘古 弱冠輔佐 忠效夙著 今假行寧朔將軍 阿錯王 建威將軍餘歷 忠款有素 文武列顯 今假行龍驤將軍 邁盧王 廣武將軍餘固 忠效時務 光宣國政 今假行建威將軍 弗斯侯(『南齊書』 東夷傳 백제조)
2. 今假沙法名爲征虜將軍 邁羅王 贊首流爲行安國將軍 辟中王 解禮昆爲行武威將軍 弗中侯 木干那前有軍功 又拔臺舫 爲行廣威將軍 面中侯 伏願天恩特恕聽除(위의 책, 東夷傳 백제조)

근거를 제공하여 주고 있기 때문이다.145) 이로 인해 이들 지역에

145) 이들 지명에 대한 비정을 보면, 弗斯는 比斯伐(전주) 또는 天沙(승주
樂安), 都漢은 豆肹(나주 多侍) 혹은 豆肹(고흥 豆原), 面中은 武珍
(광주), 八中은 發羅(나주) 혹은 半奈夫里(나주 潘南), 阿錯은 阿次
(壓海 신안), 邁盧(邁羅)는 馬西良(옥구) 혹은 馬斯良(장흥 會寧), 弗
中(혹은 弗斯)는 分嵯(보성), 辟中은 碧骨(김제) 등 주로 전라남·북
도에 비정되거나(末松保和, 『任那興亡史』, 吉川弘文館, 1961, pp.109~
114), 또는 당진(弗斯·弗中)·논산(都漢)·공주(八中)·완주(阿錯)·
옥구(邁盧·邁羅)·김제(辟中) 등 충남·전북 등지에 비정되고 있다
(千寛宇, 「馬韓諸國의 位置試論」, 『古朝鮮史·三韓史研究』, 일조각,
1989, p.381). 이들 지명이 주로 충남·전북지역에 해당되고 있는 것
은 한강 이북지역은 이미 고구려에 의해 점령되었으며, 전남지역은 재
지세력을 담로로 임명하였기 때문였던 것이 아닌가 생각된다. 또한 22
담로가 설정되었으나 10여 곳의 지명밖에 나타나고 있지 않은 것은
이들 지역은 중앙에서 子弟宗族을 파견했던 지역만을 기록한 것이고,
그 외 다른 지역은 재지세력 가운데서 담로의 장을 임명하였기 때문
으로 생각된다.(실제 益山 笠店里古墳 및 羅州 新村里 9號墳 출토 금
동관의 예를 통해 피장자의 신분이 상당히 독립적였음을 알 수 있다.
그러나 한편으로는 입점리고분이 횡혈식석실분였다는 점과 신촌리 9
호분 출토 環頭大刀 및 飾履가 중앙적인 요소를 가지고 있었던 점(李
南奭, 『百濟 石室墳 研究』, 학연문화사, 1995, p.493)에서 이들 존재를
중앙과 완전히 분리된 독자적인 세력으로 볼 수는 없다.)
　　이 가운데 邁羅가 부여 궁남지 출토 목간에 보이고 있는 「邁羅城
法利源」(崔孟植·金容民 「扶餘 宮南池內部 發掘調査槪報」, 『韓國上古
史學報』 20, 1995)의 邁羅와 동일지명이라고 한다면 이는 보령군 남
포에 비정될 가능성이 있다(『三國史記』 37, 지리4). 그렇다고 한다면
관작명에 나타나고 있는 지명은 백제 전역에 걸쳐 분포하고 있었을
가능성이 크며, 또한 실제 이들 지역에 파견되었던 것으로 볼 수 있
다. 또한 昇明 2년(478) 倭王 武가 宋에 보내는 上表文에서 「道遙百濟
裝治船舫」(『宋書』 倭國條 順帝 昇明2年)이라고 하여 백제지역에 들러
배를 수리한다고 하고 있는데, 여기서 백제는 전라도 남해안 지역의
백제영토를 의미하며, 따라서 남해안까지 백제의 영역화가 이루어졌
음을 알 수 있다. 이는 근초고왕대 이들 지역에 대한 지배방식이 간접
지배였던 것에서 직접지배로 전환하였음을 의미하며, 이는 개로왕대
담로제의 실시에서 찾을 수 있다. 한편 王·侯制가 웅진으로 천도한
이후 영산강유역을 중심으로 한 전라도 지역에 대한 영유권을 대내적
으로 주장하기 위한 목적에서 비롯된 것으로 이해하기도 하나(田中俊

왕·후를 분봉하여 지방통치를 실시하였다고 보기도 한다.146) 그러나 동성왕 12년에 餘歷이 邁盧王, 餘固가 弗斯侯에 임명되었으나 동성왕 17년에는 沙法名이 邁羅王에, 解禮昆이 弗中(斯)侯에 임명되고 있어 이들이 파견되었다고 생각되는 지역명이 바뀌고 있다. 따라서 이들 지역에 파견된 인물은 분봉된 왕·후로 파악하기 보다는 지방통치조직인 담로의 장으로 이해되어야 하겠다.

■ 부여 궁남지출토 목간(「邁羅城 法利源」 명문이 남아 있다)

이상에서 부성제에서 담로제로의 이행과정에 대해 살펴보았다. 그 결과 담로제로의 이행시기는 개로왕대임을 알 수 있으며, 따라서 4세기대의 지방통치조직은 부성제였음을 확인할 수 있었다. 그런데 부성제가 성립되어 개로왕대 담로제로 변화하기까지는 상당히 오랜 기간을 경과하고 있다. 특히 이 과정에서 많은 정치적 변화를 거치고 있다. 따라서 부성제에 의한 지방 지배방식이 시종일관 동일했다고는 볼 수 없으며, 시기별 변화를 수반하였을 것이다.

明,「熊津時代 百濟의 領域再編과 王·侯制」,『百濟의 中央과 地方』, 1997), 이들 지역이 근초고왕대 이미 백제의 정치적 영향력하에 놓였기 때문에 이를 받아들이기는 어렵다.
146) 末松保和, 앞의 책, pp.109~114.
坂元義種, 앞의 논문, pp.75~79.

■ 익산 입점리고분 출토 금동관

■ 나주 신촌리9호분 출토 금동관(재지수장층의 무덤에서 출토된 것으로 정치적 독립
성을 살펴볼 수 있는 유물이다)

　　다음은 부성제의 시기별 성격변화에 대한 검토를 통해 4세기 지
방지배의 변화양상을 살펴보기로 하겠다. 먼저 『삼국사기』에 나타
나고 있는 관련기록을 보면 다음과 같다.

> I - 1. 北部解婁爲右輔(『三國史記』23, 온조왕 41년)
> 　2. 東部屹于與靺鞨 戰於馬首山西 克之(위의 책, 다루왕 3년)
> 　3. 右輔解婁卒 年九十 以東部屹于爲右輔(위의 책, 다루왕 7년)
> 　4. 右輔屹于爲左輔 北部眞會爲右輔(위의 책, 다루왕 10년)
> 　5. 巡撫東西兩部(위의 책, 다루왕 11년)
> 　6. 王命東部 築牛谷城 以備靺鞨(위의 책, 다루왕 29년)
> 　7. 築赤峴沙道二城 移東部民戶 靺鞨来攻沙道城 不克(위의 책,
> 　　　초고왕 45년)
> 　8. 西部人茴會獲白鹿獻之(위의 책, 초고왕 48년)
> 　9. 命北部眞果 領兵一千 襲取靺鞨石門城 靺鞨以勁騎來侵 至于
> 　　　述川城(위의 책, 초고왕 49년)
> 　10. 徵東北二部人年十五以上 築沙口城 使兵官佐平解丘監役(위
> 　　　의 책 25, 전지왕 13년)
> 　11. 王巡撫四部 賜貧乏穀有差(위의 책, 비유왕 2년)

앞의 사료 I를 보면 부명과 관련하여 다양한 용례가 나타나고 있다. 먼저, 제일 많이 부명이 사용되고 있는 경우는 인명과 함께 사용된 경우이다. 이 때 먼저 나타나고 있는 부는 북부이다. 북부와 관련해서는 해씨와 진씨 등 부명을 관칭하고 있는 인물들이 나타나고 있다. 온조왕 41년 右輔에 임명되는 북부의 해루는 기록을 통해 왕족 이외에 중앙관직에 제일 먼저 등용되고 있다. 그 이유는 해루가 부여인이었다는 사실로 보아 백제 건국세력과 같은 부여족 출신으로서 건국과정에 참여한 결과일 것으로 생각된다. 진씨는 다루왕 10년(37) 眞會가 우보에 임명됨으로써 중앙관직에 진출하고 있다. 그리고 초고왕 49년에는 병사 1천을 거느리고 말갈을 공격하고 있는데, 이 점으로 보아 독자적인 군사적 기반도 가지고 있었음을 알 수 있다.

동부를 기반으로 해서는 흘씨세력이 활동하고 있다. 그들은 주로 말갈과의 전투를 수행하고 있을 뿐만 아니라 성의 축조에도 동원되고 있다. 다루왕 29년에는 우곡성의 축조에 동원되었으며, 초고왕 45년에는 적현·사도의 2성을 축조하고 동부의 民戶를 이주시킨 것으로 보아 이들 성의 축조에도 동부인들이 동원되었던 것으로 생각된다. 서부의 존재는 초고왕 48년 茴會를 통해 확인된다. 그런데 북·동부의 경우와는 달리 흰 사슴을 바치고 있으며, 그 외에 별다른 내용은 보이고 있지 않다. 이는 서부가 일찍부터 중앙세력하에 예속되어 있는 정치적 상황을 반영하는 것으로 이해된다.

그런데 백제 초기의 4부 가운데서 남부는 정치세력의 존재가 보이고 있지 않다. 그렇다면 남부에 편입된 지역은 독자적 세력기반을 가지고 있었던 정치세력이 없었음을 의미하는 것은 아닐까? 즉, 남부는 온조왕 26년 마한세력을 멸망시킨 후에 이들 지역을 중앙에 편제하기 위해 설치한 것으로 생각할 수 있다. 백제는 온조왕 26년 마한의 국읍을 병합하였으며, 27년 4월 마지막으로 圓山·錦峴 2성이 항복해 옴에 따라 드디어 마한이 멸망되었다고 한다.[147] 그리고 두 성의 백성은 수도의 북쪽에 사민되었을 뿐만 아니라 이 곳에 대두산성을 새로 축조하고 있다. 사민정책은 재지세력을 해체시켜 직접통치를 실현하기 위한 것이었으며, 이 때 마한의 지배계층 대부분도 사민되었던 것으로 보인다. 온조왕 34년 마한의 옛 장수이었던 周勤이 우곡성에서 반란을 일으키고 있는데, 주근은 우곡성에 사민된 마한의 지배계층이었던 것으로 파악된다. 그리고 새로운 성의 축조는 복속지역을 직접 통제하기 위한 목적이었던 것으로 생각된다.

그런데 남·북의 2부가 먼저 설치되고, 2년 뒤에 동·서의 2부를 추가로 두고 있다. 남부는 새로 복속된 지역에 대한 효율적인 통제를 위해 설치되었다. 그러나 북부는 재지세력을 중앙의 통치체제속에 편제시킴으로써 북방으로부터의 적의 침략에 효과적으로 대응하기 위한 목적이었던 것으로 생각된다. 백제 초기에는 북쪽에 위치하고 있던 말갈의 침입에 대한 방비가 매우 중요하였는데, 당시의 상황을 온조왕 2년 및 13년 말갈에 대한 대비책을 통해 알 수 있다.[148] 그리고 2년 후에 동·서 2부를 추가로 두었는데, 동부 역시 말갈세력을 견제하는 역할을 하고 있다. 이 때 동부와 북부는 유력한 정치세력들이 재지기반을 토대로 상당히 독립적인 활동을 하고 있는데 비해 남부와 서부는 그렇지 못하다. 즉, 전 강역을 4부로 구획하였지만 각 부의 성격이 같지 않았음을 알 수 있는 것이다. 특히 동·북부는 부를 칭하고는 있지만 중앙과 일종의 연맹적인 관계를 형성하고 있었던 것으로 볼 수 있다.[149] 백제 초기 최고위직이었던

---

147)『三國史記』23, 온조왕 26·27년.
148) 1. 王謂君臣曰 靺鞨連我北境 其人勇而多詐 宜繕兵積穀爲拒守之計(『三國 史記』23, 온조왕 2년)
   2. 王謂君臣曰 國家東有樂浪 北有靺鞨 侵軼疆境 少有寧日 況今妖祥屢 見 國母棄養勢不自安 必將遷國(위의 책, 온조왕 13년)
149) 백제가 직접 복속시킨 마한과 같은 지역은 직접지배 방식을 취하였고,

좌보 및 우보에 왕족을 제외하고 북부와 동부 출신만이 임명되었으며, 남부와 서부 출신은 임명된 예가 보이지 않는 것도 이러한 사실과 무관하지 않을 것이다. 즉, 동·북부 세력을 좌보·우보직에 임명하는 것은 연맹적인 관계를 유지하기 위한 통치운영의 한 단면을 보여주는 것으로 파악된다.[150]

이상에서 인명 앞에 부를 관칭하는 예를 검토해 보았다. 이를 통해 당시 부제는 재지세력 및 복속지역을 중앙질서에 편제하기 위한 목적을 가지고 있었음을 알 수 있다. 특히 각 부의 정치적 위상이 동일하지 않았다는 점에서 부는 재지세력의 정치적 위상을 나타내는 기능까지 가지고 있었던 것으로 보인다.

그런데 고이왕대 등장하고 있는 인물의 인명 앞에는 부명을 관칭하고 있지 않다. 이는 고이왕대 부의 성격에 변화가 있었음을 의미하는 것이다.[151] 그러면 왜 고이왕대 부에 변화가 일어나게 되었을까? 고이왕은 부세력을 중앙의 정치질서에 편제시키려는 시도를 하였는데, 이것이 바로 관제의 실시라고 하겠다. 그는 연맹관계에

지방세력의 존재가 주목되는 지역은 간접지배의 방식을 취하였다고 보는 견해가 있으나(朴賢淑「百濟 初期의 地方統治體制 硏究」,『百濟文化』20, 1990, pp.300~302) 이를 직접·간접통치의 형태로 일률적으로 파악할 수는 없는 문제이다. 다만 4部의 성격이 같지 않았다고 하는 점만은 사실였던 것 같다.

150) 李宇泰도 백제초기의 部를 단위정치체로 파악하면서 연맹체로서의 성격을 지적하였다(李宇泰, 앞의 논문, p.97).

151) 신라의 경우 7세기 후반을 경계로 人名표기시 部名을 附記하던 습관이 사라지고 있다. 이는 6部가 가지고 있던 지방인과의 구별, 部와 部 사이의 大小·上下의 관계라고 하는 종전의 기능을 잃어버리고 단순히 행정구분으로 전화한 것을 의미하는 것으로, 6部의 사회적 기능에 있어서의 중대한 변화로 이해되고 있다(木村誠,「三國期新羅의六部와王畿」,『人文學報』167, 1985).

다만 백제의 部가 지방 행정조직이었던 데 비해 신라의 경우는 왕도의 행정구획였다는 점에서 차이가 있다. 그러나 그 성격의 변화라는 측면에서 충분히 참고 될 수 있다고 하겠다.

있는 정치세력들을 중앙관제에 편제하는 방법을 통해 그들의 독립
적 성격을 약화시키고 왕권을 강화하고자 하였다. 이를 위해 고이왕
7년 좌장직을 비롯해 27년에는 좌평직을 신설하였다.152) 그리고 부
에 재지기반을 두고 있는 세력들을 중앙관직에 임명함으로써 이들
에 대한 효율적인 통제를 꾀하였다.

결국 고이왕대 부명 관칭이 사라지는 것은 부의 독립적 성격이
소멸되어 중앙통치체제내로 흡수됨과 동시에 이제까지 부가 특정
정치세력의 재지기반과 정치적 위상을 대변하였던 것에서 지방의
행정조직으로 변화해 가는 모습을 반영하는 것으로 이해할 수 있
다.153)

그러나 지방통치체제에 본질적인 변화가 시작되는 것은 4세기대
인 것으로 생각된다. 먼저 비류왕대에는 碧骨池를 축조하고 있는데,
이러한 대토목공사는 대규모의 인력을 동원할 수 있는 중앙집권적
통치체제하에서 가능하다. 그리고 김제지방은 당시 백제의 경역에
서 최남단에 해당한 지방였음에도 불구하고 대규모의 토목공사가
실시되었다고 하는 사실은 중앙권력의 침투가 상당히 이루어졌음을
보여주는 것이기도 하다.154) 이어 근초고왕대는 북부에 재지기반을

---

152) 『三國史記』 24, 고이왕 7년 및 27년.
153) 高句麗의 경우에 있어서는 3세기 중엽을 전후하여 지배세력이 那部名
   대신 方位部名을 冠稱하면서 왕권하의 中央貴族으로 전환하고 있다는
   점에서 백제와 다른 면을 보여주고 있다(여호규, 「고구려의 성립과 발
   전」, 『한국사』 5, 국사편찬위원회, 1996, p.36).
      한편, 고고학상에 있어서도 北部와 東部로 비정되고 있는 북한강과
   남한강 유역에 있는 무기단식적석총(즙석식적석묘)이 A.D. 1~2세기
   경에 해당하며, A.D. 3세기 이후로는 編年되지 못한다는 사실(權五
   榮, 「初期百濟의 성장과정에 관한 일고찰」, 『韓國史論』 15, 1986, p.83)
   도 3세기대 각 部의 中央編制 사실을 보여 주는 一例가 아닐까 생각
   된다.
154) 碧骨池 축조시에 동원된 人力의 공간적 범위를 추정해 볼 수 있는 것
   으로 신라 원성왕대의 기록이 참고된다. 즉 「增築碧骨堤 徵全州等七州

두고 있던 진씨가 왕비족이 되면서 중앙 귀족세력으로 완전히 편입되고 있는데,155) 다른 세력들의 경우에도 마찬가지였을 것이다. 그리고 24년(369)에는 大閱시 황색기를 사용하고 있어 일원적인 지휘체계를 확립하였음을 알 수 있다.156) 각 部의 독립적인 군사운용권이 왕권하에 편제되었다고 하는 것은 바로 부의 독립적 성격이 완전히 소멸되었음을 의미하는 것으로 이해할 수 있다. 이는 중앙집권적 통치형태의 표출로 모든 지방들이 중앙의 통치조직내로 편제되었음을 보여주는 것이다.157) 이와 관련하여 근초고왕 28년 독산성주가 300인을 데리고 신라로 달아난 사례가 주목되는데, 관련 기록으로『삼국사기』신라본기 나물니사금 18년조가 참고된다.

百濟禿山城主 率人三百來投 王納之 分居六部 百濟王移書曰 兩國和好 約爲兄弟今大王納我逃民 甚乖和親之意 非所望於大王也 請還之 答曰 民者無常心 故思則來罿 則去 固其所也 大王不患民之不安 而責寡人 何其甚乎 百濟聞之 不復言(『三國史記』3, 나물니사금 18년)

내용을 살펴보면, 근초고왕이 달아난 독산성주를 돌려 보낼 것을 요청하는 과정에서 逃民으로 기록하고 있는 것과 나물왕이 이들을 민으로 표현하고 있는 사실 등으로 보아 이들 대부분이 독산성의

人興役」(『三國史記』10, 원성왕 6년)라고 하여 全州 등 7州人을 役에 동원하였음을 기록하고 있다. 따라서 비류왕대 벽골지의 초축시에도 전국적인 인력의 동원이 이루어졌을 가능성을 생각할 수 있다. 이는 비류왕대 이미 중앙권력이 각 지방에 직접 미치고 있었음을 보여주는 것이다.

155) 姜鍾元, 앞의 논문, pp.8~14.
156) 『三國史記』24, 근초고왕 24년.
157) 이러한 사실은 근초고왕대의 군사 동원능력이 이전에 비해 월등하게 증가되었다는 사실을 통해 확인된다. 즉, 군사의 동원이 10배 이상 증가한 사실은 중앙집권적 통치조직의 성립하에서 가능하였을 것이기 때문이다(朱甫暾,「백제초기사에서의 전쟁과 귀족의 출현」,『百濟史上의 戰爭』, 2000, pp.82~83)

관할하에 놓여 있던 일반민이었음을 알 수 있다.[158] 그런데 이들이 도망한 이유는 중앙의 직접통제에 대한 반발에 따른 결과로 생각된다. 특히 청목령에 성을 축조한 내용에 이어서 기록되어 있는 점으로 보아 축성시 중앙에 의해 이들이 강제로 동원되었거나 또는 이들 민호를 새로 축조한 성으로 이거시키려고 했을 가능성도 생각해 볼 수 있다. 이는 지방의 각 성이 중앙의 직접 통제하에 편제되는 상황을 보여주는 것으로 이해된다. 진사왕 2년(386)에는 고구려의 남진을 저지하기 위해 북방에 관방을 설치하고 있는데, 이 때 국내인 15세 이상자를 징발하고 있다.[159] 이것은 요역이 전국적으로 실시되고 있었음을 의미하는 것으로 기존에 부를 단위로 축성에 동원한 예(사료 I-6)과는 차이를 보이고 있다.

비록 5세기초의 사실이지만 전지왕 13년(417)에는 동·북부의 사람을 징발하여 沙口城을 축조하면서 중앙에서 병관좌평 해구를 파견하여 감독하고 있다(사료 I-10). 이 때 '徵'의 주체는 왕이었으며, 왕의 통치력이 직접 부에 미치고 있었음을 보여준다. 이는 중앙의 각 부에 대한 직접지배가 이루어졌음을 의미한다. 그러나 성의 축조에 성의 상위 지방 편제단위인 부가 있음에도 불구하고 중앙에서 병관좌평이 직접 파견되었던 것은 부가 성의 상위 행정단위로서의 기능을 가지고 있지 않았기 때문이 아닌가 한다.[160] 그렇지만

---

158) 이 때 300인을 병력으로 동원될 수 있는 15세 이상의 성인남자를 지칭한 것으로 이해하면서, 도망한 이유를 근초고왕의 강화된 지방통치책에 대한 불만에서 구하는 견해도 있다(金周成, 앞의 논문, pp.45~47).

159) 『三國史記』25, 진사왕 2년, 「發國內人年十五歲已上 設關防 自靑木嶺 北距八坤城 西至西海」.

160) 部의 성격을 軍事行動 및 巡撫·徭役 관계기사를 통해 지방통치구획의 단위로 이해하는 견해도 있으며(朴賢淑, 앞의 논문, pp.27~30), 또는 일정한 지역 혹은 행정단위적 범위를 지칭하거나 군사단위적 성격을 가지고 있는 것으로 이해하기도 한다(金起燮, 앞의 논문, pp.20

부가 지니고 있었던 지역분할적인 성격은 비유왕 2년(428) 왕이 4부를 순무하면서 가난한 사람들에게 곡식을 나누어주었다는 기록으로 보아 비유왕대까지도 해체되지 않고 온존하고 있었음을 볼 수 있다.161)

이상의 검토를 통해 초기 부의 지역분할적 성격은 고이왕대부터 변질하기 시작했음을 알 수 있었다.162) 그리고 근초고왕대에 오면서 중앙에서 지방을 통제하는 방식이 성을 거점으로 하여 강화되었다. 그러나 진사왕 이후 고구려의 남진으로 한강 이북의 일부지역을 상실하는 등 급격한 정치변화를 맞게 되었다. 그 결과 기존 部·城體制의 지방 통치조직은 주요 거점성을 중심으로 재편되었으며, 그 과정에서 나타난 것이 檐魯制였다고 하겠다. 다만 부의 지역분할적 성격은 비유왕대까지 잔존하였으며, 담로체제로의 전환은 개로왕대 대고구려전의 지속적인 수행과 대토목공사 등 인적·물적기반 확보 과정에서 이루어진 것으로 파악된다.

2) 지방관의 파견

지방통치조직의 구조나 지배방식의 변화만을 통해서 지방통치 문제를 살펴보는 데는 자료의 부족으로 일정한 한계가 있다. 따라서

2~205). 그러나 部의 軍事·徭役단위로서의 기능은 고이왕대 이전까지로 한정되며, 4세기대에 와서는 지역분할적인 단위로서의 기능만을 가지게 되었던 것으로 파악된다.

161) 백제의 4部制는 근초고왕대 일대 팽창을 본 뒤에도 그대로 계속되어 비유왕 3년(439)조에도 「王巡撫四部」라 하여 4部 명칭이 그대로 나오나, 이 시기에 와서는 그 전기와는 달리 점차 4部 귀족세력이 약화되고, 그만큼 왕족세력이 강화되었을 것으로 보기도 한다(金哲埈, 「百濟社會와 그 文化」, 『한국고대사회연구』, 지식산업사, 1982, p.61).

162) 部名冠稱 시기에는 部의 중요성이 강조되었을 것이나, 部名冠稱이 사라진 뒤에는 점차 특정 정치세력인 貴族 個人의 존재가 중시되었던 것으로 보인다.

이를 보완할 수 있는 다각적인 검토가 이루어지고 있는데, 그 중 한 방법이 지방관의 파견문제라고 할 수 있다. 지방통치조직의 정비는 동시에 조직의 운영이라는 측면에서 지방관의 등장과 불가분의 관계에 있기 때문이다. 따라서 국왕을 정점으로 하는 통치조직이 갖추어져 가면서 그와 병행하여 지방관의 파견도 함께 이루어지는 것이 일반적이다.

지방관의 파견과 관련하여 우선 주목되는 것이 사민과의 관계이다. 재지세력을 사민시킨 후에 이곳에는 중앙에서 관리를 파견하여 통치를 담당하였을 것이기 때문이다. 특히 마한세력을 멸한 뒤에 새로 성을 축조하고 있는데,163) 이곳에도 직접지배를 실현하기 위해 지방관을 파견하였을 것이다.

지방관을 직접 파견하지 않은 경우에는 지방에 대한 직접통치를 위해 재지세력을 중앙의 관직 및 관등에 편제시키는 방법을 통해 직접지배를 관철시켜 나갔던 것으로 파악된다. 이와 관련하여 주목되는 것이『삼국사기』백제본기 고이왕 27년조의 관제정비 기록이다. 특히 고이왕은 통치조직의 정비뿐만 아니라 다양한 정치세력을 중앙의 관제에 편제시켜 왕권의 강화를 도모하였으며, 이를 바탕으로 국왕 중심의 남당정치를 행하였다.164)

지배체제의 정비는 책계·분서왕대에 와서는 낙랑 등 중국 군현세력의 간섭으로 부분적으로 타격을 받았지만, 비류왕대에 들어오면서 상당히 안정적인 상태를 보이게 된다. 나아가 비류왕대에는 중앙권력의 지방침투가 기존의 정치적 성격에서 변화하고 있음을 보여주고 있는데, 바로 김제 碧骨池의 축조가 그것이다. 벽골지를 축조하는 데는 대규모의 노동력과 물자가 동원되었다. 이는 중앙권력의 지방침투가 사회·경제적인 측면에서 상당히 진전된 모습을 보

---

163)『三國史記』23, 온조왕 27년.
164)『三國史記』24, 고이왕 28년.

여주는 것이며, 이 지역에 지방관의 파견이 이루어졌을 가능성을 생각하게 한다.[165] 그런데 4세기 지방통치조직은 부·성체제였지만 실질적인 통치의 중심(거점)은 성이었다. 따라서 지방관의 파견도 성을 중심으로 이루어졌을 것이다.

지방관과 관련하여 가장 먼저 나타나고 있는 존재가 성주이다. 성주가 지방관의 명칭으로서 공식적으로 확인되는 기록은 성왕대의 郡令·城主의 내용이다.[166] 그러나 성주의 명칭은 초고왕 39년(204)을 비롯하여 구수왕 3년(216)부터 나타나고 있다. 여기서 초고왕 39년은 신라의 예를 보여주는 것이므로 이를 제외하면 구수왕 3년조에 赤峴城 성주의 존재가 보이고 있다.[167] 그런데 적현성은 초고왕 45년에 축조한 성으로, 축조 후에 동부의 민호를 옮겨 살게 하고 있다.[168] 즉, 적현성은 沙道城과 함께 북쪽의 변방지대로 사람이 거의 살고 있지 않은 지역에 축조한 성이었음을 알 수 있다. 또한 이곳에 말갈의 침략이 있자 왕이 직접 출정하고 있는 사실을 통해 상당히 중요한 군사적 요충지임을 알 수 있다. 따라서 성을 축조한 후 중앙에서 지방관을 파견하였을 가능성이 크다.[169] 그러나 모든

---

165) 이 점은 신라의 경우 道使 파견을 전후하여 대대적인 축성사업이 진행되고 있는 사실과 관련하여 주목된다(朱甫暾, 「新羅 中古期의 地方統治와 村落」, 계명대대학원 박사학위논문, 1996, p.45).

166) 1. 在任那之下韓 百濟郡令城主 宜附日本府 幷持詔書(『日本書紀』 19, 欽明紀 4년 11월)

　　 2. 謂之曰 今余被遣於百濟者 將出在下韓之 百濟郡令城主(위의 책, 欽明紀 5년 2월)

　　 3. 猶於南韓 置郡令城主者 豈欲違背天皇 遮斷貢調之路…若不置南韓 郡令城主 修理防護 不可以禦此强敵 亦不可以制新羅(위의 책, 欽明紀 5년 11월)

167) 『三國史記』 24, 구수왕 3년, 「靺鞨來圍赤峴城 城主固拒 賊退歸 王帥勁騎八百追之 戰沙道城下破之 殺獲甚衆」.

168) 『三國史記』 23, 초고왕 45년, 「春二月 築赤峴 沙道二城 移東部民戶 冬十月 靺鞨來攻 沙道城不克 焚燒城門而遁」.

169) 비록 시기적으로 후대의 사실이지만 실제 城을 축조한 후 官僚를 파

성에 일률적으로 중앙에서 지방관이 파견되지는 않았을 것이다. 근
초고왕대 나타나고 있는 독산성주의 경우는 재지세력일 가능성이
크기 때문이다. 지방민의 이탈을 방지·감독하기 위해 대부분의 성
에 지방관이 파견되었을 것으로 보는 견해도 있으나,[170] 재지세력
을 중앙 관등에 편제시켜 지방관으로 임명한 경우도 있었던 것이다.
다만 중앙에서 파견된 인물, 또는 재지세력 가운데 임명된 인물이던
지 어느 경우를 불문하고 일반적으로 성주라는 칭호로 불렸던 것으
로 보인다.[171] 그런데 당시 성에 파견된 지방관의 공식 명칭이 성
주였는지는 분명하지 않다. 왜냐하면 道使가 성주로도 불리었기 때
문이다.

도사의 명칭은 백제뿐만 아니라 고구려와 신라에서도 보이고 있
으며, 특히 신라에서는 금석문을 통해 확인되고 있다.[172] 백제의 경
우 도사에 대한 내용으로는 다음의 기록이 남아있을 뿐이다.

又有五方 若中夏之都督 方皆建(達)率領之 每方管郡 多者至十 小者
六七 郡將皆恩率爲之 郡縣置道使 亦城名(名城)主(『翰苑』30, 百濟條)

견한 예를 보여주는 것으로 다음이 참고된다.
  1. 秋七月 築沙井城 以扞率毘陁鎭之(『三國史記』 26, 동성왕 20년)
  2. 八月 築加林城 以衛士佐平苩加鎭之…初王以苩加鎭加林城 加不欲往
     辭以疾 王不許 是以怨王 至是 使人刺王 至十二月乃薨(위의 책,
     동성왕 23년)
170) 李道學, 『百濟 古代國家 硏究』, 일지사, 1995, pp.322~323.
171) 金周成은 적현성에 파견된 지방관을 檐魯의 長일 것으로 보기도 한다
     (金周成, 앞의 논문, p.31). 그러나 적현성이 북방 변경지대에 군사적
     목적으로 축성되었다는 점에서 이 때 파견되었을 것으로 추정되는 地
     方官은 檐魯의 長으로 보기 어렵다. 더욱이 담로제는 개로왕대 성립되
     었으므로 이 때 지방관이 파견되었다고 한다면 그것은 城主 즉, 道使
     일 가능성이 크다고 생각된다.
172) 朱甫暾, 앞의 논문, pp.58~68.

『한원』은 唐初에 張楚金이 지은 것으로 일반적인 내용에 있어서 사료적인 가치가 높은 것으로 평가되고 있는데, 위의 사료는 6세기 즉, 사비시대 이후 지방통치조직의 일단을 보여주는 것으로 이해되고 있다. 다만 이 사료를 통해서는 도사의 출현 시점을 알기가 어렵다. 그런데 다행히 고구려와 신라의 사료 가운데 도사에 대한 기록이 보이고 있어 참고된다.

J-1. 又其諸大城置褥薩比都督 諸城置處閭(近支)比刺史 亦謂之道
　　　　使 道使置所名之曰備 諸小城置可邏達比長史(『翰苑』 30,
　　　　高麗條)
　　2. 典事人沙喙 壹夫智 奈麻 至盧弗 須仇休 喙耽須 道使 心訾公
　　　　喙 沙夫 那斯利 沙喙蘇那支(「迎日 冷水里碑」)

사료 J-1의 경우 諸城의 지방관으로 도사의 명칭이 보이고 있는데, 고구려의 경우 늦어도 3세기말 이전에는 등장하였을 것으로 생각되고 있다.[173] 신라에서 도사의 존재가 확인되는 최초의 자료는 제작연대가 503년으로 비정[174]되고 있는 「냉수리비」이다.[175] 그러나 신라에서 도사의 파견은 이미 그 이전인 5세기 후반에 이루어졌을 것으로 소급시켜 보기도 한다.[176] 백제의 도사는 대개 고구려의 영향을 받았을 것으로 이해되고 있으므로[177] 일단 3세기후반 이후에서 구할 수 있다. 이러한 관점에서 도사의 파견이 근초고왕대

---

173) 金壽泰, 「百濟의 地方統治와 道使」, 『百濟의 中央과 地方』, 충남대 백
　　　제연구소, 1997, pp.210~214.
174) 鄭求福, 「迎日冷水里新羅碑의 金石學的 考察」, 『韓國古代史研究』 3,
　　　1990, pp.40~43.
175) 迎日 冷水里 新羅碑와 관련해서는 『韓國古代史研究』 3(迎日冷水里新羅
　　　碑特輯號, 韓國古代史研究會, 1990)이 참고된다.
176) 朱甫暾, 앞의 논문, pp.41~44.
177) 金壽泰, 앞의 논문, p.212.

■ 영일 냉수리신라비(신라에서 道使의 존재가 처음
확인되는 금석문 자료이다)

담로체제의 확립과정 속에서 이루어졌을 것으로 추정되기도 한다.178) 도사의 파견의 처음 이루어진 시기는 구수왕 3년 8월조의 성주에 대한 기록과 관련이 있을 가능성을 염두에 두면서 고이왕 이후 근초고왕대 이전의 어느 시점에서 구하고 있다. 그리고 도사로는 지방 토착세력이 아닌 왕경인이 파견되었을 것으로 보았다.179) 그렇지만 담로제의 실시시기를 개로왕대인 5세기 후반경으로 볼 경우 도사의 파견을 담로제와 관련시켜 설명하기는 어렵다고 하겠다.

그런데『한원』에 의하면 도사는 또한 성주로도 불리고 있어 이들 양자간의 관계에 대한 검토가 아울러 필요하다. 근초고왕 이후 재지세력의 중앙편제에 따라 중요 성에 대한 지방관의 파견이 보편화되었을 것이다. 이 때 중앙에서 일률적으로 파견된 지방관이 도사였으며, 이들이 성을 거점으로 통치를 담당하였으므로 기존의 성주

---

178) 金壽泰, 앞의 논문, pp.213~214.
　　　내용을 살펴보면, 백제 지방통치 방식을 간접지배에서 직접지배라고 하는 단계를 설정하고 실질적인 지방통치는 地方官의 파견에서 비롯된다고 보았다. 그리고 이를 구명하기 위해 道使에 주목하면서, 道使의 파견시기를 담로제의 확립과정 속에서 구하고 있다.
179) 그러나 백제의 경우 王京의 존재는 분명하게 확인되고 있지 않다. 따라서 이 때 파견된 地方官은 중앙세력이거나 또는 중앙에 편제된 지방세력중의 하나로 생각할 수 있겠다.

명칭에 의해 성주로 불렸던 것이 아닌가 한다. 이로 인해『한원』에 도사를 성주로도 기록하게 되었을 것이다. 즉, 도사가 파견되기 이전까지의 지방통치 담당자는 성주였으며, 중앙에서 공식적으로 파견한 지방관이 바로 도사였던 것으로 파악된다.

이상의 검토를 통해 볼 때 중앙에서 지방관을 파견하기 시작한 시점은 사민정책이 실시되고, 성이 축조되는 예를 통하여 확인할 수 있다. 그리고 본격적인 지방관 파견은 4세기 중앙 통치체제의 확립과 군사조직의 일원화 과정에서 찾을 수 있을 것이다. 그런데 지방관은 중앙에서 모두 파견되지는 않았던 것으로 보인다. 이는 근초고 왕대 신라로 망명한 독산성주가 중앙에서 파견된 지방관으로는 생각되지 않기 때문이다. 지방관의 신분은 중앙에서 파견된 경우는 왕족을 포함하여 중앙 관등에 편제된 각부 출신의 유력한 정치세력이었을 것이며, 그렇지 않은 경우에는 재지적 기반을 가진 유력한 토착세력이었던 것으로 이해된다. 다만 구체적인 실상은 자료의 부족 등으로 확인하기에 어려움이 있다.

제 5 장
대외관계의 확대

제 5 장
대외관계의 확대

1. 영역의 팽창

한 국가의 대외팽창 정책은 대개 영토의 팽창·확대라는 측면에서 다루어지고 있다. 그러나 대외적 팽창이 가지는 의미는 단순한 영토확대나 국력의 과시만으로 한정될 수 없으며, 당시의 정치상황을 비롯해 사회·경제적인 부분까지도 포괄하고 있다. 이러한 측면에서 4세기 백제의 대외적 팽창은 중앙집권적 귀족국가의 성립과정에서 파생된 역동적 에너지의 대외적 발산이라는 측면에서 검토될필요가 있다. 특히 근초고왕·근구수왕대는 전쟁이 대규모로 이루어지고 있는데, 이는 새로운 군사동원체계의 성립을 비롯해 대규모의 군사력을 유지하기 위한 물적기반의 확보 등이 전제되지 않으면안된다. 그러한 이유로 한 나라의 대외적 팽창과정을 통해 국가발전의 단계를 이해할 수 있다.

1) 가야지역으로의 진출

　백제는 4세기 후반에 들어와 활발한 대외팽창을 시도하고 있는데, 먼저 가야지역으로 진출하고 있다. 그러나 국내 기록을 통해 백제의 가야진출이 언제, 어떠한 과정을 통해 이루어지고 있는가는 선명하게 보여지지 않는다. 다만 『일본서기』의 기록을 통해 근초고왕대 가야지역에 진출하고 있는 사실을 확인할 수 있을 뿐이다.

　그러면 백제가 가야지역으로 진출하는 과정에 대한 검토를 통해 진출배경과 진출목적 등을 알아보기로 하겠다. 이를 위해 먼저 당시 가야지역의 정치적 상황을 살펴볼 필요가 있다. 1~3세기 가야세력의 중심지는 낙동강 하류 및 경남 해안지역에 분포하고 있었는데, 이는 교역에 용이한 지리적 이점때문이었던 것으로 이해되고 있다. 그러나 3세기 말에서 4세기에 들어오면서 가야사회에 분열이 초래되고 있다. 이러한 분열상은 고고자료를 통해서도 나타나고 있다. 즉, 토기류의 다양화를 비롯해 철제품의 증가 현상이 두드러지게 나타나고 있다는 것이다.[1] 가야지역의 분열 이유에 대해서는 자체분열과 신라의 성장에 따른 것,[2] 또는 4세기 초 낙랑·대방군의 소멸에 기인하는 것[3] 등으로 추정되고 있다.

　한편 서부 경남지역에 위치하고 있던 浦上八國이 김해가야를 공격하는 사건이 일어나고 있는데,[4] 이것이 4세기의 사실로 이해되고

---

1) 白承忠,「加耶의 地域聯盟史 硏究」, 부산대대학원 박사학위논문, 1995, pp.85~91.
2) 白承忠, 앞의 논문, p.109.
3) 金泰植,『加耶聯盟史』, 일조각, 1993, pp.80~85.
4) 浦上八國의 亂은 전기가야의 해체와 관련이 있는 사건으로 주목되고 있는데, 관련 내용을 보면 다음과 같다.
　　1. 秋七月 浦上八國謀侵加羅 加羅王子來請救 王命太子于老與伊伐湌利音 將六部兵往救之 擊殺八國將軍 奪所虜六千人還之(『三國史記』2, 나해 니사금 14년)
　　2. 奈解尼師今時人也…時八浦上國同謀伐阿羅國 阿羅使來請救…遂敗八國

있다.5) 즉, 중국 군현의 소멸로 선진문물 보급의 핵이 사라지면서
정치·사회적으로도 영향을 미쳐서 진·변한 소국을 비롯한 지역세
력들은 그 때까지의 문화축적을 토대로 하여 각지에서 자기 지역기
반을 기초로 한 통합운동을 일으키게 되었는데, 포상팔국의 난은 이
러한 혼란상을 배경으로 나타난 사건이라는 것이다.6) 여하튼 포상
팔국의 난은 가야와 신라의 정치적 역학관계를 살피는 데 있어서
주목될 뿐만 아니라 3~4세기 가야지역의 정치사를 이해하는 데 있
어 도움이 된다고 하겠다. 그러나 이 사건을 통해 가야연맹체 내에
서 가락국의 위상은 약화되었으며, 이러한 분열적인 정치상황은 가
야의 여러 소국들로 하여금 독자적인 정치노선을 추구하게 하는 계
기가 되었을 것이다.

특히 4세기는 신라의 가야진출이 두드러지고 있는데, 1~3세기
신라가 주변 여러 소국의 병합을 일단락 완성한 이후 영토확장을
위해 낙동강 동안지역으로의 진출을 시도하면서 가야에 압력을 가
하고 있었던 시점이기도 하다.7) 이들 지역에 대한 신라의 진출은
가야세력을 분열시키는데 있어서 결정적인 계기가 되었던 것으로

兵…後三年骨浦七浦古史浦三國人來功竭火城 王率兵出救 大敗三國之
師(위의 책 48, 열전 8 勿稽子)
3. 第十奈解王卽位十七年壬辰 保羅國古自國史勿國等八國 幷力來侵邊境
王命太子捺音將軍一伐等 率兵拒之 八國皆降…十年乙未 骨浦國等三
國王各率兵功竭火 王親率禦之 三國皆敗(『三國遺事』5, 勿稽子)
5) 金泰植, 앞의 책, pp.83~84.
6) 浦上八國의 亂이 3세기초의 해상교역권과 관련하여 일어난 내분으로
보는 견해도 있다(李賢惠,「4世紀 加耶社會의 交易體系의 變遷」,『韓國
古代史硏究』1, 1988, p.166). 그렇지만 3세기~4세기대에 가야지역에
맹주적인 세력이 없었다는 사실을 보여주는 상징적인 사건이라는 점에
서 주목된다. 한편 이를 6세기의 사실로 이해 하려는 견해도 있다(宣石
悅,「浦上八國의 阿羅國 침입에 대한 考察」,『加羅文化』14, 1997).
7) 李鍾旭,「廣開土王陵碑 및 三國史記에 보이는 '倭兵'의 正體」,『韓國史
市民講座』11, 일조각, 1992, p.51.

보인다. 그런데 포상팔국이 가라(김해)를 공격하자 가라가 신라에 구원을 즉각적으로 요청하고 있었던 점으로 보아 김해가야가 신라와 이미 우호관계를 맺고 있었음을 추측할 수 있다. 따라서 포상팔국이 김해가야를 공격한 이유는 신라세력의 낙동강 동안지역 진출에 따른 위기의식에서 비롯되었던 것으로 생각된다.

이러한 상황에서 백제가 제일 먼저 진출했던 지역인 卓淳(대구)[8]은 당시의 세력관계에서 볼 때 김해가야나 신라의 세력확대를 저지하기 위해 주변에서 새로운 세력과의 동맹을 필요로 하였을 것이다. 뿐만 아니라 중국 군현의 소멸 이후 가야지역에서는 북방 선진지역과의 교류가 축소됨에 따라 이를 타개하기 위해서도 백제와의 교류 필요성이 제기되고 있는 상황이기도 하였다.

이와 같은 가야 내부의 정치적 상황과 맞물려 백제의 가야지역 진출이 시도되고 있다. 백제의 가야지역 진출을 보여주는 것으로 다음의 기록이 참고된다.

A-1. 遣斯摩宿禰于卓淳國[斯摩宿禰者 不知何姓人也] 於是 卓淳
　　　王末錦旱岐 告斯摩宿禰曰 甲子年七月中 百濟人 久氐 彌州
　　　流 莫古三人 到於我土曰 百濟王聞東方有日本貴國 而遣臣
　　　等 令朝其貴國 故求道路 以至于斯土(『日本書紀』9, 神功
　　　紀 46년 3월)

　2. 春三月 以荒田別 鹿我別爲將軍 則與久氐等 共勒兵而度之
　　　至卓淳國 將襲新羅時或曰 兵衆少之 不可破新羅 更復奉上
　　　沙白 蓋盧 請增軍士 即命木羅斤資 沙沙奴跪[是二人 不知其

---

8) 卓淳의 위치는 대개 大邱說(鮎貝房之進, 「日本書紀朝鮮地名攷」, 『雜攷』 7 (上), pp.143~151)과 昌原說(金泰植, 앞의 책, pp.173~189)로 양분되고 있다. 그러나 근초고왕대 신라와의 전투지점이나 南境 등으로 볼 때 창원은 너무 멀리 떨어져 있다. 따라서 음의 유사성을 들어 卓淳을 達句火 (大邱)에 비정하는 견해를 따르고자 한다. 이와 관련해서는 白承玉의 「「卓淳」의 位置와 性格」(『釜大史學』 19, 1995)가 참고된다.

姓人也 但木羅斤資者 百濟將也] … 俱集于卓淳 擊新羅 而
破之 因以平定比自㶱 南加羅 㖨國 安羅 多羅 卓淳 加羅七
國 仍移兵西 廻至古奚津 屠南蠻忱彌多禮 以賜百濟(위의
책, 神功紀 49년)

3. 百濟記云 任午年 新羅不奉貴國 貴國遣沙至比跪令討之 新羅
人莊飾美女二人 迎誘於津 沙至比跪受其美女 反伐加羅國
加羅國王己本旱岐 及兒百久至 阿首至國沙利 伊羅麻酒 爾
汶至等 將其人民 來奔百濟 百濟厚遇之 … 天皇大怒 旣遣
木羅斤資 令兵衆來集加羅 復其社稷(위의 책, 神功紀 62
년)

먼저 사료 A-1을 통해서 백제가 왜와의 통교를 모색하기 위해
갑자년(364)에 탁순에 사신을 파견하였던 사실이 있었으며, 근초고
왕 21년(366)에 이르러서는 탁순을 통해 왜와 정식으로 통교가 이
루어졌음을 기록하고 있다. 따라서 백제 사신이 탁순에 온 목적은
왜와의 통교를 위한 것이었을 뿐 백제의 가야지역 진출과는 무관한
것처럼 기록되고 있다.[9] 그런데 이 때 파견된 3인 가운데 莫古라는
인물이 주목된다. 근초고왕 24년 고구려와의 전쟁시 태자 근구수를
따라 참가했던 인물 가운데 장군 莫古解가 보이고 있다. 만일 莫古
가 장군 莫古解와 같은 인물이라고 한다면 백제 중앙에서 매우 비
중있는 인물이 탁순에 파견되었으며, 그 파견이 군사적인 행동이었
을 가능성도 배제할 수 없기 때문이다. 그렇다고 한다면 비록 왜와
의 통교를 위해서라고는 하지만 백제가 근초고왕 19년(364)에 이미
탁순에 대한 정치적 진출을 시도하였을 가능성을 생각할 수 있다.

---

9) 그러나 이미 倭와 樂浪·帶方사이에는 바다를 통한 교류가 있었으며,
따라서 백제가 倭와의 통교를 위한 길을 묻기 위해 탁순에 사신을 파
견한 것이 아니었음을 알 수 있다(津田左右吉,『古事記及び日本書紀の
硏究』, 岩波書店, 1924, p.526 ; 李文基,「大伽耶의 對外關係」,『加耶史
硏究』, 춘추각, 1995, pp.208~209).

이는 백제가 가야지역으로 진출하는데 있어 탁순을 교두보로 삼게 되었음을 의미하는 것이라고 하겠다.[10]

그런데 백제가 탁순에 진출할 수 있었던 이유는 먼저 탁순 자체의 요인 즉, 신라의 남진과 김해가야의 세력확대에 따른 불안요소의 증대 등에 있었던 것으로 보인다. 이로 인해 백제는 탁순과 우호관계를 유지할 수 있었던 것으로 생각된다. 이는 사료 A-2의 낙동강 서쪽의 광범위한 가야지역에 대한 군사적 진출이 탁순을 기점으로 하여 시작되고 있다는 점과 무관하지 않을 것이라는 사실에 있다.

내용을 검토해 보면, 탁순에 모여 왜가 신라를 공파하였을 뿐만 아니라 이로 인해 加羅7國을 평정하였으며, 이를 백제에 하사하였다는 것으로 되어 있다. 그런데 당시 가야지역에 대한 작전을 주도한 주체를 왜로 보는 견해[11]와 백제로 보는 견해[12]가 있다. 그러나 처음 거병이 백제인인 久氏 등과 함께 이루어지고 있을 뿐만 아니라 증원군으로 백제의 장군인 木羅斤資 등이 파견되고 있는 점으로 보아 이를 왜의 군사활동으로 보기보다는 백제에 의해 주도된 군사작

---

10) 金鉉球, 앞의 책, pp.25~26.

11) 末松保和, 『任那興亡史』, 吉川弘文館, 1956, pp.37~63.

12) 倭의 「任那日本府」에 대한 반론과정에서 백제가 가야를 복속한 것으로 이해하여, 369~562년까지 백제가 군사령부를 두어 직접 지배하였다고 보는 견해가 있다(千寬宇, 『加耶史硏究』, 일조각, 1992, pp.23~52 ; 金鉉球, 「「任那日本府」의 實體」, 앞의 책, pp.167~194). 이 견해는 한편으로는 공감을 얻고 있으나, 다만 통치방식에 있어서는 이를 직접지배가 아닌 간접지배의 형태로 보고 있다(盧重國, 앞의 책, pp.121~122). 다음은 지배・예속관계가 아닌 4세기 중엽 근초고왕대 백제가 중앙집권화를 완비하고, 대외적인 팽창을 시작하여 전북 김제~고부선까지 영토를 넓히는 과정에서 경남 김해・창원지역에 있는 가야제국들과 협력하여 해당 지역에 백제의 대왜 교역거점을 설치함으로써 신라에 대한 견제를 도모하였으며, 백제의 이러한 경남지역 교역거점은 4세기말~5세기초에 고구려군의 공격을 받아 가야연맹의 중심지가 파괴됨으로써 상실하게 되었다고도 한다(金泰植, 「百濟의 加耶 地域 關係史」, 『百濟의 中央과 地方』, 충남대 백제연구소, 1997, pp.46~56).

전으로 이해하는 것이 옳다고 생각된다. 즉, 백제는 364년 탁순에 진출함으로써 가야지역에서의 교두보를 확보하게 되었으며, 이를 전초기지로 삼아 가야지역에 대한 진출을 시도하였음을 보여주는 것이 바로 이 기록이라고 하겠다. 특히 이 때 평정된 比自烋·南加羅·喙國·安羅·多羅·卓淳·加羅가 위치하고 있었던 지역이 창녕·김해, 밀양·영산, 함안, 합천·대구·고령 등 대부분 낙동강 서쪽지역이었다는 사실은 백제가 이들 지역에 진출한 것이 당시 가야지역의 정치상황과 밀접한 관련이 있었을 가능성을 보여준다. 가야지역은 3세기 말에서 4세기초에 분열현상을 일으키고 있었으며, 4세기에 들어오면서부터는 낙동강 동안지역에 대한 신라의 진출이 활발하게 전개되고 있었다. 이러한 가운데 백제는 낙동강 이서지역에 대한 정치적 진출을 시도함으로써 신라의 가야지역 진출을 견제함과 동시에 왜와의 교역거점을 확보하고자 하였던 것으로 보인다.[13]

그런데 가야지역으로 진출하는 데 있어서 신라와 일종의 양해 내지는 모종의 협의가 있었을 가능성을 배제할 수 없다. 근초고왕은 21년(366)과 23년(368) 두 차례에 걸쳐 신라에 사신을 파견하고 있다.[14] 특히 근초고왕 23에는 良馬 2필을 신라에 보내고 있다. 물론 백제의 대신라 우호정책이 당시 고구려의 남진에 대비하기 위한 목적이 우선시 되었을 가능성도 배제할 수 없다. 그러나 대신라 정책

---

13) 백제의 가야지역 진출을 변진지방에서 나오는 철에 대한 관심에서 비롯되었을 것으로 보는 견해도 있다(金周成,「榮山江流域 大形甕棺墓 社會의 成長에 대한 試論」,『百濟硏究』27, 1997, p.31 ; 文東錫,「4세기 百濟의 加耶 원정에 대하여」,『국사관논총』74, 1997, pp.238~242).

14)『三國史記』24, 근초고왕 21·23년.
이 때 신라와의 화친이 고구려를 의식한 데서 나온 조치이며, 백제의 화친을 신라가 부득이 받아들이지 않으면 안될 입장였을 것으로 이해되기도 한다(李熙眞,「4세기중엽 百濟의 '加耶征伐'」,『韓國史硏究』86, 1994, pp.23~24).

이 364년 탁순에 진출한 직후에 이루어지고 있다는 점에서 백제의 가야지역 진출과 직접적인 관련이 있다고 보아야 할 것이다. 이는 독산성주의 신라 來投시 근초고왕이 나물왕에게 보낸 국서에서 「兩國和好 約爲兄弟」라고 한 내용을 통해서도 어느 정도 짐작할 수 있다. 더욱이 신라와 이해관계가 얽혀있는 지역으로 진출하는 과정에서 정치적 타협이 있었을 가능성은 충분하다고 하겠다.

그런데 백제와 신라의 우호관계는 근초고왕 28년(373) 독산성주의 신라 투항으로 금이 가기 시작하였다. 백제에서는 이 내용을 간단하게 기록하고 있으나 신라에서는 상세하게 서술하고 있다.[15] 여기서 신라의 백제에 대한 인식의 변화를 엿볼 수 있다. 즉, 신라가 백제에 대해 강경한 입장을 취하고 있는데, 백제가 가야지역으로 진출하기 시작한 이후 백제에 대한 신라의 태도가 바뀌었음을 의미하는 것으로 이해할 수 있다. 이와 관련하여 주목되는 것이 바로 사료 A-3의 신공기 62년(382)조 기록이다. 내용을 보면, 신라가 倭에 조공하지 않음으로 인해 왜가 沙至比跪를 보내 신라를 토벌하도록 했으나 유혹에 빠져 오히려 가라국(고령)을 정벌하였다. 이에 다시 木羅斤資를 보내 이를 회복하였다고 한다. 내용은 비록 신라와 倭의

---

15) 『三國史記』3, 나물니사금 18년(373), 「百濟禿山城主 率人三百來投 王納之 分居六部 百濟王移書曰 兩國和好 約爲兄弟 今大王納我逃民 甚乖和親之意 非所望於大王也 請還之 答曰 民者無常心 故思則來 斁則去 固其所也 大王不患民之不安 而責寡人 何其甚乎 百濟聞之 不復言」.

그런데 이 사건을 계기로 백제와 신라의 화친이 깨어졌다고 보는 견해(李貞子, 「4~5世紀 新羅-倭關係 研究」, 한국학대학원 석사학위논문, 1990, p.20)가 있는 반면에, 그 이후에도 우호관계가 계속 유지되었던 것으로 보기도 한다(李熙眞, 앞의 논문, pp.11~12). 그러나 고구려와 369·371년 두 차례에 걸친 전쟁 이후에 북방의 중요지역에 위치하고 있던 지방세력의 이탈은 백제로서는 상당한 충격으로 작용하게 되었을 것이며, 이로 인해 근초고왕이 매우 민감한 반응을 보였음을 알 수 있다. 따라서 이 사건은 백제와 신라사이의 우호관계에도 상당히 부정적인 영향을 끼쳤을 것임에는 틀림이 없다.

관계로 기록되어 있지만 실제는 신라와 백제의 관계로 이해할 수 있지 않을까 한다. 즉, 백제가 정치적 영향력을 끼치고 있었던 가야지역에 대해 신라가 도전해 오자 백제에서는 木羅斤資를 보내 이를 저지한 것이 아니었을까 생각된다. 이로 인해 백제와 신라의 우호관계가 완전히 단절되었던 것으로 보인다. 이는 신라가 나물니사금 37년(392) 이찬 大西知의 아들인 實聖을 고구려에 질자로 파견함으로써[16] 고구려와의 연맹관계를 새롭게 구축하고 있는 사실을 통해 당시 국제관계의 변화를 확인할 수 있다.[17]

이후 백제가 이들 가야지역에 일정한 정치적 영향력을 끼치고 있었음은 木羅斤資의 子로 기록되어 있는 木滿致의 존재를 통해 확인되고 있다. 다음은 『일본서기』 응신기 25년조의 목만치에 대한 기록이다.

> 百濟直支王薨 卽子久爾辛立爲王 王年幼 木滿致執國政與王母相淫 多行無禮 天皇聞而召之[百濟記云 木滿致者 是木羅斤資討新羅時 娶其 國婦 以所生也 以其父功 專於任那 來入我國 往還貴國 承制天朝 執我 國政 權重當世 然天朝聞其暴召之](『日本書紀』 10, 應神紀 25년)

위의 기사 가운데 [백제기]의 내용은 木滿致가 임나에서 전횡하고 있음을 기록하고 있는데, 이는 임나지역에서 목만치의 정치적 영향력이 막대하였음을 의미한다. 여기에서 임나는 『일본서기』 신공기 62년조(382)에 기록된 木羅斤資가 신라로부터 사직을 회복한 가라(고령)이었을 것이다.[18] 이로 인해 백제 중앙귀족들의 권력다툼

---

16) 『三國史記』 3, 나물니사금 37년, 「春正月 高句麗遣使 王以高句麗强盛 送伊湌大西知子實聖爲質」.
17) 신라에서 奈勿王代 국내외적인 상황이 크게 변하고 있음은 秦에 사신으로 파견된 衛頭와 苻堅의 대화를 통해 확인된다(「遣衛頭入苻秦 貢方物 苻堅問衛頭曰卿言 海東之事 與古不同 何耶 答曰 亦猶中國時代變革 名號改易 今焉得同」『三國史記』 3, 나물니사금 26년).

에 그의 힘을 이용하고자 하는 세력이 생길 수 있었던 것으로 볼 수 있다.[19] 이는 가야지역의 일부가 백제의 정치적 영향력하에 놓여 있었음을 사실적으로 보여주는 것이다.

이상의 내용에 대한 검토를 통해 백제가 4세기 후반에 낙동강 서쪽의 가야지역에 진출하여 정치적 영향력을 행사하였음을 살펴보았다. 그런데 진출과정에서 군사작전에 의한 무력이 동원되었던 것으로 기록되고 있다. 그러나 실제는 군사작전에 의한 무력적인 복속이 아니었을 가능성을 다음 기록을 통해 살펴볼 수 있다.

> B-1. 聖明王曰 昔我先祖速古王 貴首王之世 安羅 加羅 卓淳旱岐
> 　　 等 初遣使相通 厚結親好 以爲子弟 冀可恒隆 而今被誑新羅
> 　　 使天皇忿怒 而任那憤恨 寡人之過也(『日本書紀』 19, 欽明
> 　　 紀 2년 4월)
> 　2. 乃謂任那曰 昔我先祖速古王 貴首王 與故旱岐等 始約和親
> 　　 式爲兄弟 於是 我以汝爲子弟 汝以我爲父兄 共事天皇 俱距
> 　　 强敵 安國全家 至于今日(위의 책, 欽明紀 2년 7월)

위의 사료 B-1·2를 보면 성왕이 과거를 회상하는 가운데 速古

---

18) 加羅가 고령의 대가야를 가리키는 명칭임은 주지의 사실이다(白承忠, 앞의 논문, pp.133~140).

19) 姜鍾元, 「百濟 漢城時代 政治勢力의 存在樣態」, 『忠南史學』 9, 1997, pp.23~24.
　　그런데 解氏가 王妃族을 형성하고, 유력한 정치세력이 된 상황에서 木滿致의 「執國政」이 가능하였던 것은 久爾辛이 眞氏王妃의 출생이었으며, 전지왕의 第1妃가 진씨였다는 사실에서 찾을 수 있다. 즉, 전지왕의 장자인 구이신왕이 일단 즉위하게 되자 진씨세력은 구이신왕의 生母가 중심이 되어 정치적 활동을 재개하고자 했을 것이며, 근초고왕 이후 대외적인 활동을 통해 세력을 성장시켜 온 세력인 木氏勢力과 연합하고자 했던 것으로 보인다. 그러나 당시 해씨세력이 유력한 정치세력으로 작용하고 있었기 때문에 木滿致의 활동에는 한계가 있을 수밖에 없었으며, 결국 國政에서 축출되었다.

王·貴首王의 존재가 보이고 있는데, 이는 근초고왕과 근구수왕을 지칭하는 것이다. 이를 통해서도 근초고왕대 가야와 일정한 정치적 외교관계를 맺었음을 확인할 수 있다. 그런데 이 때 安羅·加羅· 卓淳 등에서 사신을 보내와 우호관계가 맺어진 것으로 기록되어 있다. 이 점은 당시 가야와의 외교관계가 무력적인 군사정벌에 의한 것이 아니었음을 의미한다.[20] 또한 앞의 사료 A-3에서 가라국왕이 백성들과 함께 백제로 투항하여 오자 백제왕이 이들을 후대하고 있는데, 백제가 전부터 가라와 상당히 우호적인 관계에 있었던 당시의 상황을 보여주는 것이 아닌가 생각된다. 다만 백제와 가야의 관계가 子弟·父兄으로 묘사되고 있는 것으로 보아 이들 지역이 백제의 일정한 정치적 영향력하에 놓여 있었던 상황을 반영하고 있다.

이와 같은 내용을 통해 볼 때 4세기 백제는 주로 낙동강 서쪽지역에 위치하고 있던 가야세력과 상당히 우호적인 관계를 유지하면서, 한편으로는 일정한 정치적 영향력을 행사하고 있었던 것으로 파악된다.[21] 그리고 백제가 가야지역에 진출한 목적은 신라가 가야지역으로 세력을 확장하는 것에 대한 견제적인 측면과 왜와의 교역거점을 확보하기 위한 측면이 동시에 작용하였던 것으로 볼 수 있다. 아울러 중국 군현세력이 고구려에 의해 축출되면서 국경을 접하게 된 백제로서는 고구려의 남진에 대한 대비도 필요하였을 것이다. 따라서 백제-가야-왜의 연맹관계의 구축을 통해 이를 저지하고자

---

20) 이에 대해 무력시위를 바탕으로 백제가 바라는 외교관계를 강요하는 형태였을 것으로 이해하기도 한다(李熙眞, 앞의 논문, pp.24~26). 실제 사료 A-1에서 볼 수 있듯이 莫古라는 인물이 파견되었던 것으로 보아 무력적 강압이 있었을 가능성을 완전히 배제할 수는 없다.

21) 盧重國은 백제가 가야지역에 진출한 후 그 곳을 직할영토로 하지않고 정치적 독립을 유지시킨 채 백제에 대해 경제적·군사적 의무를 지도록 하는 관계를 맺은 것으로 이해하고 있다(盧重國, 『百濟政治史硏究』, 일조각, 1988, p.121).

하였을 것이라는 점도 배제할 수 없다.

2) 남부 마한세력의 복속

4세기에 들어와 백제가 안고 있는 현안문제 가운데 제일 우선은 남부 마한세력의 통합이었다. 따라서 대외팽창을 위한 정책을 시행함에 있어 우선시되었던 곳도 바로 남부지역이었다.

백제의 성장과정은 마한 54국 가운데 하나였던 伯濟國이 여러 소국을 복속하여 가는 과정이기도 하다. 따라서 백제의 영역국가로의 이행과정은 마한 세력의 재편과정과 밀접한 관련을 맺고 있다. 먼저『삼국사기』를 통해 백제와 마한과의 관계변화를 알 수 있는 기록으로 다음이 참고된다.

> C-1. 秋九月 王出獵獲神鹿 以送馬韓(『三國史記』23, 온조왕 10
>   년)
>   2. 八月 遣使馬韓告遷都 遂劃定疆場 北至浿河 南限熊川 西窮
>   大海 東極走壤(위의 책, 온조왕 13년)
>   3. 冬十月 靺鞨掩至 王帥兵逆戰於七重河 虜獲酋長素牟送馬韓
>   其餘賊盡坑之(위의 책, 온조왕 18년)
>   4. 秋七月 王作熊川柵 馬韓王遣使責讓曰 王初渡河 無所容足
>   吾割東北一百里之地安之 其得王不爲不厚(위의 책, 온조왕
>   24년)
>   5. 冬十月 王出師陽言田獵 潛襲馬韓 遂幷其國邑 唯圓山 錦峴
>   二城 固守不下(위의 책, 온조왕 26년)
>   6. 夏四月 二城降 移其民於漢山之北 馬韓遂滅(위의 책, 온조왕
>   27년)

위의 사료 C는 백제와 마한과의 관계를 보여주는 기록이다. 사료 C-1·3은 백제가 건국초기에 마한에 부용되고 있었거나, 아니면 신속하고 있었던 사정을 보여주는 것으로 생각된다. 이 가운데 사료

C-2의 강역구획 기사가 주목된다. 백제는 온조왕 13년에 동·서·남·북의 경계를 구획한 것으로 기록하고 있다. 이 때 강역에 포함되고 있는 지역으로는 대개 走壤은 춘천, 熊川은 안성천,[22] 浿河는 예성강에 비정되고 있다.[23] 그러나 이 기사는 온조왕대의 사실을 기록한 것이라기 보다는 그 이후의 영역을 소급하여 기록한 것으로 이해되고 있다.[24] 사실 온조왕 24년 熊川柵을 설치하자 마한왕이 이를 책망함으로써 다시 웅천책을 헐어버리는 내용이 보이고 있다. 이는 온조왕 13년 남방의 경역을 웅천으로 정하였다는 기록이 사실에 근거한 것이 아니었음을 의미한다. 결국 4방 강역의 획정이 당시의 역사적 사실을 그대로 기록한 것이라기 보다는 관념상의 영역을 나타낸 것으로 이해할 수 있다.[25]

한편, 백제가 마한을 병합해 가는 과정은 앞의 사료를 통해 그 전모를 추정할 수 있다. 특히 온조왕 26년 마한의 국읍을 병합한 것은 마한의 맹주국이었던 것으로 생각되는 목지국의 병합으로 이해

---

22) 熊川을 錦江에 비정하는 견해도 있다(李道學, 『百濟 古代國家 硏究』, 일지사, 1995, p.320 ; 金起燮, 「近肖古王代 南海岸進出說에 대한 再檢討」, 『百濟文化』 24, 1995, p.22 주64).

23) 李丙燾, 『國譯 三國史記』, 을유문화사, 1977, p.356.
이와는 달리 주양은 평강, 패하는 대동강, 웅천은 금강에 비정하기도 한다(全榮來, 「百濟南方境域의 變遷」, 『천관우선생환력기념 한국사학논총』, 1985, pp.137~138).

24) 이를 3세기 중엽의 고이왕대 사실로 보는 견해를 비롯해(李丙燾, 『國譯 三國史記』, 을유문화사, 1986, p.357) 웅천을 금강에 비정하는 입장에서 근초고왕대의 사실을 소급 기록한 것으로 이해하고 있기도 하다(金起燮, 앞의 논문, p.26).

25) 특히 당시의 영역이 중앙에서 직접 통치한 것이 아니라 부족연맹적인 성격의 정치체들을 포함하고 있다는 점에 주목한다면, 백제와 연맹적인 관계에 있는 지역까지 강역에 포함시켜 기록했을 가능성도 없지 않다고 생각된다.
四方疆域 표시는 夫餘族 고유의 領域意識 내지는 宇宙觀의 발로에서 비롯된 것으로 보기도 한다(李基東, 「百濟國의 成長과 馬韓倂合」, 『百濟論叢』 2, 1990, p.5).

되고 있다.[26] 목지국의 위치에 대해서는 여러 견해가 제기되고 있으나,[27] 대개 금강 이북지역에 해당된다. 따라서 백제초기의 마한 병합기록이 일정부분 사실성을 가진다고 할지라도 금강 이북지역에 한정하여 논의될 수 있을 뿐이다. 이는 금강 이남에는 마한의 일부 소국들이 여전히 잔존하고 있었을 가능성을 말해주는 것이며, 또한 기록을 통해 이를 확인할 수 있다. 다음의 기록은 이러한 사실을 확인시켜 주고 있다.

「東夷馬韓新彌諸國 依山大海 去州四千餘里歷世來附者二十餘國 並 遣使朝獻」(『晉書』 36, 장화전)

위의 기록은 동이의 마한과 신미국 등 20여국의 존재에 대하여 기술하고 있다. 그런데 이들 소국의 위치에 대해 「依山大海 去州四千餘里」라고 하여 馬韓과 신미국의 위치를 같이 설명하고 있어 이

---

26) 李丙燾, 「百濟의 建國問題와 馬韓中心勢力의 變動」, 『韓國古代史研究』, 박영사, 1976, p.481.
盧重國, 「馬韓의 成立과 變遷」, 『馬韓·百濟文化』 10, 1987. 다만 그 시기는 3세기의 사실이 온조대에 소급 부회된 것으로 보고 있다(盧重國, 「目支國에 대한 一考察」, 『百濟論叢』 2, 1990, pp.86~87).

27) 目支國의 위치에 대해서는 대개 慰禮城說(申采浩, 『前後三韓考』, 1925), 稷山說(李丙燾, 「三韓問題의 研究」, 『韓國古代史研究』, 박영사, 1976, pp.246~248), 仁川說(千寬宇, 「目支國考」, 『韓國史研究』 24, 1979), 禮山說(金貞培, 「目支國考」, 『韓國古代의 國家起源과 形成』, 고려대출판부, 1986), 天原郡 稷山일대에서 羅州潘南面으로의 이동설(崔夢龍 「馬韓-目支國研究의 諸問題」, 『百濟論叢』 2, 1990, pp.271~278) 등이 있다. 이 가운데 직산설이 설득력을 얻고 있으며(盧重國, 앞의 논문, pp.66~69), 고고학적으로도 최근 천안 청당동유적을 비롯하여 인근의 신사리·화성리유적 등의 발굴조사 결과를 토대로 목지국을 천안일대로 비정하고자 하는 견해가 제기되었다(權五榮, 「三韓의 「國」에 대한 研究」, 서울대대학원 박사학위논문, 1996, p.202). 目支國과 관련해서는 李道學의 「새로운 摸索을 위한 點檢, 目支國研究의 現段階」(『馬韓史의 새로운 인식』, 충남대 백제연구소, 1997)의 논고가 참고된다.

들이 바로 인접하여 위치하고 있었음을 알 수 있다. 이 가운데 신미 국의 위치에 대해서는 반도 중부이남의 서해안지대에 위치한 여러 소국 가운데 하나로 보거나[28] 또는 신미국을 비롯하여 20여 국의 위치가 모두 전라도 해안지역을 중심으로 산재해 있었던 것으로 보 았다.[29] 그런데 위의 사료에 나오는 마한과 관련하여 다음의 기록 이 주목된다. 즉,『진서』97, 동이 마한조에「武帝太康元年(280) 二 年(281) 其主頻遣使入貢方物 七年(286) 八年(287) 十年(289) 又頻 至 太熙元年(290) 詣東夷校尉何龕上獻 咸寧三年(277)復來 明年 (278)又請內附」의 기록이 있는데, 이를 차령·금강 이북의 마한이 백제에 의해 병합된 이후 차령·금강 이남에 존재하고 있던 잔여 마한세력의 역사활동으로 이해하고자 하는 것이다.[30] 위의 조공내 용과 대응하여 주목되는 것이『진서』제기에 보이고 있는 다음의 기록이다.

D - 1. 咸寧三年(277) 十二月是歲 … 東夷三國 … 內附
   2. 咸寧四年(278) 三月東夷六國來獻, 十二月是歲 東夷九國內 附
   3. 太康元年(280) 六月東夷十國歸化, 七月東夷二十國朝獻
   4. 太康二年(281) 三月東夷五國來獻, 六月東夷五國來附
   5. 太康三年(282) 九月 東夷二十九國歸化 獻方物
   6. 太康七年(286) 八月東夷十一國內附 是歲馬韓等十一國遣使 來獻
   7. 太康八年(287) 八月東夷二國 內附
   8. 太康十年(289) 五月東夷十一國內附, 是歲東夷絶遠三十餘 國來獻
   9. 太熙元年(290) 二月東夷七國朝貢

---

28) 李丙燾, 앞의 책, p.481.
29) 盧重國,『百濟政治史研究』, 일조각, 1988, p.118.
30) 兪元載,「『晋書』의 馬韓과 百濟」,『韓國上古史學報』17, 1994, pp.149∼ 153.

위의 사료는『진서』마한조의 조공연도와 대응되는『진서』제기에 기록된 내용이다. 그런데『진서』동이전에 입전되고 있는 나라를 살펴보면, 夫餘國・馬韓・辰韓・肅愼氏・倭人・裨離等十國 등이다. 따라서 위의 내용은 이들 국가들이 진에 조공한 사실을 함께 기록한 것이며, 뿐만 아니라 마한 역시 동이 여러 나라 가운데 하나의 국가체로 이해된 상태에서 이들에 포함되어 기록되었음을 알 수 있다. 이 가운데 사료 D-5는『진서』장화전의 내용과 같은 사실을 기록한 것으로, 이 때「東夷 二十九國」으로 기록하고 있어 마한과 신미국이 동이의 여러 나라 가운데 하나로 동등하게 기록되어 있음을 볼 수 있다. 이러한 사실은 온조왕대의 마한 복속기록의 진실성 여부를 떠나 금강 이남지역에 여전히 잔여 마한세력이 존재하고 있었음을 말해주는 것이다.[31] 또한 마한 잔여세력의 존재는『일본서기』를 통해서도 분명하게 확인되고 있다.

仍移兵西廻 至古奚津 屠南蠻忱彌多禮 以賜百濟 於是 其王肖古及王子貴須 亦領軍來會 時比利辟中布彌支半古四邑 自然降伏(『日本書紀』9, 神功紀 49년 3월)

위의 기록을 보면 근초고왕대까지도 전라도 남해안지역에 忱彌多禮를 비롯하여 여러 정치체가 독립적으로 존재하고 있었음을 알 수 있는데, 이들이 마한 여러 소국의 잔여세력이었던 것으로 이해되고 있다. 여기서 침미다례는 대개 전남 강진에 비정되고 있으며,[32] 또한 신미국과 동일한 정치체로 보기도 한다.[33] 그리고 辟中은 전남 보성에, 布彌支는 나주에 비정되고, 比利와 半古는 위치가 불명

---

31) 3세기 중엽의 남부 마한세력의 동향에 대해서는 金周成의 앞의 논문 (pp.28~30)이 참고된다.
32) 李丙燾, 앞의 책, pp.512~513.
33) 盧重國, 앞의 책, pp.119~120.

■ 나주 신촌리 9호분

하지만 모두 전남지방내에 비정되고 있다.34) 다만 290년 이후부터
는 중국과의 교섭에서도 마한이라는 칭호가 사라지고, 대신 백제의
국명만이 나타나고 있다. 이는 백제의 성장이라는 측면35)과 동시에
남부 마한세력의 분열 및 세력약화에 기인한 것으로 보인다.

그러나 국내기록에서 마한의 병합기록은 온조왕대를 제외하고는
보이지 않는다. 더욱이 4세기 대마한관계는 그 실상을 알려주는 직
접적인 자료가 없으며, 이를 일부 추정할 수 있는 자료만이 전하고
있을 뿐이다. 그것도 이미 백제의 영역에 포함되었던 지역에 대한
것이었다고 이해되는 내용인데, 비류왕대 김제 벽골지의 축조사실
을 통해서 중앙과 마한 복속지역과의 관계를 추정해 볼 수 있을 뿐
이다. 즉, 이미 복속된 지역에 대한 통치력의 확대 내지는 통제방식
의 변화와 관련된 것으로 이해할 수 있다.36) 벽골지를 축조하기 위

---

34) 李丙燾, 「近肖古王拓境考」, 『韓國古代史研究』, 박영사, 1976, p.513.
　　　千寬宇는 이를 比利·辟中·布彌·支半·古四 5읍으로 보아, 부안·
　　　김제·정읍·부안·고부 등 전북일대에 비정하고 있다(千寬宇, 앞의
　　　논문, p.413 주 32) 참조).
35) 金壽泰, 「3세기 중·후반 백제의 발전과 馬韓」, 『馬韓史의 새로운 인
　　　식』, 충남대 백제연구소, 1997, pp.122~141.
36) 비류왕대 금강 이북에서 노령산맥 이북까지 진출한 다음 기념비적인

한 대규모의 인력동원 및 물자의 조달은 직접지배가 실현되었음을
보여주는 것으로 이해할 수 있기 때문이다.[37)

　그런데 국내사료의 부족에도 불구하고 4세기 백제의 남부 마한
지역에 대한 진출사실을 보여주는 것이 바로『일본서기』의 다음 내
용이다.

> 春三月 以荒田別 鹿我別爲將軍 則與久氐等 共勒兵而度之 至卓淳國
> (中略) 俱集于卓淳 擊新羅而破之 因以平定比自㶱 南加羅 喙國 安羅
> 多羅 卓淳 加羅七國 仍移兵西廻 至古奚津 屠南蠻忱彌多禮 以賜百濟
> 於是 其王肖古及王子貴須 亦領軍來會 時比利 辟中 布彌支 半古四邑
> 自然降伏 是以 百濟王父子 及荒田別 木羅斤資等 共會意流村(今云 州
> 流須祇) 相見欣感 厚禮送遣之 唯千熊長彦與百濟王 至于百濟國 登辟
> 支山盟之 復登古沙山 共居盤石上 時百濟王盟之 (中略) 將千熊長彦 至
> 都下 厚加禮遇云云(『日本書紀』9, 神功紀 49년 3월)

　위의 신공기 49년조 기록은 보정연대로 근초고왕 24년(369)의
사실을 기록한 것이다. 그런데 남부 마한지역을 복속하기 이전에 가
야지역에 먼저 진출한 것으로 되어 있다. 이는 4세기에 들어와 백제
의 현안이 남부 마한세력의 통합이었을 것이라고 하는 추측과는 다
르다. 그 이유는 두 가지 측면에서 생각할 수 있겠다. 먼저 남부지
역에 위치하고 있었던 마한의 여러 소국들의 존재가 백제에 크게
위협이 되지 못하였기 때문에 그들의 복속을 서두를 필요가 없었을
가능성이다. 다음은 이들의 세력이 강고하여 백제로서는 일시에 이
들을 복속시킬 수 없는 상황이었기 때문에 일단 가야지역으로 진출

　사업으로 碧骨池를 축조하고, 이것을 노령 이남을 아우르는 병참기지
　역할을 하게 하였던 것으로 보는 견해도 있다(全榮來,「百濟 南方境域
　의 變遷」,『천관우선생환력기념 한국사학논총』, 1985, p.140).
37) 특히 泗沘時代에 오면 5方 中 中方을 고부에 두고 있는데, 이는 김제지
　역을 비롯해 이들 지역이 일찍부터 중앙의 통치범위에 있었기 때문이
　아닌가 생각된다.

하여 양방면에서 이들을 협공하기 위한 조치였을 가능성이다. 두 가지 이유 가운데 필자는 전자일 것으로 생각한다. 그 이유는 남부 마한세력이 강력한 연합체를 형성하고 있었다면 백제와 이들 세력과의 긴장관계가 어떠한 형태로든지 계속적으로 나타나야 할 것이기 때문이다. 그럼에도 불구하고 그러한 내용이 보이고 있지 않다는 것은 단순한 기록의 누락으로 보기보다는 이들의 존재가 백제에 큰 위협이 되지 않았기 때문이다.38) 또한 290년 이후에는 중국과의 교섭시 마한의 명칭이 나타나고 있지 않다는 사실도 이를 반증하는 하나의 예가 된다. 따라서 백제는 주변지역으로의 정치적 영향력 확대과정에서 가야지역에 대한 진출을 먼저 시도했던 것으로 보인다. 가야에 대한 정치적 영향력을 확대한 이후 백제는 다시 남부 마한지역에 진출하여 이들을 복속시키고 있는 것이다.

　다음은 당시 복속된 소국의 위치에 대해 살펴보기로 한다. 앞에서 간단하게 언급한 바가 있으나, 다시 세밀하게 검토해 보고자 한다. 우선 古奚津과 忱彌多禮를 동일지역으로 보고, 古奚를 마한의 狗奚國 즉, 현재의 강진에 비정하는 견해가 있다. 그리고「比利辟中布彌支半古四邑」에 대해서 이들을 比利 · 辟中 · 布彌支 · 半古 4邑으로 보고, 이들 중 벽중은 보성, 포미지는 나주, 그리고 반고 및 비리는 위치가 불명하나 전남지역으로 비정되고 있다. 또한 백제왕 부자 즉, 근초고왕과 근구수 및 여러 장수들이 만난 意流村은 화순에 비정되고 있다.39)

---

38)『日本書紀』의 기사에서 忱彌多禮를 南蠻으로 표현한 것은 침미다례가 백제에 항거한 가장 중심세력이었던 데서 비롯된 것으로 이해하는 견해가 있다(盧重國, 앞의 책, p.120). 이를 따를 경우 남부 마한세력들이 상당히 강력한 연합체를 형성하고 있었을 가능성이 있으며, 후자의 가능성도 생각케 한다. 그러나 백제가 침미다례를 南蠻으로 칭한 것은 그들이 중심세력였기 때문이라기 보다는 습속의 차이나 백제 지배층의 의식의 차이에서 비롯되었을 가능성이 크다고 생각된다.

그런데 당시 남부 마한지역으로의 진출은 두 방면에서 전개되었던 것으로 보인다. 즉, 가야에 진출했던 세력은 다시 동쪽방면에서 남해안 지역으로 진출하여 강진지역을 복속시키고 있다. 그리고 근초고왕과 근구수가 군사를 거느리고 오자 4읍이 자연 항복하고 있는데, 이들 지역은 나주(布彌支)를 비롯하여 전남지역에 비정될 수 있으므로 근초고왕은 직접 군사를 이끌고 서해안 지방으로 진출하여 전남지역에 이르렀던 것으로 보인다. 그것은 이들이 화순지방에 비정되고 있는 意流村에서 합류하고 있는 사실을 통해서도 추정된다.

그러면 이 때 남부 마한세력이 완전히 백제에 예속되었는가? 이는 영산강 유역에 잔존하고 있는 大形甕棺墓가 독립적인 정치세력의 수장층 무덤이라는 사실을 통해 그렇지 않았음이 분명해지고 있다. 이러한 문제점은 근초고왕대의 남부 마한세력 복속 즉, 전라도

---

39) 李丙燾, 앞의 논문, pp.512~513. 한편, 忱彌多禮를 『晋書』 장화전에 보이는 마한의 新彌國에 비정하는 견해도 있다(盧重國, 앞의 책, pp.118~120). 그러나 신미국의 구체적인 위치에 대한 비정은 없으며, 다만 전라도 지역으로 보는 데는 이견이 없다. 반면에 全榮來는 고해진은 강진, 침미다례는 침미와 다례로 구분하여 강진과 보성지역에 각각 비정하고 있으며, 「比利辟中布彌支半古四邑」은 比利·辟中·布彌·支半·古四 등으로 읽어, 이를 각각 복성·보성·나주·부령·고부 등지에 비정하고 있다(全榮來, 앞의 논문, pp.141~144). 그런데 이 중 보성지방에 속하는 명칭이 다례·비리·벽중 등 3개소가 된다. 이는 이들 각 지역이 당시 마한의 一小國에 해당하였다는 사실과는 거리가 멀다. 또한 이들 내용앞에 '加羅七國'이라고 하여 가야지역의 7국명이 뒤에 '七國'을 기록한 예로 보아 이때 '四邑'을 기록했을 가능성이 크다. 다만 가야는 '國'이라는 용어를 사용한 대신 '邑'으로 기록한 이유는 분명히 알 수 없다. 굳이 억측을 하자면, 가야7국은 여전히 백제로부터 독립적인 입장을 견지하고 있었으나, 남부 마한지역의 세력들은 백제의 정치적 영향력하에 편제되었기 때문이 아니었을까?
    李道學은 忱彌多禮=新彌國=浸溟縣으로 이해하여, 이를 해남군 삼산면 옥녀봉토성지역에 비정하기도 한다(李道學, 『百濟 古代國家 硏究』, 일지사, 1995, pp.349~352).

남해안 지역으로의 진출에 대해 의문을 제기하게 한다. 따라서 근초고왕대 전라도 남해안 지역까지 완전히 백제의 영역에 포함되었는가 하는 문제는 보다 신중한 검토가 필요하다.[40]

■ 영산강유역 대형옹관묘(영암 내동리)

40) 현재 근초고왕대의 강역에 대해서는 여러 이견이 제기되고 있는 실정이다. 몇 가지 견해를 검토해 보면 다음과 같다. 첫째, 『日本書紀』神功紀 49년조의 기록을 백제 근초고왕대의 사실로 이해하여 전라도 전역을 복속하여, 직접지배의 영역으로 하였을 것으로 이해하는 견해(李丙燾, 「近肖古王拓境考」, 앞의 책 ; 千寬宇, 「復元加耶史」, 앞의 책)와 전라도 지역은 간접지배 방식을 취했을 것으로 이해하는 견해(盧重國, 앞의 책, pp.118~121), 둘째, 온조왕 13년조의 강역기사를 근초고왕대의 사실이 소급가상된 것으로 보아 근초고왕대의 강역이 웅천, 즉 금강까지였다고 보는 견해(金起燮, 앞의 논문), 셋째, 근초고왕대 남해안 진출의 가능성은 인정할 수 있으나 이곳을 영역화하여 직접지배를 관철한 것은 웅진 천도 이후의 사실로 이해하는 견해(李根雨, 「熊津時代 百濟의 南方境域에 대하여」, 『百濟研究』27, 1997) 등이다.
　　다음은 고고학적인 입장에서 제기되고 있는 견해로 첫째, 근초고왕대 전라도 남부지역으로의 진출이 이루어졌다고 보는 입장에서 영산강유역의 묘제를 지방양식 내지는 4세기 후반 이전의 양식으로 보는 견해(金元龍, 『韓國考古學槪說』, 일지사, 1986 ; 安承周, 「百濟 甕棺墓에 관한 研究」, 『百濟文化』15, 1983), 둘째는 영산강유역의 대형옹관묘의 존재와 이 지역에 백제의 묘제인 석실분이 5세기 말~6세기 초에 유입되고 있는 사실을 통해 근초고왕대 전라도 남부지역의 진출을 부정하는 견해(林永珍, 「榮山江流域 石室墳의 受用過程」, 『全南文化財』3, 1990 ; 李榮文, 「全南地方 橫穴式石室墳에 대한 一考察」, 『鄕土文化』11, 1991), 그리고 출토유물의 공간적 범위를 통해 근초고왕대의 강역을 금강유역으로 보는 견해(朴淳發, 「漢城百濟의 中央과 地方」, 『百濟의 中央과 地方』, 충남대 백제연구소, 1997) 등이 있으며, 셋째는 근초고왕대 전라도 남해안지역 진출의 역사성은 인정할 수 있으되 직접지배는 후대에 가서야 이루어졌으며, 이곳은 독자적인 정치체가 존재하고 있었다고 보는 여기서 『일본서기』의 내용을 근초고왕의 활동으로 인정하는 입장에서는 대개 이를 사실로 받아들이고 있으며, 고고학적인 입장에서는 부정적인 측면이 강한 것도 사실이다. 그러나 『일본서기』의 내용을 근초고왕대의 사실로 인정한다 하더라도 이를 그대로 믿기보다는 사료에 대한 엄정한 비판과 함께 사료의 면밀한 검토가 필요하다. 여기서 백제가 복속한 지역은 南蠻으로 지칭된 忱彌多禮뿐이고, 比利·辟中·布彌支·半古의 4개 읍은 자연 항복하고 있다.41) 그리고 이들 항복한 지역을 백제의 직접통치 아래에 두었는가 하는 문제는 복속의 문제와는 별개로 이해할 필요가 있다.

그런데 『일본서기』 신공기 49년 3월조의 「唯千熊長彦與百濟王 至于百濟國 登辟支山盟之 復登古沙山 共居盤石上 時百濟王盟之」 내용이 주목된다. 즉, 앞의 사료에서 千熊長彦과 백제왕이 '百濟國에 이르러'라고 하고 있어, 남으로부터 북행하는 과정에서 백제영역에 이르고 있음을 알 수 있다. 여기서 辟支山은 백제의 벽골군, 지금의 전북 김제군 내의 어느 산을 지칭하는 것으로, 古沙山은 전북 옥구군 임파면 부근의 산으로 비정42)하여 근초고왕이 남정하기 전의 남

견해(崔夢龍, 「考古學的 側面에서 본 馬韓」, 『馬韓·百濟文化』 9, 1987 : 成洛俊, 「百濟의 地方統治와 全南地方 古墳의 相關性」, 『百濟의 中央과 地方』, 충남대 백제연구소, 1997) 등이 제기되고 있다.

41) 그런데 이 사실을 백제가 직접 정벌을 단행한 것으로 이해하는 견해가 있다. 즉, 全榮來는 백제군이 수륙양면으로 이들 지역을 공략한 것으로 이해하고 있는 것이다. 이 과정에서 수군은 고해진(해남)에 상륙, 沈彌(강진)를 거쳐 多禮에 이르고, 육군은 古四(고부)를 출발 支半(부령)을 거쳐 布彌(나주)·辟中(보성)·比利(복성)까지 出擊, 해로로 귀항하여 意流村(주류)으로 상륙, 古沙山을 거쳐 還京한 것으로 보고 있다(全榮來, 앞의 논문, p.143). 그러나 이들이 자연 항복한 것으로 기록되어 있는 것으로 보아 실제 군사적인 정복은 없었던 것으로 보는 것이 타당하다고 생각된다.

42) 『東國輿地勝覽』 3, 임파현조 및 옥구현조 「古沙浦」의 명칭이 보이고 있어 동일처임을 알 수 있다.

계를 전북과 전남의 경계인 노령산맥으로 보는 견해가 있다.43) 이
들 지명비정이 타당하다고 한다면 당시 김제지역을 남계로 하였을
가능성이 매우 높다고 생각된다.44)

그렇다고 한다면 근초고왕대 이들 지역에 대한 진출기록이 없음
에도 불구하고 언제 이곳이 남계로 설정되었는가 하는 문제가 대두
된다. 이와 관련해서 김제 벽골지의 축조가 비류왕대 이루어졌다고
하는 사실이 주목된다. 물론 벽골지의 위치나 축조시기에 대한 비판
이 없는 것은 아니지만45) 비류왕대의 사실로 이해하는데 있어서 문
제는 없다고 생각한다.46) 그렇다면 백제가 이곳까지 진출한 시기는
언제일까? 이와 관련하여 온조왕 36년 古沙夫里城의 축조내용이 참
고된다.47) 이 내용은 온조왕대의 사실이라기 보다는 고이왕대 또는
비류왕대의 사실을 소급 기록한 것으로 이해되고 있다.48) 필자는
이를 고이왕대의 사실로 이해하고자 한다.49) 古沙夫里는 현 고부에

---

43) 李丙燾, 「近肖古王拓境考」, 앞의 책, p.513.
44) 따라서 이들 두 지역은 근초고왕 24년 이전에 이미 백제의 직접 통치
   영역에 포함되어 있었던 것으로 생각된다. 따라서 자연 항복한 4읍은
   당연히 이들 지역을 경계로 하여 그 이남에서 구할 수 있다.
45) 全德在, 「4~6世紀 農業生産力의 發達과 社會變動」, 『역사와 현실』 4,
   1990.
   李道學, 앞의 책, pp.170~176.
   金起燮, 「百濟 漢城時代 統治體制 研究」, 박사학위논문, 1997, pp.182~
   183.
46) 이와 관련하여 『翰苑』 30, 백제조의 「國鎭馬韓 地苞狗素 陵楚山而廓宇
   帶桑水疏疆」의 기록이 참고된다. 여기서 狗素國은 古阜에, 楚山은 井邑
   에 비정되고 있으며, 이들 지역까지 진출한 시기는 비류왕대에 비정되
   고 있다(全榮來, 앞의 논문, pp.138~140).
47) 『三國史記』 23, 온조왕 36년, 「八月 修葺圓山 錦峴二城 築古沙夫里城」.
48) 圓山을 完山·全州로, 錦峴을 熊嶺(峙)에 비정하는 견해도 있다. 그리
   고 온조왕 26년의 마한 복속과 관련된 기록은 비류왕대의 사실과 관련
   이 있을 것으로 보았다(全榮來, 앞의 논문, pp.138~140).
49) 그 이유는 圓山·錦峴 2城을 수리하고, 다시 古沙夫里城을 축조하는 것
   은 고이왕대 部勢力의 중앙편제와 관련하여 복속시킨 마한지역, 즉 백

비정되고 있다.50) 그렇다고 해서 이곳까지 고이왕대 직접통치가 실현되었을 것으로 생각하기는 쉽지 않다. 다만 고이왕대 정치적 영향력이 이곳까지 미쳤을 가능성을 부정할 수는 없다. 특히 고이왕은 북부세력의 견제를 위해 구마한세력에 대한 새로운 편제를 시도하였을 가능성이 크기 때문에 자연히 남부지역에 대한 관심도 높아졌을 것이다. 이와 같은 중앙 정체세력 내에서의 역학관계 속에서 이들 지역에 대한 중요성이 증가하게 되었을 것이며, 臣民에 의해 추대된 비류왕 역시 왕권의 강화를 위해서 새로운 정치세력의 편제가 필요하였을 것이다. 이러한 과정에서 평야지대인 김제지역까지 영역화함으로써 자신의 미약한 정치적 기반을 강화시키고자 하였던 것이다. 실제 고이왕대는 왕 9년에 國人에게 명하여 南澤에 稻田을 개간하고 있기도 하다.51) 이 때 南澤이 구체적으로 어느 지역을 지

제의 남부지역에 대한 직접지배를 실현하기 위한 조치 가운데 하나로 이해할 수 있기 때문이다.

50) 全榮來, 앞의 논문, p.424. 그러나 고사부리성의 위치를 온양-예산의 중간지역(千寬宇, 「三韓考」, 앞의 책, p.321), 또는 예산 등에서 구하는 견해(兪元載, 『中國正史 百濟傳 硏究』, 학연문화사, 1995, pp.188~189) 등도 있다. 현재로서는 古沙의 지명이 사용된 곳이 다수 있어, 고사라는 명칭만을 통해 특정 지역에 비정하기는 쉽지 않으며, 당시의 정치적 상황과의 관련성에서 검토되어야 한다.
고부지역은 서해를 따라 남하하여 동진강 하안 또는 줄포만을 통할 경우 접근이 용이한 지역에 위치하고 있다. 따라서 고이왕대 금강유역까지 영역화함에 있어서 해로를 통해 고부지역까지 진출했을 가능성은 충분하다. 특히 『三國志』倭人傳에 기록되어 있는 倭까지의 항로를 보면, 「循海岸水行 歷韓國乍南乍東」이라고 하여 서해안 항로를 이용하고 있음을 알 수 있다. 따라서 백제초기에 서해안을 따라 고부지역까지 진출하는 것이 어려운 문제는 아니었음을 알 수 있다. 특히 중국의 화폐가 남해안을 따라 출토되고 있는 현상도 당시 해안항로의 중요성을 보여주고 있다(崔夢龍,「上古史의 西海交渉史 硏究」,『國史館論叢』3, 1989, pp.20~26. 참고로 내용을 살펴 보면, 五銖錢이 마산·제주도·거문도·의창 다호리 등지에서, 貨泉이 해남·제주도 등지에서 각각 출토된 바 있다).

칭하고 있는가는 분명하지 않으나 남부지역에 대한 관심을 보여주는 것이며, 비류왕대 벽골지의 축조를 통한 농경지의 확보는 당시 통치범위의 확대라는 측면에서도 중요하였다. 따라서 근초고왕 즉위를 전후한 시점에서의 남계 역시 이 근처에 비정할 수 있을 것이다.[52]

그렇다면 근초고왕이 남해안지역까지 진출하여 정치적 영향력을 확대한 이후 강역상에 있어 어떠한 변화가 있었는가가 문제가 된다. 그런데 복속지역에 대한 조치로 생각되는 아무런 기록도 보이고 있지 않다. 물론 사료의 누락으로 볼 여지도 없지 않으나, 오히려 이들 대부분의 지역이 자연 항복하였다는 사실에서 어떠한 의미를 찾아볼 수 있지 않나 생각된다. 즉, 이들 정치체의 독립성을 그대로 유지시켰을 가능성을 생각해 볼 수 있다.[53] 그렇다고 한다면 지배방식이 貢納的인 방식인 간접지배 방식을 취했을 가능성이 크다고

---

51) 『三國史記』 24, 고이왕 9년, 「春二月 命國人開稻田於南澤」.

52) 특히 전북지방에서 대형옹관묘가 발전되지 못한 원인이 백제의 정치세력과 일정한 관련성이 있다고 하는 점(尹德香, 「甕棺墓 數例」, 『尹武炳博士 回甲紀念論叢』, 1984, pp.188~191)은 이들 지역에 대한 백제의 진출과 관련하여 시사하는 바가 크다.

53) 神功紀 49년조의 내용이 백제의 가야 및 마한과의 관계를 왜가 자신들의 활동인 것처럼 윤색한 것이 사실이라고 한다면 南蠻 忱彌多禮에 대한 복속이후 倭將과 辟支山·古沙山에 올라가 서로 맹서하는 상황이 혹 남해안 지역에 존재하고 있는 정치세력들과의 관계를 반영하고 있는 것은 아닌지 모르겠다[唯千熊長彦與百濟王至于百濟國 登辟支山盟之 復登古沙山 共居盤石上 時百濟王盟之(『日本書紀』 9, 神功紀 49년 3월)]. 특히 백제와 倭의 通交가 367년에서야 공식적으로 이루어지고 있는데 바로 2년 뒤인 369년에 倭가 대규모의 군사를 보내 백제와 공동의 군사작전을 도모했다고 보는 것은 무리이며, 또한 맹서의 장소도 하필 당시의 국경지대였는가 하는 점 등은 의문이 아닐 수 없다.
  이에 대해 加羅7國의 대표와 근초고왕 사이에서 일어난 것으로 보는 견해도 있으나(金鉉球, 『任那日本府研究』, 일조각, 1993, pp.41~42), 加羅7國이 아닌 南部馬韓勢力과의 관계로 이해할 수 있지 않을까 생각된다.

하겠다. 이는 이후에도 여전히 이들 지역에서 독자성을 가진 정치체가 존재하였음을 보여주는 대형옹관묘와 같은 유적·유물을 통해 확인된다. 결국 근초고왕이 남해안까지 진출한 이후에도 이 지역은 실제 백제의 직접 통치영역에는 포함되지 않았음을 알 수 있다.

따라서 근초고왕대 백제의 정치적 영향력은 전라도 전역을 포괄하고 있지만 실제 이 지역을 강역으로 삼아 직접통치를 시행한 것은 아니었다.[54] 즉, 노령산맥 이북지역까지가 직접통치의 영역에 포함되었으며, 그 이남은 간접지배를 하였던 것이다. 이러한 간접지배(貢納的 關係)의 흔적을 보여주는 것이 동성왕 11년(489) 國南 海村人이 「合穎禾」를 바쳤다는 기록이 아닌가 생각된다.[55]

그러나 근초고왕대 이미 이들 지역이 백제에 정치적으로 예속되었을 것이라는 점은 동성왕 20년(498) 탐라국을 정벌하기 위해 무진주까지 진출하고 있는 사실을 통해서도 알 수 있다. 탐라국과 관련해서는 다음의 기록이 주목된다.

E-1. 夏四月 耽羅國獻方物 王喜 拜使者爲恩率」(『三國史記』26, 문주왕 2년)

2. 八月 王以耽羅不修貢賦 親征至武珍州 耽羅聞之 遣使乞罪 乃止」(위의 책, 동성왕 20년)

---

54) 高句麗의 경우에도 美川王代 중국 郡縣勢力을 축출했음에도 불구하고 이들 지역을 곧바로 직접지배하에 편제하지 않았음을 볼 수 있다. 이러한 사실은 313년 이 후 일정 기간동안 塼築墳이 축조되고, 被葬者가 중국의 年號와 官職名을 칭하고 있었던 사실을 통해서 확인된다(孔錫龜, 『高句麗 領域擴張史 硏究』, 서경문화사, 1998, pp.78~80 「표 1」 자료 B 참조).

55) 『三國史記』26, 동성왕 11년, 「大有年 國南海村人獻合穎禾」.
    國南의 海村人이 이삭이 합쳐 있는 벼를 바쳤다는 것은 동성왕 11년에서야 이들 지역이 완전히 백제의 직접통치하에 편제되었음을 의미하는 것이 아닌가 생각된다.

탐라가 백제에 臣屬한 것은 문주왕 2년인데, 아마도 백제가 웅진으로 천도함에 따라 자국에 미칠 영향을 고려하여 미리 신속했던 것으로 보인다. 백제의 입장에서는 고구려의 남진에 밀려 부득이 남천함으로써 정치적으로 어려운 상황에서 이러한 탐라의 신속은 크게 고무적인 사건이었을 것이다. 이로 인해 탐라국의 사자에게 은솔의 관등을 주었을 것이며, 탐라국주에게는 이보다 높은 관등이 제수되었을 것이다.[56]

이와 관련하여 전남지역의 복속이 5세기 이후의 사실, 그것도 웅진천도 이후의 사실로 보는 견해에 대한 검토가 필요하다. 만일 전남지역이 백제의 통제하에 있지않고 독립적인 위치에 있었다고 한다면 굳이 탐라국이 백제가 웅진으로 천도하자 마자 곧바로 신속을 해올리 없기 때문이다. 이는 백제에 의해 전남지역에 대한 복속이 이루어진 후에야 그들에게 직접 위협이 될 것이기 때문이다. 그런데 사료 E-2의 동성왕 20년(498) 기록이 주목된다. 문주왕 이후 불과 20여년이 경과한 시점에서 탐라가 貢賦를 보내지 않고 있는 것이다. 또한 탐라가 공부를 보내지 않는 시기도 동성왕 20년부터라기 보다는 그 이전부터였을 것이며, 이는 웅진천도 이후 백제가 내부적 혼란을 겪음으로 인해 탐라국에서는 백제의 영향력을 크게 의식하지 않게 된 데서 나온 현상으로 보인다. 그러나 동성왕 20년(498) 탐라에 대한 정책은 정치적 안정을 찾으면서 주변지역들에 대한 통제가 시작되었음을 보여주고 있다. 특히 백제의 남방경영과 관련하여 주목되는 사실은 동성왕 20년 탐라가 공부를 바치지 않자 동성왕이 친히 정벌을 하고자 무진주에까지 이르고 있다는 사실이다. 이 내용은 탐라를 정벌하기 위해 1차적으로 무진주를 정벌하는 것으로 이

---

56) 실제 탐라국주가 좌평직을 띠고 있었음을 알 수 있다. 「耽羅國主佐平徒冬音律[一作津]來降 耽羅 自武德以來 臣屬百濟 故以佐平爲官號 至是降爲屬國」(『三國史記』 7, 문무왕 2년)

해하여 당시 전라도 지역이 백제의 강역에 해당되지 않았던 것으로 이해할 수도 있다. 그렇지만 탐라가 주체가 되어야 하므로 탐라를 정벌하러 가는 과정에서 무진주에 이르렀을 때, 탐라가 죄를 빌어오므로 그 정벌을 그친 것으로 보아야 한다.[57] 따라서 무진주는 동성왕대에는 이미 백제의 강역에 포함되어 있었을 가능성이 크다. 설령 백제의 강역에 포함되지 않았거나 또는 직접적인 통치를 받지는 않았을지라도 백제의 정치력이 실제 미치고 있었던 것은 분명하다고 생각된다.[58] 그리고 이 지역이 백제의 정치적 영향력하에 놓이게 되는 시점은 근초고왕대의 남진사실에서 찾을 수 있는 것이다. 이는 근초고왕·근구수왕대 이후부터는 고구려의 남진으로 백제가 계속 수세에 처하고 있었으며, 고구려의 남진을 막아내는 데에 급급하였기 때문에 백제 남부 지역에 대한 새로운 영역적 복속은 사실상 불가능하였을 것이기 때문이다. 따라서 이들 지역은 근초고왕이 남해안 지역까지 진출한 이후 자연스럽게 백제의 정치적 영향력하에 놓여 있었던 것으로 보아야 한다.[59]

---

57) 『日本書紀』 繼體紀 2년 12월조의 「南海中耽羅人 初通百濟國」에서 나타나고 있는 耽羅를 제주도로 보아 그 신속시기를 무녕왕 8년에 비정하고, 사료 E의 耽羅를 康津으로 이해하는 견해도 있으나(李根雨, 앞의 논문, pp.51~55) 사료 E에 나타나고 있는 탐라를 제주도에 비정하는 것이 타당하다고 생각된다.

58) 金英心, 「百濟 地方統治體制 硏究」, 서울대대학원 박사학위논문, 1997, pp.61~63.

59) 榮山江 유역의 大形 甕棺古墳 중 이른 시기에 속하는 것은 靈岩 始終面일대에 분포하고 있는데, 이들 고분 부장품은 馬具나 武器가 부장되지 않은 특징을 가지고 있다. 반면에 羅州 潘南面의 신촌리 9호분과 대안리 9호분 등에는 전투용무기가 부장되고 있어 차이를 보인다고 한다 (成洛俊, 앞의 논문, pp.239~240). 이는 백제가 이들 지역에 직접 진출하는 시점과 관련시켜 생각해 볼 필요성을 제기한다. 비록 무리한 추측이기는 하나 영암 시종면 옹관고분은 백제가 이 지역에 진출하기 이전에 축조되고, 반남면 지역의 옹관고분은 이들 지역이 백제의 정치적 영향력하에 편제된 이후에 축조됨으로써 부장유물에 있어서 차이를 보이

『통전』 변방문 동이전(상) 백제조의 「自晋以後 吞幷諸國 據有馬韓故地」는 근초고왕대의 사실로 이해되고 있는 점60)도 이러한 사실을 반영하고 있다고 하겠다. 또한 근초고왕대 당시 군사대국인 고구려를 제압하면서 대방고지에 진출할 수 있었던 것도 이미 모든 마한세력을 정치적으로 복속한 데서 기인하는 것으로 볼 수 있다.61)

그러나 의문이 없는 것도 아니다. 근초고왕대는 강력한 중앙집권적 통치체제를 추구하고 있었던 시기였음에도 불구하고 이들 복속지역에 대해서 왜 직접지배를 실현하지 않았는가 하는 점이다. 이는 백제의 북방지역인 낙랑·대방고지의 정치적 불안에서 기인하는 것으로 생각된다. 당시 고구려는 고국원왕 4년(334) 평양성 증축을 비롯해 13년(343)에는 평양 동황성으로 이거하는 등62) 대방고지에 대한 지배력을 확대하고 있었다. 이러한 시기에 만약 근초고왕이 남부 마한지역에 대한 직접지배를 실시할 경우 온조왕 34년 마한의 舊將였던 周勤의 예에서 보듯이 이들 지역에서의 무력적 저항이 예상된다. 그럴 경우 근초고왕은 군사력을 동원하여 이들을 진압해야 하는데, 이는 고구려로 하여금 남진의 빌미를 제공하게 될 수도 있다. 따라서 근초고왕은 이들 지역에서 자치권을 허용하면서 그들의 인적·물적자원을 이용하고자 했던 것이 아닌가 생각된다. 즉, 공납제적 지배방식을 취했던 것으로 볼 수 있다. 이러한 공납제적 지배방식은 고구려의 東沃沮 지배를 비롯해 夫餘의 挹婁지배에서 찾아지고 있다.

고 있는 것이 아닌가 생각된다.
60) 李丙燾, 『韓國史』(古代篇), 을유문화사, 1959, p.362.
　　李基東, 「馬韓領域에서의 百濟의 成長」, 『馬韓·百濟文化』 10, 1987, p.65.
61) 李基東, 앞의 논문, pp.64~66.
62) 『三國史記』 18, 고국원왕 4·14년.

F - 1. 東沃沮 … 國小 迫于大國之間 遂臣屬句麗 句麗復置其中大
人爲使者 使相主領又使大加統責其租稅 貊布魚鹽海中食物
千里擔負致之 又送其美女 以爲婢妾遇之如奴僕(『三國志』동
이전 동옥저조)

2. 挹婁 … 自漢以來 臣屬夫餘 夫餘責其租賦重 以黃初中叛之
附與數伐之(위의 책, 동이전 읍루조)

즉, 동옥저의 경우는 貊布·魚鹽·海中食物 등을 비롯해 미녀까
지 공납하고 있으며, 읍루의 경우는 부여에서 조부를 매우 무겁게
부과시키고 있었음을 알 수 있다. 물론 동옥저가 고구려에 신속된
것이 태조왕 4년(56)으로 시기상 앞서고는 있으나 고구려 동천왕이
245년 관구검에게 쫓겨 동옥저로 피난한 것으로 보아 신속관계가
이 때까지도 계속되고 있었음을 알 수 있다. 그리고 읍루의 경우에
는 신속관계가 黃初연간까지 계속되었는데, 이는 魏 文帝의 연호로
그 시기가 220~226년임을 알 수 있다. 따라서 백제의 경우도 복속
지역에 대한 간접지배 방식은 이들과 비슷한 형태로 이루어졌을 것
으로 보인다.

물론 이러한 배경에는 이들 세력이 군사적 위협이 되지 않았다
고 하는 점도 작용하였을 것이다. 이들 지역 고분에서는 무기류 및
마구류의 출토가 빈약한 것으로 보아 군사적 집단이 아니었음을 추
측할 수 있다. 반면에 대형옹관묘의 축조에서 알 수 있듯이 경제력
은 매우 컸음을 보여주고 있다.[63] 따라서 근초고왕은 군사적 위협
은 적으면서 상당한 경제력을 보유한 이들 세력을 백제의 통제권내
로 수용함으로써 물적기반을 확보하고자 간접지배의 방식을 택했던
것이 아닌가 한다. 그리고 진사·아신왕대 이후부터 백제가 대고구
려전에서 수세적인 입장에 있었음에도 불구하고 이들의 정치적 움

---

63) 成洛俊, 「榮山江流域의 甕棺墓研究」, 『百濟文化』 15, 1983, p.48.
金周成, 앞의 논문, pp.38~39.

직임이 전혀 나타나고 있지 않은 것으로 보아 정치적 예속성도 매우 강하였던 것으로 생각된다.

3) 고구려와의 대립

백제는 건국직후부터 북방지역에 위치하고 있는 말갈·낙랑 등 북방세력의 계속적인 침략에 대하여 정복과 회유, 축성 등을 통해 대응해 왔다. 그런데 4세기에 들어오면서부터는 낙랑·대방지역을 병합한 고구려와 국경을 접하게 되면서 백제는 대고구려정책에 있어서 새로운 전기를 맞게 되었다.

4세기는 고구려의 남방진출이 본격화되는 시점이다. 백제의 대고구려정책은 이러한 고구려의 남진정책에 대한 대응차원에서 이루어지고 있다. 따라서 고구려 대외정책의 변화과정과 남진정책에 대한 이해가 필요하다. 고구려는 4세기초 중국이 五胡 十六國의 혼란기에 들어가게 되자 위의 공격으로 환도성이 함락된 이후[64] 소강상태에 놓였던 대외적 팽창활동을 재개할 수 있는 기회를 맞게 되었다.[65] 15대 미천왕은 진이 5胡의 침입으로 인해 東顧의 여지가 없는 틈을 타 마침내 낙랑과 대방을 멸망시킴으로써 한반도 내에서 중국의 군현세력을 축출하는데 성공하였다.[66] 이후 요동에 대한 팽창을 재개하는 과정에서 선비족 모용씨와 부닥뜨리게 된다. 고구려는 당시 모용씨 세력과 대결하기 위해 단씨·우문씨 등과 연합세력을 형성하

---

64) 『三國史記』17, 동천왕 20년.
65) 李基東,「高句麗史 發展의 劃期로서의 4世紀」,『東國史學』30, 1996, pp.2~11.
66) 『三國史記』17, 미천왕 14·15년,「十四年 冬十月 侵樂浪郡 虜獲男女二千餘口 十五年 秋九月 南侵帶方郡」. 그런데 중국 군현세력을 축출한 이후 이들 지역을 직접 지배한 것이 아니라 기존의 세력들을 통한 간접 지배 방식을 취하였는데, 이는 당시 이 지역에 중국적 전통이 강한 博築墳 축조집단의 존재나 안악3호분에 나타난 중국적 요소 등을 통해 확인된다(孔錫龜,『韓國史』5, 국사편찬위원회, 1996, pp.71~74).

여 합동으로 공격하기까지 하였으며,67) 後趙에 사신을 파견68)하여
국제관계에서 자신의 입장을 강화하고자 하였다. 당시 이와 같은 고
구려의 노력은 어느 정도 성공을 거두었다.69)

그러나 모용씨가 前燕을 세우고, 고구려에 대한 압력을 강화해
오자 고구려 고국원왕은 북부지역에 새로운 성을 축조하여 전연에
대한 방비를 강화하였다.70) 전연은 고국원왕 12년 대대적으로 고구
려에 대한 침공을 감행하였으며, 고구려는 이를 막아내지 못함으로
써 왕도가 함락되는 등의 참패를 겪게 된다.71) 이후 고구려는 전연
과 우호관계를 수립하게 되었는데,72) 이는 고구려의 요동진출이 일
단 좌절되었음을 의미하는 것이기도 하다. 『삼국사기』 고국원왕조
에는 25~39년까지 14년간의 기록이 공백으로 되어 있는데, 이는
고구려가 내적으로 국력배양에 힘쓰면서 한편으로는 대외팽창의 활
로를 남쪽에서 모색하는 이른바 남진정책을 추구한 때문으로 이해
되고 있기도 하다.73) 특히 고구려는 소수림왕대(371~384) 불교의
공인, 태학설립, 율령반포 등 대내적으로 국가체제를 정비함으로써
전연에 의한 참패로 인해 상실된 국가의 면모를 일신하는 데 노력

---

67) 孔錫龜, 「高句麗의 領域擴張에 대한 硏究」, 『韓國上古史學報』 6, 1991.
    p.136.
    『三國史記』 17, 미천왕 20년.
68) 『三國史記』 17, 미천왕 31년 및 『資治通鑑』 105, 載記5 石勒下 建平 元
    年條.
69) 「位宮玄孫乙弗利頻寇遼東 虜不能制」(『北史』 94, 열전 82 고구려조)
70) 『三國史記』 18, 고국원왕 5년.
71) 『三國史記』 18, 고국원왕 12년, 「燕王皝遷龍城 立威…」.
72) 『三國史記』 18, 고국원왕 25년.
73) 李萬烈, 「三國의 抗爭」, 『韓國史』 2, 국사편찬위원회, 1978, pp.464~470.
    燕의 침입으로 丸都城이 파괴되고 이듬해 고국원왕은 平壤 東黃城으로
    移居하였는데, 이때부터 樂浪·帶方지역에 대한 경영이 적극적으로 추
    진되었다고 한다(林起煥, 「4世紀 高句麗의 樂浪·帶方地域 經營」, 『歷
    史學報』 147, 1995, pp.19~20).

하였다.

이후 전연은 370년 前秦에 멸망당하였으며, 고구려는 북방의 국경을 전진과 접하게 되었다. 고구려는 전진과 우호관계를 유지하고자 하였으며,[74] 이는 고구려의 대북방정책의 보류와 동시에 남방정책의 새로운 변화를 초래하게 되었음을 의미한다. 이러한 시기에 백제는 근초고왕대 후기에 들어와 활발한 대외팽창정책을 추진하게 되며, 특히 가야지역으로의 진출과 남부 마한지역의 복속은 고구려를 자극하기에 충분하였을 것이다. 백제와 고구려의 정면충돌은 근초고왕 24년(369)에 이르러서야 비로소 나타나고 있다. 백제의 북방지역에 고구려가 먼저 진출을 시도하였는데, 그 시점이 근초고왕의 가야지역 및 남부 마한지역으로의 진출이 성공적으로 이루어진 직후였다. 이러한 사실은 고구려의 침략이 백제의 급속한 팽창을 견제하기 위한 측면이 내포되어 있음을 보여주는 것이기도 하다. 이후 고구려는 계속적인 남진정책을 추구하면서 백제와 충돌하게 된다.[75]

그렇지만 4세기 백제의 대고구려정책은 고구려 미천왕이 낙랑·대방세력을 축출한 시점부터 본격화되었을 것으로 생각된다. 다만 당시 백제의 대북관계에 관한 대응기록이 전혀 보이고 있지 않다. 비류왕 17년 宮의 서쪽에 射臺를 쌓아놓고 활쏘기를 익혔다고 하는 기록이 있는데,[76] 이를 고구려의 騎馬戰을 대비한 전술의 일환으로

---

74) 당시 고구려와 前秦과의 우호관계를 보여주는 기록으로 다음이 참고된다.
　　1. (燕)太傅(慕容)評奔高句麗 高句麗執評送於秦(『資治通鑑』 102, 海西公 太和5년, 370)
　　2. 秦王符堅遣使及浮屠順道 送佛像經文 王遣使廻謝 以貢方物(『三國史記』 6, 소수림왕 2년, 372)
　　3. 春 高句麗 新羅西南夷皆遣使入貢于秦(『資治通鑑』 104, 孝武帝 太元2년, 372)
75) 朴性鳳, 「高句麗의 漢江流域進出과 意義」, 『鄕土서울』 42, 1984.

이해되고 있을 뿐이다.[77] ·이것은 고구려가 중국 군현세력을 축출한 이후 국경을 접하게 된 데서 나온 대책이 아니었을까 추측된다.

백제의 대북방 진출은 근초고왕대부터 활발하게 전개되고 있는데, 고구려의 남진에 대한 대응으로부터 비롯되고 있다. 근초고왕대는 고구려의 남진을 효과적으로 봉쇄함과 동시에 나아가 적극적인 대북방 진출을 시도하였다. 그러나 진사왕대부터는 대북방 진출에 있어서 성과를 거두지 못하였을 뿐만 아니라 고구려의 강력한 남진정책으로 인해 북방영역의 지배권에 상당한 타격을 받으면서 계속 수세적인 입장에 처하였다. 따라서 4세기대 백제의 대고구려정책은 그 성과에 의해 근초고왕·근구수왕대와 그 이후를 구분하여 이해할 필요가 있다.

먼저 근초고왕·근구수왕대의 공세적인 시기의 대고구려관계를 살펴볼 수 있는 기록으로 다음이 주목된다.

> G - 1. 秋九月 高句麗王斯由帥步騎二萬 來屯雉壤 分兵侵奪民戶 王
>   遺太子以兵徑至雉壤 急擊破之 獲五千餘級 其虜獲分賜將士
>   (『三國史記』24, 근초고왕 24년)
>
> 2. 高句麗擧兵來 王聞之伏兵於浿河上 俟其至急擊之 高句麗兵
>   敗北 冬 王與太子帥精兵三萬 侵高句麗攻平壤城 麗王斯由力
>   戰拒之 中流矢死 王引軍退 移都漢山(위의 책, 근초고왕
>   26년)
>
> 3. 秋七月 高句麗來攻北鄙水谷城陷之 王遣將拒之 不克 王又將
>   大擧兵報之 以年荒不果(위의 책, 근초고왕 30년)
>
> 4. 元年條 近肖古王之子 先是 高句麗國岡王斯由親來侵 近肖古
>   王遺太子拒之 至半乞壤將戰 高句麗人斯紀本百濟人 誤傷國
>   馬蹄 懼罪奔於彼 至是還來 告太子曰彼師雖多 皆備數疑兵而
>   已 其驍勇唯赤旗 若先破之 其餘不攻自潰 太子從之 進擊大

---

76) 『三國史記』24, 비류왕 17년, 「築射臺於宮西 每以朔望習射」.
77) 申瀅植, 『三國史記硏究』, 일조각, 1990, p.132.

敗之 追奔逐北 至於水谷城之西北 將軍莫古解諫曰 嘗聞道家
之言 知足不辱 知止不殆 今所得多矣 何必求多 太子善之止
焉 乃積石爲表 登其上 顧左右曰 今日之後 疇克再至於此乎
其地有巖石 礧若馬蹄者 他人至 今呼爲太子馬迹近肖古在位
三十年薨 卽位(위의 책, 근구수왕 즉위년)

5. 冬十月 王將兵三萬 侵高句麗平壤城 十一月 高句麗來侵(위
의 책, 근구수왕 3년)

　백제와 고구려의 전쟁은 위의 사료 G-1에서 보듯이 고구려의
선제공격에서 비롯되고 있다.[78] 위의 사료 가운데 G-1과 4는 같
은 사건의 내용을 기록한 것이므로 이들을 함께 검토하면서 당시의
상황을 살펴보기로 하겠다. 고구려가 雉壤으로 침략하여 와서 民戶
를 침탈하자 태자를 보내 고구려군을 격파하고 5천여인을 노획하였
다고 한다. 그런데 사료 G-4에서는 半乞壤에서 싸워 이긴 후 다시
수곡성의 서북방면까지 진격한 사실을 기록하고 있다. 따라서 백제
군이 처음 고구려군과 대적한 지점은 雉壤과 半乞壤 두 곳으로 나
타나고 있다. 그러나 이 두 지명은 동일지명에 대한 이칭으로 황해
도 白川에 비정되고 있다.[79] 여기서 중요한 것은 백제군이 최종적
으로 점령한 곳이 어디까지인가 하는 점이다. 사료 G-4의 기록을
보면, 水谷城의 서북까지 근구수가 진격한 후에 이곳에 돌을 쌓아
표시를 남겼다고 한다. 수곡성은 황해도 신계 부근으로 비정되고 있
다.[80] 그러나 水谷城의 서북지역이 구체적으로 어디를 가리키는지

---

78) 百濟本紀의 내용에는 고구려가 雉壤에 진출하여 民戶만을 약탈한 것으
　　로 기록되고 있으나, 高句麗가 2만이라는 대군을 동원하고 있는 점과
　　高句麗本紀에는 백제를 정벌하고자 했던 것으로 기록되어 있는 점으로
　　보아 백제를 공격하고자 하는 의도가 분명하였던 것으로 볼 수 있다
　　(『三國史記』 18, 고국원왕 39년, 「秋九月王以兵二萬 南伐百濟戰於雉壤
　　敗績」).
79) 李丙燾, 앞의 논문, p.509.
80) 李丙燾, 앞의 논문, p.510. 『東國輿地勝覽』 42, 新溪縣 古跡條에 「俠溪廢

알 수 없다. 다만 태자가 말한 「今日之後 疇克再至於此乎」라는 내용을 통해 이 지역까지 진출한 것은 일시적인 상황이었으며, 차후 백제가 이곳에 진출한다는 것은 기대하기 어려울 것으로 예견되고 있는 점을 통해 당시 北境으로부터 상당히 멀리 떨어진 지역이라는 사실만을 짐작할 수 있다. 그런데 이와 관련하여 4세기 중엽에서 후반에 해당되는 백제 토기류가 황주지방에서 출토되고 있다는 사실이 주목된다.[81] 황주는 수곡성으로 비정되는 신계의 서북방에 위치하고 있을 뿐만 아니라 지리적으로도 백제가 고구려 平壤城을 공격하기 위한 공격로에 위치하고 있기 때문이다.[82] 따라서 水谷城의 서북지역을 黃州일대로 비정할 수 있으며, 이곳까지 백제의 영향력이 일시적으로 미치게 되었으나 지속적이지는 않았던 듯하다.[83]

그런데 근초고왕 24년 고구려의 침략은 백제의 세력확대에 대한 견제적인 측면에서 이루어졌던 것으로 보인다.[84] 이는 그 해 3월 백제가 가야지역으로의 진출과 남부 마한세력에 대한 복속을 시도

縣 在縣南三十里 本高句麗水谷城縣 一名 買旦忽」이라고 하고 있어 현재의 黃海道 新溪 부근임을 알 수 있다.

81) 崔鍾澤, 「黃州出土 百濟土器例」, 『韓國上古史學報』 4, 1990.

82) 특히 근초고왕 26년 및 근구수왕 3년 2차례에 걸쳐 평양성을 공격하고 있는데, 이는 근초고왕 24년 근구수에 의해 黃州地域까지 진출했던 경험을 통해 성공할 수 있었을 것이다.

83) 黃州지역에서 백제토기가 출토된 예를 통해 백제주민이 이 곳에 徙民되었을 것으로 추정하는 견해도 있다(李道學, 「百濟 集權國家形成過程 硏究」, 한양대대학원 박사학위논문, 1991, p.85). 그러나 이는 근초고왕 24년 태자 근구수가 水谷城의 서북지역까지 진출한 이후 「今後 누가 다시 여기에 이를 수 있을까」라고 한 말의 의미를 통해 볼 때, 그곳까지의 진출은 일시적인 것으로 볼 수 있으며, 百濟土器의 출토는 百濟住民의 徙民보다는 근초고왕 24년을 비롯해 두 차례의 평양성 공격과 관련시켜 이해하는 것이 옳을 듯하다.

84) 이를 고구려가 요동지역으로 진출하는 데 한계와 회의를 느끼게 된 데서 구하는 견해(孔錫龜, 앞의 논문, pp.246~247)와 백제에 대한 견제공격으로 보는 견해가 있다(李熙眞, 앞의 논문, p.13).

하고 있었다는 사실과 밀접한 관련이 있다. 즉, 백제의 팽창정책이 어느 정도 성공을 거두게 된 데 따른 결과였던 것이다. 물론 백제의 남방경략으로 인해 국력이 분산된 틈을 노려 남진을 감행했을 가능성도 생각할 수 있다. 그러나 고구려의 남진에 대한 백제의 대응정도가 단지 방어수준이 아닌 북진으로까지 이어지고 있다는 점에서 볼 때, 백제는 남방경략으로 인한 국력의 손실이 사실상 없었던 것으로 보인다.[85] 결국 고구려의 남진은 백제가 남방경략에 성공함으로써 국력이 강화되고 주변국으로 정치적 영향력이 확대되는 것을 견제하기 위한 측면에서 이루어졌을 가능성이 크다고 하겠다. 고구려의 남진배경을 양국간의 帶方故地에 대한 귀속문제[86] 및 부여족의 시조인 東明의 권위를 정통적으로 계승하고자 하는 명분다툼으로 이해하려는 견해도 있다.[87] 그러나 국가체제가 완전히 정비되지 않은 시점에서 명분을 내세워 국운을 건 전쟁을 하였을 것으로 생각하기는 어렵다.[88] 따라서 보다 직접적인 원인이 있었을 것이며, 이는 백제의 팽창에 대한 견제 내지는 방어적 조치였을 것이라고 하는 점에서 찾을 수 있다.

백제의 대고구려 관계에서 가장 우세를 점했던 시기는 바로 사

---

85) 특히 이는 백제의 가야진출 및 남부 마한세력에 대한 복속이 전쟁에 의한 것이 아니라 단지 군사적 진출에 의한 자발적인 신속였다는 사실을 보여주는 것이 아닌가 생각된다.

86) 帶方故地에 대한 귀속문제는 농경에 적합한 토지의 획득과 전문적인 학식을 지닌 漢人 官僚의 확보 등을 염두에 둔 견해이다. 그러나 백제의 경우에 있어서는 농경에 적합한 토지에 대한 욕구는 남방지역의 개발로 나타나고 있으며, 帶方人의 백제귀속이 이미 고이왕대부터 비류왕대에 걸쳐 이루어지고 있었으므로 근초고왕대 새삼스럽게 이들에 대한 확보문제가 제기되었을 가능성은 적다고 하겠다.

87) 梁起錫, 「百濟 近仇首王의 對外活動과 政治的 地位」, 『百濟論叢』 6, 1997, pp.48~49.

88) 더구나 백제로서는 남방지역에 대한 통제가 완전하게 이루어지지 못한 상황에서 고구려와 명분을 위해 전쟁을 하였다고 생각하기는 어렵다.

료 G-2의 근초고왕 26년이라고 하겠다. 이 때 근초고왕은 태자 근구수와 함께 정병 3만을 거느리고 平壤城[89]을 공격하여 고국원왕을 전사시키는 성과를 거두었다. 이 전쟁은 비록 고구려의 선제공격에 의해 시발되었으나, 그 해 겨울 평양성 공격은 백제의 선제공격에 의해 이루어졌다는 점에서 기존의 방어적 입장에서 적극적인 공격으로 전환하였음을 보여주는 것이다. 그런데 근초고왕은 고국원왕을 전사시키는 성과를 거둔 이후 도읍을 漢山으로 옮기고 있다. 따라서 한산의 위치에 대한 검토는 당시 백제의 대고구려정책을 이해하는 데 참고가 될 것이다.

그러면 이 때 移都한 한산은 어디를 가리키는 것일까? 『삼국유사』에서는 이 내용을 「移都北漢山」이라고 하여 북한산으로 기록하고 있다.[90] 북한산과 관련해서 주목되는 것이 비류왕 24년 내신좌평 優福의 북한성 반란 기록이다. 즉, 북한성은 북한산에 위치한 산성였으며, 또한 군사적으로 전략상 중요한 기능을 하였음을 알 수 있다. 따라서 근초고왕 26년의 「移都漢山」은 근초고왕이 대고구려 전쟁을 수행하는 과정에서 효율적인 군사적 대결을 위해 일시 도읍을 한강 이북에 위치하고 있는 북한산으로 옮긴 것으로 이해할 수 있다. 그리고 도읍을 한강 이북으로 옮겼다고 하는 사실은 당시 백제의 대고구려전에 있어서의 공세적인 입장을 보여주는 것이라고 하겠다.[91] 물론 이 때의 천도는 도읍 전체를 옮겨간 것이라기 보다

---

89) 平壤城의 위치와 관련해서는 여러 견해가 제기되고 있다. 먼저 평양관련 명칭의 출현시기를 보면, ① 동천왕 21년(평양성), ② 미천왕 3년(평양), ③ 고국원왕 4년(평양성), ④ 고국원왕 13년(평양 동황성), ⑤ 고국원왕 41년(평양성) 등에 보이고 있다. 그런데 대개 ①~④의 평양의 위치에 대해서는 여러 이견이 있으나, 근초고왕의 진출과 관련된 ⑤의 평양성 위치는 현 평양이라는 데 견해가 일치하고 있다(孔錫龜, 앞의 논문, pp.239~245).

90) 『三國遺事』 왕력1, 근초고왕, 「辛未 移都北漢山」.

91) 그런데 이 때 漢山을 지금의 남한산을 가리키는 것으로 보는 견해도

는 군사상 필요한 핵심기능만 옮겨갔을 가능성이 크다고 생각된
다.[92] 백제가 군사전략적인 측면에서 도읍을 옮긴 경우는 이 때가
처음은 아니었다. 온조왕 14년에 漢水의 남으로 천도를 하였는데,
천도 이유가 낙랑·말갈의 잦은 북경 침입에 따른 혼란 때문이었음
을 밝히고 있다.[93] 그런데 천도한 한산을 지명으로 보기도 하지
만,[94] 지명과 산명 등 두 가지 의미로 사용되고 있음을 볼 수 있다.
그러나 여기서는 한산에 위치하고 있는 북한산을 가리키는 의미로

있다(李丙燾『國譯 三國史記』, p.375 주 4). 즉 평지성인 漢城(春宮里)
에서 連接한 산성으로 옮긴 것이며, 이는 고구려의 來侵을 염려한 일시
적인 천도일 것으로 보았다. 그러나 근초고왕이 평양성을 공격하고 고
국원왕을 전사시키는 등 우세한 군사적 상황에서 고구려의 공격을 피
하기 위해서 도읍을 옮겼다고 보는 것은 잘 이해가 되지 않는다. 특히
당시 北界는 황해도 신계로 비정되는 水谷城 이북으로 한성과는 상당
한 거리를 두고 있었던 점에서 볼 때 더욱 설득력이 없다고 하겠다.
　한편, 李道學은「移都漢山」을 백제의 고구려에 대한 적극적인 북진책
의 결과로 보면서 한산의 위치를 북한산성에서 구하고 있으며(李道學,
「百濟 漢城時期의 都城制에 관한 檢討」,『韓國上古史學報』9, 1992,
pp.32~33), 姜仁求 역시 백제 군사력의 승세에서 그 원인을 구하고 있
으나 위치를 뚝섬지구로 비정하고 있어 약간 차이를 보여주고 있을 뿐
이다(姜仁求,「百濟 初期都城問題新考」,『韓國史研究』81, 1993, pp.1
5~18). 金起燮은 이를 도성제의 정비와 관련시켜 이해하고 있으며, 새
로 구축된 왕성으로의 移居로 보고 있으나(金起燮,「百濟 漢城時代 統
治體制 研究」, 박사학위논문, 1997, pp.143~145), 당시 백제가 모든 국
력을 고구려와의 전투에 집중하고 있는 상황에서 새로운 왕도의 정비
사실을 인정하기는 쉽지 않다.
92) 정책상의 필요에 의해 王이 거주처를 옮기는 경우는 신라의 경우에서
　　도 발견된다. 즉, 자비마립간 18년(475) 왕이 明活城으로 移居하여 소
　　지마립간 10년(488)까지 14년간 명활성이 離宮으로서의 역할을 하였다
　　(『三國史記』3, 자비마립간 18년 및 소지마립간 18년).
93)『三國史記』23, 온조왕 13·14년,「夏五月 王謂臣下曰 國家東有樂浪 北
　　有靺鞨侵軼疆境 少有寧日 況今妖祥屢見 國母棄養 勢不自安 必將遷國
　　予昨出巡觀漢水之南 土壤膏腴 宜都於彼 以圖久安之計 秋七月 就漢山下
　　立柵 移慰禮城民戶 … 十四年 春正月 遷都」.
94) 李道學,『百濟 古代國家 研究』, 일지사, 1995, pp.264~265.

이해하는 것이 타당할 것으로 생각된다.

그러면 대고구려전에서 우세를 보였던 근초고왕대의 北界는 어디까지였을까? 먼저 사료 G-1·4를 통해 水谷城 서북지역까지 진출하였으며, 두 차례에 걸쳐 평양성에 대한 공격을 시도하기는 하였으나 그 지역을 국경으로 하지는 않았음은 분명하다. 그런데 사료 G-2를 보면, 고구려가 남침할 때 백제군이 浿河의 上流에 매복해 있다가 이를 공격하고 있다. 浿河를 임진강이나[95] 대동강 수계에 비정하는 견해도 있으나,[96] 예성강으로 보는 견해가 지배적이다.[97] 그리고 군사를 매복시켜 고구려군이 도착하기를 기다렸다가 공격하였다는 것은 이 지역이 백제의 영역이었음을 의미한다. 또한 근초고왕 30년에는 고구려가 수곡성을 공격하여 함락시키고 있다. 이는 근초고왕 30년까지는 수곡성이 백제의 영역으로 남아 있었던 사실을 말해 준다. 특히 황해도 谷山 근처로 비정되는 谷那鐵山의 존재가 『일본서기』에 기록되어 있는데,[98] 이곳까지도 백제의 영향력이 미치고 있었음을 알 수 있다. 곡산은 신계의 북방, 예성강 상류에 위치하고 있어 기록과 합치할 뿐만 아니라 근초고왕 24·26년의 영역 확장으로 인한 北境의 확대와 관련해 볼 때 사실성이 있다.

이상의 검토를 통해 근초고왕 30년 수곡성을 상실할 때까지의 백제의 北境은 수곡성을 포함한 예성강 상류지역까지 확대되었음을 알 수 있다. 수곡성을 빼앗긴 이후 근초고왕은 이를 탈환하기 위해 大兵을 일으킬 것을 계획하지만 흉년으로 인해 결국 실현하지 못하였다. 이는 수곡성의 지리적 위치가 매우 중요하였음을 의미한다.[99]

---

95) 津田左右吉,「浿水考」,『朝鮮歷史地理』1, 1913.
96) 金起燮, 앞의 논문, pp.157~158.
97) 孔錫龜, 앞의 논문, pp.248~249.
98) 「久氐等從千熊長彦詣之 卽獻七枝刀一口 七子鏡一面 及種種重寶 仍啓曰 臣國以西有水 源出自谷那鐵山 其邈七日行之不及 當飮是水 便取是山鐵 以永奉聖朝」(『日本書紀』9, 神功紀 52년 9월)

수곡성의 상실은 곧 백제 북방한계선의 南進을 초래하였을 것이기 때문이다.

백제의 대북방진출은 근초고왕을 이어 근구수왕에 의해 계속되고 있다. 근구수왕은 377년에 병력 3만을 거느리고 고구려 평양성을 공격하였다. 근구수왕의 이러한 대고구려정책은 그가 태자때부터 군사를 직접 이끌고 대고구려 전쟁을 수행했던 경험에서 비롯되었을 것이다. 그러나 당시의 북방경역이 어디까지였는지는 분명하지 않다. 다만 근구수왕 이후 백제의 北界를 알 수 있는 것으로 진사왕 2년조의 다음 기록이 참고된다.

春 發國內人年十五歲已上 設關防 自靑木嶺 北距八坤城 西至於海
(『三國史記』25, 진사왕 2년)

진사왕은 2년에 關防을 설치하고 있는데, 이는 고구려의 남침에 대비하기 위한 목적이었을 것이다. 당시 關防이 설치된 지점을 보면, 靑木嶺에서 시작하여 北은 八坤城에, 西는 바다에 이르고 있다. 청목령은 開城부근에 비정되고 있으며,[100] 팔곤성은 위치를 확인할 수 없으나 북방 한계선이므로 靑木嶺(開城 부근) 이북에서 근초고왕 30년에 상실한 水谷城(新溪) 이남에 위치하고 있었을 것이다.

그러나 백제는 진사왕 8년 고구려 廣開土王의 대규모 침략을 받아 북방의 많은 영역을 상실하게 된다.[101] 진사왕·아신왕대는 고

---

99) 실제 水谷城은 지리적으로 고구려의 공격을 방어하는 데 유리할 뿐만 아니라 고구려를 공격하는 데 있어서도 요충지이다. 禮成江을 따라 북진하다가 新溪 바로 남쪽 滅惡山脈과 彦眞山脈이 만나는 구조곡을 따라 서북진하게 되면 黃州를 지나 平壤城에 도달할 수 있으며, 또는 신계를 지나 西進을 하게 되면 황주방면으로 나갈 수 있기 때문이다.

100) 李丙燾,『國譯 三國史記』, p.379.
　　　閔德植,「『三國史記』木柵關係 記事의 考察」,『韓國上古史學報』19, 1995, pp.334~336.

구려와 5번의 충돌에서 1번만 승리하였을 뿐 3번을 패배하였으며,102) 4차례의 고구려 공격계획은 무산되는 등103) 상대적인 열세에 놓이고 있다. 당시의 상황을 아신왕 8년조에서는 「王欲侵高句麗 大徵兵馬 民苦於役 多奔新羅 戶口衰減」라고 하여104) 고구려와의 전쟁으로 백제사회가 매우 피폐하였음을 보여주고 있다. 백제가 모든 역량을 고구려와의 전쟁에 치중하고 있었음은 두 차례에 걸친 말갈과의 전투에서105) 모두 백제가 수세였다는 사실을 통해서도 확인할 수 있다. 이는 고구려와의 전쟁으로 말갈세력106)에 대한 대비가 미흡했던 것에 기인하는 것으로 생각되기 때문이다.

당시 고구려와 백제의 관계를 [廣開土王陵碑文]에서는 다음과 같이 기록하고 있다.

殘不服義 敢出迎戰 王威赫怒 渡阿利水 遣刺迫城 殘兵歸穴 就便圍城 而殘主困逼獻出男女生口一千人 細布千匹 跪王自誓 從今以後 永爲奴客 太王恩赦始迷之愆 錄其後順之誠 於是得五十八城 村七百 將殘主弟幷大臣十人 旋師還都([廣開土王陵碑文])

광개토왕릉비는 장수왕이 그의 부왕인 광개토왕의 업적을 기리기 위해 세운 것이다. 위의 내용은 永樂6年 丙申年(396)에 백제를

---

101) 『三國史記』 25, 진사왕 8년, 「秋七月 高句麗談德帥兵四萬 陷石峴等十餘城 王聞談德能用兵 不得出拒 漢水北諸部落多沒焉 冬十月 高句麗攻拔關彌城」.

102) 백제의 대고구려 전쟁은 진사왕 6년(390) 1번 승리하였을 뿐 진사왕 8년(392)·아신왕 3년(394)·4년(395) 3회는 패배하고 있다.

103) 『三國史記』 25, 아신왕 2년·4년 11월·7년·8년.

104) 『三國史記』 25, 아신왕 8년.

105) 1. 秋九月 與靺鞨戰關彌嶺 不捷(『三國史記』 25, 진사왕 3년)
2. 夏四月 靺鞨攻陷北鄙赤峴城(위의 책, 진사왕 7년)

106) 靺鞨이 東濊를 지칭하는 것임은 주지의 사실이다(兪元載, 「三國史記僞靺鞨考」, 『史學硏究』 29, 1979).

경략한 내용으로 기술되어 있으나 대개 392년(진사왕 8년)부터 395년(아신왕 4년) 사이 백제와의 전쟁결과를 기록한 것으로 이해되고 있다.107) 비록 내용에 과장이 있지만 당시 광개토왕이 백제로부터 공취한 58城의 명칭을 모두 기록하고 있는 등 상당히 사실적인 면도 보여주고 있다. 물론 당시 공취한 지역을 모두 영역화했는가는 별도의 검토를 필요로 하나 이를 통해 4세기말 백제가 고구려에 의해 북방지역의 많은 영토를 상실하였던 것은 분명하다.108) 그러나 한편으로는 고구려와의 접전지역이 '水谷城下' 및 '浿水之上'으로 기록되어 있을 뿐만 아니라109) 아신왕 4년 11월에는 8월 전투에서의 패배를 설욕하기 위해 재차 공격을 시도하는 가운데 청목령 아래까지 이르렀다가 大雪을 만나 한산성으로 회군하고 있기도 하다.110) 그리고 비록 후대의 기록이지만 개로왕 15년에는 황현성을 修葺하고, 청목령에 大柵을 설치하여 북한산성의 사졸을 나누어 지키게 하고 있다.111) 이는 475년 한성이 함락되어 웅진으로 천도하기 이전까지의 북계는 개성부근 이북였다는 사실을 보여준다. 따라서 비록 한강 이북지역이 일시적으로 광개토왕에 의해 침략당하기는 했지만, 여전히 예성강선을 접경지역으로 하고 있었을 가능성을 말해주고 있다.112) 이는 고구려가 백제로부터 공취한 한강이북 58

---

107) 李基東, 「廣開土王陵碑文에 보이는 百濟關係記事의 檢討」, 『百濟研究』 17, 1986, p.52.

108) 58城의 위치를 황해도 남부에서 경기도 북부 및 한강 이남의 서해안지대에 비정하는 견해도 있어 참고된다(朴性鳳, 「廣開土好太王期 高句麗 南進의 性格」, 『韓國史研究』 27, 1979, pp.18~20).

109) 1. 秋七月 與高句麗戰於水谷城下敗績(『三國史記』 25, 아신왕 3년)

　　 2. 秋八月 王命左將眞武等伐高句麗 麗王談德親帥兵七千 陣於浿水之上 拒戰 我軍大敗 死者八千人(위의 책, 아신왕 4년)

110) 『三國史記』 25, 아신왕 4년, 「冬十一月 王欲報浿水之役 親帥兵七千人 過漢水 次於靑木嶺下 會大雪 士卒多凍死 廻軍至漢山城 勞軍士」.

111) 『三國史記』 25, 개로왕 15년, 「冬十月 葺雙峴城 設大柵於靑木嶺 分北漢山城士卒戍之」.

城 지역을 모두 영역화하지는 못하였음을 의미한다.

이상의 검토를 통해 볼 때 4세기 백제의 대고구려정책은 2단계로 이해할 수 있다. 먼저 근초고왕・근구수왕대는 우세를 점했던 시기로 왕 자신이 직접 전쟁에 참여하여 승리함으로써 보다 강력한 왕권강화와 중앙집권적 통치체제를 수립할 수 있었을 것이다. 군사권의 장악으로 상징되는 중앙집권화는 바로 대외전쟁에서의 승리를 통해 더욱 공고해지게 되었다. 그러나 4세기말이 되면서 대고구려 관계는 점차 열세에 처하게 되었다. 이러한 현상은 5세기에 더욱 가속화되어 결국 475년 한성이 함락되었으며, 이로 인해 웅진으로 천도하는 결과를 초래하게 되었다.

2. 국제적 지위의 확립

백제의 활발한 대외팽창 정책은 국제적인 외교관계를 통해서도 살펴볼 수 있다. 4세기 백제의 대외관계는 주로 중국 대륙진출설[113]을 비롯해 倭와의 칠지도 하사문제[114]가 주를 이루어 왔다. 그러나 이들 문제는 관점에 따라 다양한 논의가 제기되고 있을 뿐만 아니라 그 시기도 4세기로 한정하여 설명하는데 어려움이 있어 다루지 않기로 한다. 따라서 본고에서는 對東晉 외교관계[115] 및 對

---

112) 당시 고구려 세력은 여천・포천・파주・인천을 잇는 선 이남까지는 내려오지 못했을 것으로 보는 견해가 있어 참고된다(李仁哲, 「廣開土好太王碑를 통해 본 高句麗의 南方經營」, 『廣開土好太王 硏究 100年』, 1996, p.737).

113) 백제의 대륙진출설과 관련된 연구성과는 兪元載의 「「百濟略有遼西」記事의 分析」(『百濟硏究』 20, 1989) 및 姜鍾薰의 「百濟 大陸進出說의 諸問題」(『韓國古代史論叢』 4, 1992)에 잘 정리되어 있어 참고된다.

114) 李道學, 『百濟 古代國家 硏究』, 일지사, 1995, pp.221~250.
李基東, 「百濟의 勃興과 對倭國關係의 成立」, 『古代韓日文化交流硏究』, 한국정신문화연구원, 1990.

倭관계를 중심으로 검토해 보기로 하겠다. 이를 통해 백제가 국제적 위상을 확보해 가고 있음을 살펴 볼 수 있을 것이다.

1) 동진과의 외교수립

백제는 4세기에 들어와 대내적으로는 남부 마한세력의 복속을 비롯해 가야지역으로의 활발한 진출을 시도하고 있으며, 동시에 대외적으로는 주변국들과의 외교관계를 수립하는 등 영향력의 확대에도 많은 노력을 기울이고 있다. 그리고 이러한 노력은 일정 시기에 있어서는 상당한 성과를 거두었으며, 그 결과 대중국 외교수립이라는 결과를 가져왔을 뿐만 아니라 東晉으로부터 「鎭東將軍領樂浪太守」라는 관작을 받음으로써 명실상부하게 낙랑·대방고지에 대한 정치적 우월권을 확보하고 있다.[116]

그런데 중국과의 대외교섭은 4세기 이전부터 이미 활발하게 전개되고 있었다. 그 사실은『晉書』마한전을 통해 확인할 수 있다. 기록을 보면, 「武帝太康元年 二年 其主頻遣使入貢方物 七年 八年 十年 又頻至 太熙元年 詣東夷校尉何龕上獻 咸寧三年復來 明年又請 內附」라는 내용이 있다.[117] 이를 통해 277년부터 290년까지 여러 차례에 걸쳐 마한이 晉에 사신을 파견하였음을 알 수 있다. 그러나 마한의 실체를 백제로 보는 견해[118]와 이를 백제에 의해 멸망되지

---

115) 徐榮洙, 「三國과 南北朝 交涉의 性格」,『東洋學』11, 1981.
116) 대개 對中國外交는 朝貢이라는 차등적인 관계로 이해되는 경향이 강하며, 이는 백제·고구려·신라의 경우에도 예외가 아니었다. 그러나 실제적으로는 외교관계의 수립이 三國의 체제정비과정에서 의도적이고 적극적으로 추진되고 있다는 사실을 알 수 있다. 즉 三國 내부의 물리적 힘의 균형을 유지하기 위한 수단으로 중국과의 외교가 모색되고 있다는 것이다(徐榮洙, 앞의 논문, p.151).
117)『晉書』97, 동이열전 마한조.
118) 李基東, 「馬韓領域에서의 百濟의 成長」,『馬韓·百濟文化』10, 1987, p.62.

않은 잔여 마한세력으로 이해하는 견해119)가 있어, 사신을 파견한 주체가 누구인지 그 실체가 분명하지 못하다. 다만 고이왕이 子인 책계를 帶方王女와 혼인시키고 있는 사실을 통해 3세기 중후반에는 이미 중국 군현을 통해 본격적인 대중국 교섭이 진행되었을 가능성은 추정할 수 있다. 그리고 3세기말~4세기초 대중국 교섭사실을 보여주는 것으로 몽촌토성에서 출토된 西晋代의 錢文磁器片과 金銅製 銙帶金具를 비롯해 홍성 神衿城 출토 錢文磁器片 등을 들 수 있다.120) 또한 4세기 전·중반경으로 비정되고 있는 동진제 청자 및 초두의 경우121) 유입시기도 대개 비류왕대일 가능성이 크다고 하겠다. 따라서 비록 4세기 전반에 대중관계가 기록에는 나타나고 있지는 않지만 지속적으로 교섭이 있었음을 알 수 있으며, 그 주체는 백제 비류왕을 제외하고는 생각하기 어렵다.

그러나 백제가 중국과 百濟國名으로 공식적인 외교관계를 맺고, 이것이 기록에 나타나는 것은 근초고왕대이다.

> H - 1. 咸安二年春正月辛丑 百濟林邑王 各遣使貢方物 六月 遣使百
>   濟王餘句 爲鎭東將軍領樂浪太守(『晋書』 9, 帝紀 9 簡文帝
>   咸安 2년)
>   2. 春正月 遣使入晋朝貢(『三國史記』 24, 근초고왕 27년)
>   3. 春二月 遣使入晋朝貢(위의 책, 근초고왕 28년)

　　　金壽泰, 「3세기 중·후반 백제의 발전과 馬韓」, 『馬韓史의 새로운 인
　　　식』, 충남대 백제연구소, 1997, pp.133~136.
119) 兪元載, 「晋書의 馬韓과 百濟」, 『韓國上古史學報』 17, 1994, pp.140~
　　　153.
120) 夢村土城發掘調査團, 『夢村土城發掘調査報告書』, 1985.
　　　忠南大學校博物館, 『神衿城』, 1994, pp.166~167 및 사진 173-10.
121) 權五榮, 「4세기 百濟의 地方統制方式 一例」, 『韓國史論』 18, 1989, pp.5
　　　~23.

먼저 사료 H-1의 簡文帝 咸
安 2년은 근초고왕 27년(372)에
해당한다. 따라서 사료 H-1·2
의 『晋書』와 『三國史記』에 근초
고왕대 외교관계가 성립된 사실
이 동시에 기록되고 있음을 알
수 있다. 내용을 살펴보면, 백제
가 정월에 方物을 바치고, 晋에
서는 6월에 사신을 보내 근초고
왕(餘句)를 「鎭東將軍領樂浪太
守」에 책봉하였다는 것이다. 이
는 고구려 고국원왕이 前燕의
慕容儁으로부터 「樂浪公高句麗
王」에 봉해진122) 17년 뒤의 일
이다. 이로 인해 東晋과 책봉관
계를 맺은 이유가 적대국인 고
구려에 대한 외교적 억지력을
얻기 위하여 중국의 세력을 이
용하고자 하였던 것으로 이해되
기도 한다.123) 그러나 당시 백
제의 상황은 가야 및 마한에 대
한 정치적 영향력의 확대뿐만
아니라 고구려의 침략을 효과적
으로 격퇴하였던 시기였다. 그리

■ 홍성 신금성출토 흑갈유도기편과 전문도기
편(3세기말~4세기초 대중국교섭사실을 보
여주는 유물이다)

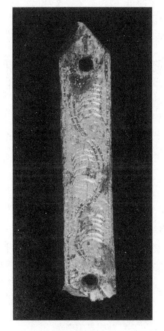

■ 몽촌토성 출토 금동제 과대금
구(중국 동진과의 교류를 보여
주는 자료로 평가된다)

122) 『晋書』 載記 제10 慕容儁條 및 『三國史記』 18, 고국원왕 25년, 「以王
爲征東大將軍營州刺使 封樂浪公王 如故」.
123) 徐榮洙, 앞의 논문, p.163.

고 근초고왕 24년 11월에는 漢水의 남에서 大閱時 황색의 기치를 사용하는 등 왕권의 위상을 강화하였다. 이후 26년에는 평양성까지 진격하여 고국원왕을 전사시키고 있다. 이 과정에서 백제는 내부적으로 중앙집권적 통치체제를 수립하였다. 따라서 동진과의 외교관계 수립은 당시 국력의 팽창과정에서 나온 백제의 국제적 위상 확보를 위한 일련의 대외정책으로 파악할 수 있다.124) 아울러 문화적인 측면도 중요하게 작용하였을 것이다. 불교의 수용을 비롯해 백제지역에서 출토되고 있는 동진제 청자125) 등은 그 대표적 實例에 속한다고 하겠다. 이는 확립된 왕권을 바탕으로 새로운 문화 및 통치이념의 도입을 통해 통치체제를 일신하려는 의도에서 비롯되었을 것이다. 이러한 대동진외교가 근초고왕에 의해 주도되었을 것이라는 점은 그가 처음 동진으로부터 책봉을 받고 있다는 사실을 통해 알 수 있다. 즉, 책봉사실은 자신의 존재가 대중외교의 중심에 있음을 보여주는 것이라고 하겠다.

근초고왕 이후 동진과의 외교관계를 보여주는 기록으로는 다음이 있다.

Ⅰ- 1. 春三月 遣使朝貢 其使海上遇惡風 不達而還(『三國史記』 24, 근구수왕 5년)

2. 晋太元中 王須 義熙中 王餘映 宋元嘉中 王餘昆 並遣獻生口 (『梁書』 東夷列傳 백제조)

3. 秋七月 遣使入晉朝貢 九月 胡僧摩羅難陁自晉至 王迎致宮內 禮敬焉 佛法始於此(『三國史記』 24, 침류왕 원년)

---

124) 특히 근초고왕이 평양지역까지 진출하게 됨으로써 고구려왕이 가지고 있는 '樂浪公'을 의식하여 의도적으로 東晋으로부터 '樂浪太守'의 칭호를 얻어내고, 이를 통하여 樂浪·帶方故地에 대한 영유권을 대외적으로 과시하고자 했을지도 모른다.

125) 李鍾玟,「百濟時代 輸入陶磁의 影響과 陶磁史的 意義」,『百濟研究』27, 1997.

사료 Ⅰ-1의 근구수왕 5년(379)에는 사신을 보냈으나 폭풍으로 인해 진에 이르지 못하고 돌아온 것으로 기록되어 있다. 그러나 Ⅰ-2에는 진 太元 연간(376~396)에 백제왕 須(근구수왕)가 사신을 파견해 生口를 바친 것으로 기록하고 있어 왕 5년 이외에 진에 사신을 파견한 적이 있었음을 보여주고 있다. 따라서 근초고왕을 이어 근구수왕도 진과의 외교관계에 깊은 관심을 가지고 있었음을 알 수 있다. 다음 침류왕은 원년(384)에 진에 사신을 보내고 있으며, 그해 9월에는 진으로부터 승려 摩羅難陁가 불교를 전해 주고 있다.

그러나 침류왕 이후 한 동안 진과의 외교관계가 기록에 보이고 있지 않다가 전지왕 2년(406)에 가서야 다시 진과 통교한 사실이 확인되고 있다.126) 이는 진사왕 이후 고구려의 남진으로 인해 동진에 사신을 파견할 여유가 없었기 때문으로 생각된다.127)

2) 왜와의 통교

백제는 가야지역으로의 진출과 함께 왜와 외교관계를 맺고 있는데 매우 적극적였던 것으로 보인다. 백제의 대왜관계를 제일 먼저 보여주는 자료로는 『일본서기』를 들 수 있다. 다음은 『일본서기』를 통해 백제가 왜와 통교한 시점과 그 내용 등에 대해 살펴보기로 한다. 관련사료로는 다음이 참고된다.

J-1. 甲子年七月中 百濟人 久氐 彌州流 莫古三人 到於我土曰 百
　　濟王 聞東方有日本貴國 而遣臣等 令朝其貴國 故求道路 以
　　至于斯土…爰斯摩宿禰卽以傔人爾波移與卓淳人過古二人　遣

---

126) 『三國史記』 25, 전지왕 2년.
127) 이러한 점은 백제가 고구려를 견제하고자 東晋과 외교관계를 맺었던 것이 아니라 오히려 침류왕대 불교의 수용 등이 東晋을 통해 이루어지고 있는 사실에서 볼 때 주로 先進文物의 수용에 있었던 것이 아닌가 생각된다.

于百濟國 慰勞其王 時百濟肖古王 深之歡喜 而厚遇焉 仍以
五色綵絹各一匹 及角弓箭 并鐵鋌四十枚 幣爾波移 便復開寶
藏 以示諸珍異曰吾國多有是珍寶 欲貢貴國 不知道路 有志無
從 然猶今付使者 尋貢獻耳 於是 爾波移奉事而還 告志摩宿
禰 便自卓淳還之也(『日本書紀』9, 神功紀 46년 3월)

2. 百濟王使久氐 彌州流 莫古 令朝貢 時新羅國調使 與久氐共
詣 於是 皇太后太子譽田別尊 大歡喜之日 先王所望國人 今
來朝之 痛哉 不逮于天皇矣 群臣皆莫不流涕(위의 책, 神功紀
47년 4월)

3. 久氐等從千熊長彥詣之 則獻七枝刀一口 七子鏡一面 及種種
重寶(위의 책, 神功紀 52년 9월)

　　먼저 사료 J-1을 통해 백제가 왜와 접촉한 시점이 366년(근초
고왕 21년)임을 알 수 있다. 그런데 왜와 직접 외교관계를 맺은 것
이 아니라 탁순을 통한 간접적 접촉였으며,[128] 왜의 사신이 탁순인
과 동행하였음을 기록하고 있다. 그런데 이 때 왜와의 외교관계가
백제의 요구에 의해 이루어졌던 것처럼 기록에 보이고 있다. 그러나
왜로 통하는 도로를 몰라서 조공을 하지 못했다고 하는 내용은 사
실이 아니라는 점과 백제에서는 五色綵絹・角弓箭을 비롯해 鐵鋌
등 많은 물품을 주고 있을 뿐만 아니라 왜의 사신에게 진이한 물품
이 많이 보관되어 있는 창고를 보여주는 등 백제 문물의 우수함을
과시하고 있다. 이는 당시 백제의 문화가 왜보다 우위적인 입장에
있었음을 의미하는 것이다.[129]

---

128) 백제는 이미 364년에 卓淳에 진출하였는데, 이 때 탁순의 진출이 倭와
　　의 외교루트를 파악하기 위한 목적이 아니라 가야지역으로의 진출 및
　　신라세력의 견제에 1차적 목적이 있었음은 앞에서 살펴보았다.

129) 沈正輔,「百濟와 倭國과의 初期交涉記事 檢討」,『韓國上古史學報』19,
　　1995, p.375. 특히 철정은 당시 교역에 있어서 중요한 물품였음을 알
　　수 있는데(「國出鐵韓・濊・倭 皆從取之 諸市買皆用錢 如中國用錢 又
　　以供給二郡」,『三國志』변진조), 이는 당시 대외무역에 있어서 가야를

또한 사료 J-2에서 백제가 사신을 보내자 왜에서는 황태후·태자를 비롯해 여러 신하들이 모두 기뻐하고 있으며, 특히 선왕이 백제와의 통교를 소망하고 있었음을 기록하고 있다. 이러한 사실을 통해 볼 때 왜와의 통교는 백제보다는 왜의 요구에 의해 이루어졌을 가능성을 생각할 수 있다. 이후 근초고왕 27년에는 七枝刀[130]·七子鏡 등 많은 보물을 왜에 보내고 있으며, 이러한 귀중품뿐만 아니라『천자문』과『논어』등 광범한 분야에 걸친 선진문물을 왜에 전하고 있다.[131] 이러한 사실은 당시 왜와의 통교가 근초고왕대 고양된 국가적 위상을 대외적으로 확산시켜 나가는 가운데 이루어졌음을 보여주는 것이다.[132]

그런데 왜와의 통교는 주로 가야지역을 통해 이루어졌던 것으로 보인다. 왜가 가야지역의 일부를 백제에 사여하는 내용의 기록들이

대신하여 백제의 선도적 입장을 반영하고 있는 것이 아닌가 생각된다.

130) 神功紀 52년(372, 근초고왕 27년) 七支刀의 헌상기록은 현재 많은 논의가 이루어지고 있다. 왜냐하면 日本 奈良縣 天理市에 소재하고 있는 石上神宮에 보관되어 있는 七支刀와 神功紀條에 보이고 있는 칠지도를 동일시하는 견해가 있기 때문이다. 石上神宮의 칠지도에는 앞·뒷면에 모두 61자의 銘文이 있는데, 해석상에 있어서는 아직 의견의 일치를 보지 못하고 있는 실정이다. 다만 銘文에서 보이고 있는 연호를 泰和 4년으로 해석할 경우(이를 백제의 연호로 보는 입장에서 369년으로 보는 견해가 있다(李丙燾,「百濟七支刀考」,『震檀學報』 38, 1974)) 문헌기록과 일치하게 되어 그 사실성이 분명해지게 된다. 그러나 5세기 후반경(개로왕대)으로 보는 등 다양한 견해가 제기되고 있어, 현재로서는 神功紀 52년에 왜에 보냈다고 하는 칠지도와 石上神宮에 보관되고 있는 칠지도와의 관계를 분명하게 밝힐 수 없는 실정이다(李基東,「百濟의 勃興과 對倭國關係의 成立」,『古代韓日文化交流硏究』, 1990, pp.268~274).

131) 李丙燾,「百濟學術 및 技術의 日本傳播」,『百濟硏究』 2, 1971, pp.16~18.

132) 백제-왜의 정식 외교관계는 근초고왕대 馬韓 잔여세력에 대한 복속이 이루어지고, 帶方故地를 경략할 무렵과 거의 때를 같이하였던 것으로 보는 견해도 있다(李丙燾, 앞의 논문, pp.14~15).

자주 보이고 있는데, 여기서 왜의 활동
으로 기록된 내용이 실제는 백제가 가
야지역에서 활동한 사실을 기록한 것
이었을 가능성이 높기 때문이다. 당시
백제에 사여한 것으로 보이는 지역을
보면, 가라 7국 및 忱彌多禮[133] 多沙
城[134] 海西지역[135] 등이다. 이 가운데
多沙城 및 海西지역이 가야지역을 통
해 왜와 통교하는 데 있어 중요한 지점
이라는 사실은 多沙城을 왕래시에 '路
驛'으로 삼으라고 한 내용을 통해서 알
수 있다.

　　그런데 근초고왕대의 대왜 통교가
고양된 국가적 위상을 대외적으로 발
산하는 과정에서 이루어졌던 것과는
달리 4세기말에는 당면한 국가적 문제
를 타결하기 위한 목적에서 외교관계
가 이루어지게 된다. 4세기말 백제와
왜의 외교관계를 보여 주는 기록으로
다음이 참고된다.

■ 칠지도(日本 天理市 石上神
宮에 보관되어 있는 칠지도,
백제와 왜의 교류 관계를
보여주는 유물이다)

133)『日本書紀』9, 神功紀 49년 3월.
134)『日本書紀』9, 神功紀 50년 5월,「增賜多沙城 爲往還路驛」.
135)『日本書紀』9, 神功紀 51년 3월,「始開道路 平定海西 以賜百濟」.

K - 1. 夏五月 王與倭國結好 以太子腆支爲質(『三國史記』 25, 아
신왕 6년)

2. 阿莘在位第三年立爲太子 六年出質於倭國(위의 책, 전지왕
원년)

사료 K는 『삼국사기』를 통해 백제와 왜의 통교를 확인할 수 있
는 최초의 기록이다. 아신왕은 397년에 태자 腆支를 질자로 보내고
있는데, 이는 고구려의 남침에 대응하기 위한 외교관계로 이해되고
있다. 당시 백제는 고구려에 의해 한강이북의 상당한 영역을 점령당
한 상태였으며, 전투에서도 계속 수세에 있었던 점에서 볼 때 이 때
의 외교는 군사적인 목적이 강하였을 것이다. 또한 태자와 같이 중
요한 인물을 보내고 있다는 사실은 당시 백제가 고구려의 남침에
대해 상당한 위기감을 느끼고 있었음을 알 수 있다.136)

이와 같이 백제의 대왜외교는 시기에 따라 그 목적이 다르게 나
타났음을 알 수 있다. 백제가 왜와 처음 외교관계를 맺는 것은 근초
고왕대이다. 근초고왕이 활발한 대왜외교를 전개할 수 있었던 것은
내적인 발전의 결과로 이해된다. 즉, 남부 마한세력에 대한 통합이
이루어지고, 북으로는 고구려와 대결하여 우위를 점하였으며, 가야
지역에도 일정한 정치적 영향력을 행사하는 등 국가체제를 일신하
고 있다. 결국 근초고왕은 대내적 통합과 체제정비 결과 증대된 국
가적 위상을 국제적으로 공인받고자 하였던 것이다. 그런데 근초고
왕대의 대왜외교는 아신왕대에 와서 새로운 변화를 맞게 된다. 아신
왕대는 고구려의 남진정책이 활발하게 전개되는 시기였다. 따라서
백제로서는 고구려의 남진을 저지하는데 전력을 기울일 수밖에 없

---

136) 백제가 이 때 태자 腆支를 왜국에 質子로 보낸 것은 고구려와의 군사
적 대결상태에서 왜와 장기적인 군사적 동맹관계를 맺기 위한 외교전
략으로 보는 견해가 있다(延敏洙 「百濟의 對倭外交와 王族」, 『百濟硏
究』 27, 1997, pp.196~200).

었다. 따라서 대외외교도 국방외교가 중심이 되었을 것이며, 태자인 腆支를 왜에 질자로 보내는 것도 고구려의 남진에 대응하기 위한 목적에서 비롯되었다고 하겠다. 이후 백제와 왜의 외교관계는 시기에 따라 그 목적을 달리하면서 지속적으로 유지되어 갔다.

결 론

결 론

　백제는 3세기 고이왕대를 전후하여 독립적인 부세력을 중앙의 통치질서 안으로 편제시켜 나갔으며, 동시에 북방의 중국 군현지역으로 세력팽창을 시도하였다. 그러나 중국 군현세력의 강력한 저항에 부딪쳐 실패를 하게 되고, 결국은 왕권의 위축을 초래함으로써 왕위계승이 고이계에서 다시 초고계로 이행하는 계기를 맞게 되었다. 그러나 4세기에 들어 와서 백제는 내부적으로 체제의 정비에 힘쓰는 동시에 대외적인 세력팽창을 통해 중앙집권적인 귀족국가를 성립시켜 나가고 있다.

　다음은 각 장에서 검토된 내용을 토대로 4세기 백제사의 성격을 구명해 보기로 하겠다.

　제1장에서는 4세기 왕위계승 과정에 대해 살펴보았다. 백제의 왕계 문제는 크게 단절설과 연속설이라는 두 관점에서 다루어지고 있다. 특히 4세기에 들어와 백제가 획기적인 성장을 이룬 원인을 정복왕조에 의한 결과로 보고자 하는 견해가 제기되고 있는데, 이것이 대표적인 백제 왕계의 단절설이다. 이에 대해 본고에서는 연속설적인 입장에서 초기 왕계를 비롯해 4세기 왕위계승 문제를 다루었다.

　먼저, 백제초기 왕계에 대한 검토를 통해 왕계가 溫祚-肖古系와

古爾系로 크게 양분되어 있었다고 하는 사실을 구체적인 검증을 통해 확인하고자 하였다. 4세기에 들어와 제일 먼저 왕위에 오른 비류왕은 비록 초고계를 표방하고는 있지만 초고왕의 직계가 아닌 방계이었을 가능성이 크다. 그리고 근초고왕에 의해서 초고계 직계로의 왕위계승이 이루어지게 되었다. 이후 백제 왕계는 초고계로 단일화되었으며, 왕실의 고정에 따른 왕위계승권의 확립으로 백제는 일원적인 역사발전을 추구할 수 있는 토대를 마련하였다.

제2장에서는 4세기에 활동한 정치세력들의 존재양태를 중앙 정치세력과 지방세력으로 크게 양분하여 검토하였다. 4세기 전반에 중앙에서 활동한 정치세력으로는 '臣民'으로 대표되는 존재가 있었다. 이 때 중앙의 유력한 세력을 형성하고 있었던 것으로는 초고계를 비롯하여 해씨세력, 고이계인 우씨세력을 확인할 수 있었다. 그리고 진씨세력은 비류왕 후기에 등장하여 계왕대를 거치면서 중앙귀족화하고 있으나 4세기 전반을 통해서 이해할 때 중앙세력으로 분류하기보다는 부세력의 범주에 넣어 이해할 수 있다.

근초고왕대는 국왕을 정점으로 중앙집권화가 추진되면서 각 재지세력이 가진 독자적 기반이 약화되면서 점차 중앙귀족화의 과정을 밟고 있다. 이 때 중앙의 정치세력으로 가장 유력한 세력은 왕을 중심으로 한 초고계 왕족이었으며, 다음은 왕비족을 형성하게 된 진씨였다. 또한 왜와의 외교관계 속에서 자주 등장하고 있는 존재로 莫古解를 비롯해 久氏·彌州流 등이 있는데, 이들은 주로 왜와의 외교를 전담한 인물들로 생각된다. 그런데 근초고왕대 중앙세력으로 등장하는 인물들은 대부분 특정한 직능을 띠고 있으며, 이것이 정치적 지위와 밀접한 관련이 있었던 것으로 생각된다. 한편 중앙 정치세력 가운데 왕을 포함한 왕족과 왕비족인 진씨는 배타적인 특권을 가지고 있었던 것으로 생각되며, 그 외에는 중앙관직에 편제됨으로써 귀족화한 관료적 성격이 강한 존재들였음을 알 수 있다. 그 결과 근구수왕 이후에 나타나고 있는 인물들은 주로 중앙의 고위 관직이나 관등을 띠고 있는데, 이는 왕을 정점으로 한 중앙 중심의 통치체제가 수립되었음을 보여주는 것이 아닌가 한다.

그리고 4세기초 낙랑·대방군이 고구려 미천왕에 의해 축출되면서 중국계 세력이 백제로 유입되어, 이들이 백제의 정국에 참여하고 있다. 다만 비류왕대는 이들의 활동이 구체적으로 기록에 나타나고 있지 않다. 그런데 근초고왕이 왕권강화를 위해 다양한 정치세력을 중앙관제에 편제시키는 과정에서 이들 군현계 세력도 중앙정치에 등용되고 있으며, 그 대표적인 인물이 『서기』를 편찬한 高興이다. 이들 세력은 주로 중국과의 외교관계를 담당하거나 문한직을 비롯해 전문적 직능을 담당하였던 것으로 보인다. 그러나 4세기말 중앙 정치세력의 재편과정에서 이들은 다시 중앙정치에서 소외되었다.

다음은 4세기 지방세력의 존재양태를 비류왕대와 그 이후로 구분하여 검토하였다. 먼저 비류왕대는 지방에 독립적 성격의 정치세력이 여전히 존재하고 있었음이 고고학적인 유적·유물을 통해 확인되고 있다. 이들은 '部'세력으로 지칭될 수 있는 존재들이라고 하겠다. 다만 '部'세력의 존재는 기록상에서 북부의 진씨 이외에는 분명하게 나타나고 있지 않다. 그러나 4세기 이전의 사료를 통해서 그 존재를 찾아 볼 수 있다. 먼저 동부에는 흘씨세력 및 곤씨세력 등이 여전히 재지세력으로 남아 있었을 것으로 생각된다. 서부는 苗會의 존재가 보이고 있으나 일찍부터 중앙에 편제되었을 가능성이 크며, 남부 역시 중앙의 직접지배에 편제됨으로써 독자적인 정치력을 소유한 부세력은 존재하지 못하였던 것으로 생각된다. 그리고 독자적인 재지기반을 가진 '部'세력은 독립적 정치세력뿐만 아니라 군사력과 자체적인 지배조직을 가지고 있었던 것으로 파악된다.

지방세력 문제에 있어서 비류왕대와 대비되는 시기는 중앙집권화가 이루어진 근초고왕대라고 할 수 있다. 그러나 근초고왕대 지방세력의 존재를 구체적으로 보여주는 기록은 없다. 다만 木羅斤資 및 沙沙奴跪·沙至比跪의 경우를 통해 4세기 후반 지방세력의 존재를 추정할 수 있을 뿐이다. 목라근자는 목지국 출신일 것으로 이해되고 있는데, 백제가 가야지역으로 진출하는 과정에서 활동한 인물이었다. 목씨는 이후 일정기간 동안 가야지역을 기반으로 상당한 정치적 영향력을 행사하였는데, 목라근자의 아들인 木滿致의 존재를 통해 확인할 수 있다. 또한 沙沙奴跪·沙至比跪 등은 사씨세력과 밀접한 관련이 있으며, 부여지방을 세력기반으로 하고 있었던 지방세력일 가능성이 있는 것으로 추정된다. 그렇지만 4세기 후반기에 활동한 지방세력은 독자적인 정치세력으로 존재한 것이 아니라 재지적 기반은 유지하되 중앙의 관료체제에 편제되어 활동하였던 것으로 파악된다.

제3장에서는 4세기의 정국운영을 비류왕대와 근초고왕대 이후로 구분하여 살펴보았다. 4세기 전반기에 재위한 왕으로는 비류왕과 계왕을 들 수 있다. 그러나 계왕은 재위기간이 만 2년 정도에 불과하므로 주로 비류왕의 정국운영에 대한 검토라고 할 수 있다. 비류왕 재위시의 정국운영은 크게 전·중·후기 등 세 시기로 구분해 볼 수 있었다. 이 가운데 전기는 재위 13년까지로 비류왕의 입지를 확립하는 시기이며, 중기는 30년 이전까지로 왕권의 안정을 통한 주도적 정국운영이 이루어진 시기라고 할 수 있다. 후기는 재위 30년 이후부터 사망할 때까지로 진씨세력의 재등장과 함께 비류왕의 정치활동이 위축되는 시기였음을 알 수 있다.

4세기 후반기에 재위한 왕으로는 근초고왕·근구수왕·침류왕·진사왕·아신왕 등을 들 수 있다. 그리고 이 시기의 특징적인 현상으로는 근초고·근구수왕대의 대외적 팽창기와 그 이후의 침체기로 크게 양분하여 이해할 수 있다는 점이다. 근초고왕은 다양한 정치세력들을 왕권하에 편제하여 이들을 중앙관료화하였으며, 왕비족인 진씨를 조정좌평에 임명하여 정치세력들을 효율적으로 견제함으로써 왕권의 강화를 이루었다. 아울러 대외팽창 정책을 전개하여 남부 마한지역에 대한 정치적 복속과 가야지역에 대한 영향력 증대를 꾀하였다. 뿐만 아니라 고구려의 남진을 효과적으로 제압하여 북쪽으로 영역의 확대를 이룰 수 있었다. 그리고 이러한 정책의 성공에 힘입어 대외적으로 동진을 비롯해 왜 등과 외교관계를 수립하여 백제의 국제적 위상을 높였다.

근초고왕의 정국운영 방식은 근구수왕에게로 이어졌으며, 침류왕대에 이르러서는 동진으로부터 유입된 불교가 국가종교로 공식화되었다. 그러나 진사·아신왕대에 이르면서 백제는 더 이상의 팽창정책을 추구하지 못하고, 도리어 고구려의 남진에 의해 한강 이북지역의 영토에 대한 지배력을 상실하기에 이른다.

제4장에서는 4세기 중앙집권적 통치질서를 수립하는 과정을 중앙통치체제와 지방통치조직으로 구분하여 각각의 정비과정에 대한 이해를 도모하였다. 먼저 중앙통치체제에서는 관제 및 관등제·복색의 분화 문제를 다루었다.

먼저 관제는 고이왕대 출현한 6좌평·좌장직이 골격을 형성하고 있었으며, 박사제·장군직 등이 새로이 출현하여 관제의 분화현상을 보이고 있다. 특히 이들 관제는 근초고왕이 중앙집권적 통치체제를 수립하는 데 있어서 제도적인 뒷받침이 되었다. 관등은 고이왕대 부세력을 중앙의 통치체제 내로 편제하는 과정에서 먼저 '率系'가 나타나기 시작하였다. 4세기에 이르러 전문적 직능자 집단의 출현으로 '德系'의 출현과 그 분화가 이루어지고 있으며, 하위의 '武系'인 佐軍·振武·克虞 등이 근초고왕대 군사권의 재편과정에서 나타나 그 골격을 형성하였다. 뿐만 아니라 관등의 중요성으로 인해 4세기 후반(진사왕 3년)부터는 관등을 관칭하는 현상이 나타나고 있다. 이러한 관등제의 성립은 각 정치세력들을 효율적으로 중앙에 편제할 수 있는 제도적 장치를 마련해 주었으며, 한편으로는 중앙귀족의 출현과 함께 그들의 특권을 배타적으로 소유할 수 있는 법적 근거가 되었다. 다만 관등제가 16위로 정비되는 것은 6세기초 좌평의 관등화와 함께 완성된 것으로 보인다. 아울러 근초고왕대 관등제의 골격이 성립됨으로써 위계적인 복색의 구분도 이 때에 와서는 어느 정도 이루어졌을 것으로 추정된다.

4세기는 통치조직의 정비뿐만 아니라 운영체계에 있어서도 많은 변화를 수반한 시기였다. 먼저 율령제적 통치체제가 근초고왕대 성립됨으로써 왕권의 강화를 비롯해 왕을 정점으로 한 중앙 중심의 질서체계를 수립할 수 있었으며, 이러한 체제정비는 역사서인 『서기』의 편찬을 가능하게 함으로써 백제사가 일원적으로 전개될 수 있는 이론적 토대를 마련하였다.

지방통치가 국가권력의 지방침투라는 측면에서 중앙집권적 통치체제하에서의 지방통치조직은 새로운 모습을 나타내게 된다. 4세기 지방통치조직은 部城制였다. 그런데 부는 단지 지역분할적인 성격이 강하며, 실질적인 지방지배는 성을 중심으로 이루어지고 있었던 것으로 보인다. 이 때 중앙에서는 각 성에 지방관을 파견하였으나, 재지세력을 지방관에 임명하는 경우도 있었다. 이들 지방관은 성주 또는 도사라고 불렸는데, 최초의 파견시기는 徙民과 밀접한 관련이 있으며, 본격적인 지방관 파견은 근초고왕대에 와서야 가능했던 것으로 생각된다.

제5장에서는 4세기 백제의 대외팽창과정에 대해 살펴보았다. 백제는 먼저 남방지역으로 영향력을 확대하고 있다. 특히 가야지역에 대한 진출이 최초로 이루어지고 있는데, 이는 당시 대신라 견제 및 왜와의 교역통로를 확보하기 위한 목적에서 비롯되었음을 알 수 있다. 또한 가야진출 이후 곧바로 남부 마한세력에 대한 복속도 이루어지고 있다. 특히 남부 마한지역은 복속 후에도 직접지배가 아닌

독자적 정치체를 인정한 상태에서의 간접지배를 실시하고 있다. 간접지배를 택한 이유는 군사적 위협은 적으면서 영산강유역을 기반으로 막대한 경제력을 소유하고 있었던 이들 세력을 백제의 통제권 내로 수용함으로써 고구려의 남진에 대비하고자 했던 것으로 파악된다.

그런데 백제의 이러한 대외팽창에 대해 고구려가 제동을 걸고 나섰다. 고구려는 근초고왕 24년 백제의 북변지역에 대한 공격을 시도하였다. 그러나 근초고왕은 고구려의 공격을 효과적으로 방어하였을 뿐만 아니라 水谷城의 서북지역까지 진격하여 대방고지에 대한 지배권을 장악하였다. 이러한 백제의 대고구려전에서의 우세는 근구수왕대까지 이어졌다. 그러나 진사왕대에 들어오면서부터는 고구려의 남진을 저지하지 못하고 결국 진사왕 8년 광개토왕의 침략으로 한강 이북의 많은 영역을 상실하게 되었다. 이러한 열세는 4세기 후반을 넘어 5세기까지 지속되었으며, 결국 475년 한성을 상실하고 웅진으로 천도하기에 이르렀다.

한편 근초고왕대의 팽창에 따른 역동적 힘의 대외적 발산과정에서 백제는 주도적으로 대동진·왜와의 외교관계를 수립함으로써 국제적 지위를 확립해 나갔다. 먼저 백제라는 국명으로 근초고왕대 동진과의 외교관계가 수립되고 있는데, 이는 백제가 마한내의 모든 정치세력을 통합했음을 공식적으로 인정받은 것이라고 하겠다. 뿐만 아니라 백제는 동진과의 외교관계를 통해 불교를 비롯한 선진문물을 수용하였으며, 아울러 낙랑·대방고지에 대한 영유권을 확보하고자 하였다. 그리고 왜에는 자국의 선진문물을 제공하여 줌으로써 백제의 고양된 국가적 위상을 대외적으로 과시하고자 하였다. 그렇지만 한편으로는 고구려와의 계속되는 전쟁과정에서 태자를 질자로 파견함으로써 왜로부터 군사적 도움을 얻고자 하는 현실적인 외교로의 전환이 이루어지기도 하였다.

이상에서 4세기를 중심으로 백제사상에서 나타난 중요한 역사적 현상들에 대해 살펴보았다. 비록 백제가 고구려의 남진으로 인해 4세기말부터 대외적 어려움을 겪고는 있으나, 4세기에 중앙집권적 귀족국가를 형성시켰음은 분명하다. 특히 4세기 후반 근초고왕은 영역국가로서의 발전과 그에 걸맞는 대외적 위상을 확보함으로써 명실상부한 고대국가를 성립시켰다. 근초고왕대는 왕비족과의 연합에 의해서 배타적 권력을 장악할 수 있었다는 점에서 귀족연합체제의 성립기로 파악되기도 하나, 다음과 같은 점을 통해서 볼 때 근초고왕대 중앙집권적 귀족국가로 이행하였음을 확인할 수 있다.

첫째, 근초고왕대 肖古系로의 왕위계승권이 확립되었을 뿐만 아니라 다원적인 시조전승의 일원화를 위해 역사서인『서기』를 편찬하여 백제 왕계를 고정시켰다. 둘째, 왕비족인 진씨를 비롯하여 귀족세력을 중앙 관료조직에 편제함으로써 관료정치의 체제를 수립하였다. 셋째, 율령제에 입각한 통치질서를 수립하였으며, 유교사상 및 불교의 수용을 통해 이념체계를 확립하였다. 넷째, 군사권의 장악을 통해 중앙집권적 국가체제하에서 요구되는 통수체계의 일원화를 이루었다. 다섯째, 대외적인 세력팽창 정책을 통해 남부 마한세력을 복속시키고, 가야에 대한 정치적 우위를 확보하였다. 또한 고구려와의 전쟁을 통해 대방고지였던 황해도 일대를 확보하고, 이러한 대외팽창을 토대로 대중·왜와의 외교관계를 수립함으로써 당시 동북아지역에서 명실공히 백제의 존재를 각인시켰다.

결국 4세기는 고이왕대 이후부터 나타나고 있었던 통합의 움직임을 더욱 가속화시킴으로써 확고한 중앙집권적 통치질서를 수립한 시기였으며, 나아가 이를 제도적으로 정착시켜 5세기에 들어가서는 모든 통치체제가 왕을 정점으로 정비될 수 있는 토대를 마련한 시기였다고 할 수 있다. 이 점이 바로 백제사상에서 4세기가 가지는 의미라고 하겠다.

그러나 필자의 능력부족으로 미처 다루지 못해 본고의 한계로
작용할 수밖에 없는 부분이 있다. 첫째는 4세기로 인식되고 있는 대
륙진출설을 비롯해 칠지도 문제를 다루지 못했다. 둘째는 3세기에
대한 성격구명이 부족한 상태에서 4세기를 다룸으로써 중앙집권적
귀족국가로의 이행과정에 대한 이해가 제대로 이루어지지 못했을
것이라는 점이다. 셋째는 한 세기를 연구대상으로 삼음으로써 너무
많은 주제를 언급하게 되었다. 이는 각 주제들에 대한 심도있는 연
구가 이루어지지 못하게 하였다. 이러한 문제들은 앞으로의 과제로
삼아 점차 보완하면서 보다 심도있고 체계적인 연구를 진행시키고
자 한다.

부 록

참 고 문 헌

1. 基本史料

『三國史記』・『三國遺事』・『新增東國輿地勝覽』・『世宗實錄地理志』・『三國志』・『日本書紀』・『古事記』・『晋書』・『漢書』・『後漢書』・『宋書』・『南齊書』・『梁書』・『舊唐書』・『新唐書』・『通典』・『周書』・『隋書』・『北史』・『南史』・『魏書』・『翰苑』

2. 著 書

姜仁求, 『百濟古墳研究』, 일지사, 1977.
_____, 『三國時代墳丘墓研究』, 영남대출판부, 1984.
孔錫龜, 『高句麗 領域擴張史 研究』, 서경문화사, 1998.
權兌遠, 『韓國社會風俗史研究』, 경인문화사, 1980.
金起燮, 『백제와 근초고왕』, 학연문화사, 2000.
金基興, 『三國 및 統一新羅 稅制의 研究』, 역사비평사, 1991.
金煐泰, 『百濟佛敎思想研究』, 동국대출판부, 1985.
金元龍, 『韓國考古學槪說』, 일지사, 1986.
金貞培, 『韓國古代의 國家起源과 形成』, 고려대출판부, 1986.
金哲埈, 『韓國古代社會研究』, 지식산업사, 1982.

金泰植,『加耶聯盟史』, 일조각, 1993.

金鉉球,『任那日本府研究』, 일조각, 1993.

盧重國,『百濟政治史研究』, 일조각, 1988.

文安植,『백제의 영역확장과 지방통치』, 신서원, 2002.

朴淳發,『漢城百濟의 誕生』, 서경, 2002.

朴賢淑,『백제이야기』, 대한교과서, 1999.

申瀅植,『三國史記研究』, 일조각, 1981.

_____,『韓國古代史의 新研究』, 일조각, 1984.

_____,『百濟史』, 이대출판부, 1992.

兪元載,『中國正史 百濟傳研究』, 학연문화사, 1993.

_____,『熊津百濟史研究』, 주류성, 1997.

兪元載 編,『百濟의 歷史와 文化』, 학연문화사, 1996.

李康來,『三國史記 典據論』, 민족사, 1996.

李基東,『百濟史研究』, 일조각, 1996.

李基白,『新羅政治社會史研究』, 일조각, 1974.

_____,『新羅時代의 國家佛敎와 儒敎』, 한국연구원, 1978.

李基白・李基東,『韓國史講座』1, 고대편, 일조각, 1982.

李南奭,『百濟 石室墳 研究』, 학연문화사, 1995.

李道學,『百濟 古代國家 研究』, 일지사, 1995.

_____,『百濟史』, 푸른역사, 1997.

李文基,『新羅兵制史研究』, 일조각, 1997.

李丙燾,『韓國古代史研究』, 박영사, 1976.

_____,『國譯 三國史記』, 을유문화사, 1986.

李鎔彬,『百濟 地方統治制度 研究』, 서경, 2002.

李鍾旭,『新羅國家形成史研究』, 일조각, 1982.

_____,『新羅上代王位繼承研究』, 영남대학교출판부, 1980.

李賢惠,『三韓社會形成過程研究』, 일조각, 1984.

李弘稙,『韓國古代史의 研究』, 신구문화사, 1987.

全榮來,『周留城 白江 位置比定에 관한 新研究』, 1976.

鄭璟喜,『韓國古代社會文化研究』, 일지사, 1990.

朱甫暾外 4人,『韓國社會發展史論』, 일조각, 1992.

全海宗,『東夷傳의 文獻的 研究』, 일조각, 1980.

千寬宇,『人物로 본 韓國古代史』, 정음문화사, 1983.

_____,『古朝鮮史・三韓史研究』, 일조각, 1989.

_____,『加耶史研究』, 일조각, 1992.

崔光植,『고대한국의 국가와 제사』, 한길사, 1995.

崔在錫,『韓國古代社會史研究』, 일지사, 1987.

국사편찬위원회,『國譯 中國正史朝鮮傳』, 1988.

공주대학교 백제문화연구소,『百濟의 宗敎와 思想』, 1995.

충남대학교 백제연구소,『百濟의 中央과 地方』, 1997.

한국고대사연구회,『한국 고대국가의 형성』, 민음사, 1990.

한국상고사학회,『百濟의 地方統治』, 학연문화사, 1998.

輕部慈恩,『百濟遺蹟の研究』, 吉川弘文館, 1971.

高 寬敏,『古代朝鮮諸國と倭國』, 雄山閣, 1997.

今西龍,『百濟史研究』, 近澤書店, 1934.

_____,『朝鮮古史の研究』, 1937.

末松保和,『任那興亡史』, 吉川弘文館, 1956.

_____,『新羅史の諸問題』, 東洋文庫, 1954.

山尾幸久,『古代の日朝關係』, 塙書房, 1989.

李進熙著・李基東譯,『廣開土王碑の研究』, 일조각, 1982.

_____,『廣開土王碑と七支刀』, 1980.

井上秀雄,『新羅史基礎研究』, 東出版株式會社, 1974.

佐伯有淸,『新撰姓氏錄の研究』考證篇 1-3, 吉川弘文館 1981-1982.

坂元義種,『百濟史の研究』, 塙書房, 1978.

_____,『古代東アジアの日本と朝鮮』, 吉川弘文館, 1978.

3. 發掘調査 報告書

국립문화재연구소,『風納土城』(Ⅰ), 2001.

國立光州博物館,『羅州潘南古墳群綜合調査報告書』, 1988.

國立全州博物館,『扶安 竹幕洞 祭祀遺蹟』, 1994.

金元龍,『風納里土城內包含層調査報告』, 1967.

夢村土城發掘調査團,『夢村土城發掘調査報告書』, 1985.

文化財管理局,『八堂・昭陽댐水沒地區遺蹟發掘綜合調査報告』, 1974.

_____,『漣川三串里百濟積石塚發掘調査報告』, 1994.

朴漢高・崔福奎,『中島發掘調査報告書』, 1982.

忠北大學校博物館,『忠州댐水沒地區文化遺蹟發掘調査綜合報告書』, 1984.
서울大學校考古人類學科,『風納里土城內包含層調査報告』, 1967.
서울大學校博物館, 考古學科,『石村洞積石塚發掘調査報告』, 1975.
서울大學校博物館,『石村洞3號墳 東쪽 古墳群 整理調査報告』, 1986.
_____,『石村洞古墳群 發掘調査報告』, 1987.
_____,『夢村土城－東南地區 發掘調査報告』, 1988.
_____,『夢村土城－西南地區 發掘調査報告』, 1989.
_____,『石村洞 1・2號墳』, 1989.
石村洞遺蹟發掘調査團,『石村洞 3號墳 積石塚發掘調査報告書』, 1983.
渼沙里先史遺蹟發掘調査團,『渼沙里』1－5, 1994.
全榮來,『全北遺蹟調査報告』(編輯本), 1994.
朝鮮總督府,『朝鮮古蹟圖譜』第3권, 1916.
忠北大學校博物館,『淸州 新鳳洞 百濟古墳發掘調査報告書』, 1983.
_____,『淸州 新鳳洞 古墳群』, 1995.
화양지구유적발굴조사단,『華陽地區遺蹟發掘調査報告』1次, 1977.

4. 論 文

姜珉植,「百濟의 國家形成過程에 대한 一考察」,『韓國上古史學報』12, 1993.
姜鳳龍,「百濟의 馬韓倂呑에 대한 新考察」,『韓國上古史學報』26, 1997.
姜聲媛,「高句麗 百濟 叛逆의 歷史的性格」,『白山學報』30・31, 1985.
姜仁求,「漢江流域 百濟古墳의 再檢討」,『韓國考古學報』22, 1989.
_____,「百濟 初期 都城問題 新考」,『韓國史硏究』81, 1993.
_____,「周溝土壙墓에 관한 몇가지 問題」,『精神文化硏究』56, 1994.
姜鍾元,「新羅 王京의 形成過程」,『百濟硏究』23, 1992.
_____,「百濟 近肖古王의 王位繼承」,『百濟硏究』27, 1997.
_____,「百濟 漢城時代 政治勢力의 存在樣態」,『忠南史學』9, 1997.
_____,「4세기 백제 정치사 연구」, 충남대대학원 박사학위논문, 1998.
_____,「百濟 比流王의 卽位와 政局運營」,『韓國上古史學報』30, 1999.
_____,「百濟 左將의 政治的 性格」,『百濟硏究』29, 1999.
姜鍾薰,「百濟 大陸進出說의 諸問題」,『韓國古代史論叢』4, 1992 .
孔錫龜,「高句麗의 領域擴張에 대한 硏究」,『韓國上古史學報』6, 1991.
곽종철,「한국과 일본의 고대 농업기술」,『韓國古代史論叢』4, 1992.

權五榮, 「初期百濟의 성장과정에 관한 일고찰」, 『韓國史論』 15, 1986.

_____, 「考古資料를 中心으로 본 百濟와 中國의 文物交流」, 『震檀學報』 66, 1988.

_____, 「4世紀 百濟의 地方統治方式 一例」, 『韓國史論』 18, 1989.

權兌遠, 「百濟의 社會構造와 生活文化系統」, 『百濟研究』 26, 1996.

김광언, 「新羅時代의 農器具」, 『民族과 文化』 1, 정음사, 1988.

金起燮, 「三國史記 百濟本紀에 보이는 靺鞨과 樂浪의 位置에 대한 再檢討」, 『靑溪史學』 8, 1991.

_____, 「百濟의 建國問題를 둘러싼 學界의 새로운 시각」, 『靑溪史學』 8, 1991.

_____, 「漢城時代 百濟의 王系에 대하여」, 『韓國史研究』 83, 1993.

_____, 「백제 근초고왕의 북경」, 『軍史』 29, 1994.

_____, 「百濟前期 都城에 대한 再檢討」, 『鄕土서울』 55, 1995.

_____, 「近肖古王代의 南海岸 進出說에 대한 再檢討」, 『百濟文化』 24, 1995.

_____, 「百濟 漢城時代 統治體制 研究」, 한국정신문화연구원 한국학대학원 박사학위논문, 1997.

_____, 「百濟의 佐平試論」, 『靑溪史學』 13, 1997.

金基雄, 「武器와 馬具 - 百濟 -」, 『韓國史論』 15, 국사편찬위원회, 1985.

金基興, 「미사리 삼국시기 밭 유구의 농업」, 『歷史學報』 146, 1995.

金斗珍, 「百濟始祖 溫祚神話의 形成과 그 傳承」, 『韓國學論集』 13, 1990.

_____, 「百濟 建國神話의 復原試論」, 『國史館論叢』 13, 1990.

金龍國, 「河南慰禮城考」, 『鄕土서울』 41, 1983.

金庠基, 「百濟의 遼西經略에 對하여」, 『白山學報』 3, 1967.

金性泰, 「百濟의 兵器」, 『百濟研究』 26, 1996.

金壽泰, 「百濟의 地方統治와 道使」, 『百濟의 中央과 地方』, 1997.

_____, 「3C 중·후반 백제의 발전과 馬韓」, 『馬韓史의 새로운 인식』, 1997.

_____, 「백제의 만주기원설 검토」, 『百濟研究』 35, 2002.

金永培·韓炳三, 「대산면 백제토광묘발굴보고」, 『考古學』 2, 1969.

金英心, 「5~6세기 百濟의 地方統治體制」, 『韓國史論』 22, 1990.

_____, 「百濟 地方統治體制 研究」, 서울대대학원 박사학위논문, 1997.

_____, 「百濟 官等制의 成立과 運營」, 『國史館論叢』 82, 1998.

_____, 「백제사에서의 部와 部體制」, 『韓國古代史研究』 17, 2000.

金瑛河, 「三國時代 王의 統治形態 研究」, 고려대대학원 박사학위논문, 1989.

김영현, 「百濟社會의 災異觀에 관한 考察」, 『歷史教育』 45, 1989.

金元龍, 「三國時代의 開始에 관한 一考察」, 『東亞文化』 7, 1967.

_____, 「加平 馬場里 冶鐵住居址」, 『歷史學報』 50·51, 1971.

_____, 「百濟初期古墳에 대한 再考」, 『歷史學報』 62, 1974.

_____, 「百濟建國地로서의 漢江下流地域」, 『百濟文化』 7·8, 1975.

金元龍·李熙濬, 「서울 石村洞 3號墳의 年代」, 『斗溪李丙燾博士九旬紀念 韓國史學論叢』, 1987.

김윤우, 「河北慰禮城과 河南慰禮城考」, 『史學志』 26, 1993.

金恩淑, 「『日本書紀』의 百濟關係記事의 基礎的 檢討」, 『百濟研究』 21, 1990.

金貞培, 「七支刀 研究의 새로운 方向」, 『東洋學』 10, 1980.

金周成, 「百濟 泗沘時代 政治史研究」, 전남대대학원 박사학위논문, 1990.

_____, 「百濟 地方統治組織의 變化와 地方社會의 再編」, 『國史館論叢』 35, 1991.

_____, 「榮山江流域 大形甕棺墓 社會의 成長에 대한 試論」, 『百濟研究』 27, 1997.

金昌鎬, 「百濟 七支刀 銘文의 再檢討」, 『歷史教育論集』 13·14, 1990.

金哲埈, 「百濟社會와 그 文化」, 『韓國古代社會研究』, 지식산업사, 1982.

_____, 「百濟建國考」, 『百濟研究』 특집호, 1982.

金泰植, 「百濟의 加耶地域 關係史試考」, 『百濟의 中央과 地方』, 1996.

金鉉求, 「4세기 가야와 백제 야마토왜의 관계」, 『韓國古代史論叢』 6, 1994.

盧明鎬, 「百濟의 東明神話와 東明廟」, 『歷史學研究』 10, 1981.

_____, 「百濟 建國神話의 原形과 成立背景」, 『百濟史의 理解』, 1991.

盧重國, 「百濟王室의 南遷과 支配勢力의 變遷」, 『韓國史論』 4, 1978.

_____, 「高句麗·百濟·新羅사이의 力關係變化에 대한 一考察」, 『東方學志』 28, 1981.

_____, 「解氏와 扶餘氏의 王室交替와 初期百濟의 成長」, 『김철준박사화갑기념 사학논총』, 1985.

_____, 「漢城時代 百濟의 地方統治體制」, 『변태섭박사화갑기념논총』, 1985.

_____, 「百濟律令에 대하여」, 『百濟研究』 17, 1986.

_____, 「馬韓의 成立과 變遷」, 『馬韓·百濟文化』 10, 1988.

_____, 「漢城時代 百濟의 檐魯制 實施와 編制基準」, 『啓明史學』 2, 1991.

_____, 「4~5세기 百濟의 政治運營」, 『韓國古代史論叢』 6, 1994.

_____, 「百濟의 貴族家門 研究」, 『大邱史學』 48, 1994.

_____, 「百濟史의 時代區分」, 『韓國史의 時代區分에 대한 研究』, 한국정신문화연구원, 1995.

_____, 「『三國史記』의 百濟 地理關係 記事 檢討」, 『三國史記의 原典 檢討』, 1995.

盧泰敦, 「三國時代의 「部」에 관한 研究」, 『韓國史論』 2, 1975.

盧泰天, 「4世紀 百濟의 炒鋼技術」, 『百濟研究』 28, 1998.

都守熙, 「百濟의 國號에 관한 몇 問題」, 『百濟研究』 22, 1991.

文東錫, 「4~5世紀 百濟 政治體制의 變動」, 『韓國古代史研究』 9, 1996.

_____, 「4세기 百濟의 加耶 원정에 대하여」, 『國史館論叢』 74, 1997.

朴淳發, 「百濟土器의 形成過程」, 『百濟研究』 23, 1992.

_____, 「漢城百濟 成立期 諸墓制의 編年檢討」, 『先史와 古代』 6, 1994.

_____, 「漢城百濟의 中央과 地方」, 『百濟의 中央과 地方』, 1997.

_____, 「漢江流域의 基層文化와 百濟의 成長過程」, 『韓國考古學報』 36, 1997.

_____, 「馬韓 對外交涉의 變遷과 百濟의 登場」, 『百濟研究』 33, 2001.

朴林花, 「百濟 律令 頒布時期에 대한 一考察」, 『慶大史論』 7, 1994.

朴燦圭, 「馬韓에 대한 研究史的 檢討」, 『東洋古典研究』 3, 1994.

_____, 「百濟의 馬韓征服過程研究」, 단국대대학원 박사학위논문, 1995.

_____, 「百濟前期 經濟的 成長과 統治體制의 發達」, 『史學志』 28, 1995.

朴賢淑, 「百濟初期의 地方統治體制」, 『百濟文化』 20, 1991.

_____, 「百濟 檐魯制의 實施와 그 性格」, 『宋甲鎬教授停年退任論文集』, 1993.

_____, 「百濟 地方統治體制 研究」, 고려대대학원 박사학위논문, 1997.

方善柱, 「百濟軍의 華北進出과 그 背景」, 『白山學報』 11, 1971.

徐大錫, 「百濟의 神話」, 『震檀學報』 60, 1985.

徐榮洙, 「三國과 南北朝 交涉의 性格」, 『東洋學』 11, 1981.

成洛俊, 「榮山江流域의 甕棺墓研究」, 『百濟文化』 15, 1983.

_____, 「榮山江流域 甕棺古墳의 文化的性格」, 『百濟研究』 26, 1996.

_____, 「百濟의 地方統治와 全南地方 古墳의 相關性」, 『百濟의 中央과 地方』, 1997.

成周鐸, 「對外關係에서 본 百濟文化의 發達要因」, 『百濟研究』 2, 1971.

_____, 「漢江流域 百濟初期 城址研究」, 『百濟研究』 14, 1983.

_____, 「百濟城址研究」, 동국대대학원 박사학위논문, 1984.

_____, 「馬韓 初期百濟史에 대한 歷史地理的 觀見」, 『馬韓·百濟文化』 10, 1987.

_____, 「百濟都城築造의 發展過程에 對한 考察」, 『百濟研究』 19, 1988.

_____, 「武寧王陵 出土 誌石에 관한 研究」, 『百濟文化』 21, 1991.

成周鐸·車勇杰, 「百濟 儀式考」, 『百濟研究』 12, 1981.

申瀅植, 「韓國古代史에 있어서 漢江流域의 政治·軍事的 性格」, 『鄕土서울』 41, 1983.

_____, 「百濟史의 性格」, 『汕耘史學』 6, 1992.

_____, 「百濟史 研究의 成果와 課題」, 『朴永錫博士華甲紀念論叢』, 1992.

沈正輔, 「百濟 王姓에 대하여」, 『韓國上古史』 1, 1989.

_____, 「百濟와 倭國과의 初期交涉記事 檢討」, 『韓國上古史學報』 19, 1995.

安啓賢, 「百濟佛敎에 관한 諸問題」, 『百濟研究』 8, 1977.

安承周, 「百濟甕棺墓에 관한 研究」, 『百濟文化』 15, 1983.

梁起錫, 「熊津時代의 百濟支配層研究」, 『史學志』 4, 1980.

_____, 「5세기 百濟의 王·侯·太守制에 대하여」, 『史學研究』 38, 1984.

_____, 「百濟의 稅制」, 『百濟研究』 18, 1987.

_____, 「百濟初期의 王位繼承과 王權의 性格」, 『湖西文化研究』 8, 1989.

_____, 「百濟專制王權成立過程研究」, 단국대대학원 박사학위논문, 1990.

_____, 「韓國古代의 中央政治」, 『國史館論叢』 21, 1991.

_____, 「5~6세기 전반 新羅와 百濟의 關係」, 『新羅의 對外關係史 研究』 15, 1994.

_____, 「百濟 近仇首王의 對外活動과 政治的 地位」, 『百濟論叢』 6, 1997.

_____, 「百濟 泗沘時代의 佐平制 研究」, 『忠北史學』 9, 1997.

_____, 「百濟 初期의 部」, 『韓國古代史研究』 17, 2000.

兪元載, 「三國史記僞靺鞨考」, 『史學研究』 29, 1979.

_____, 「『三國史記』築城記事의 分析」, 『湖西史學』 12, 1984.

_____, 「『晋書』의 馬韓과 百濟」, 『韓國上古史學報』 17, 1994.

_____, 「百濟 加林城 研究」, 『百濟論叢』 5, 1996.

_____, 「『梁書』百濟傳의 檐魯」, 『百濟의 中央과 地方』, 1997.

_____, 「百濟의 馬韓征服과 支配方法」, 『百濟論叢』 6, 1997.

柳寅春, 「百濟姓氏考」, 『韓國學論叢』 5, 1984.

尹根一, 「공주 송산리고분 발굴조사개보」, 『文化財』 21, 1988.

尹武炳, 「金堤 碧骨堤 發掘報告」, 『百濟研究』 7, 1976.

_____, 「百濟文化의 特性」, 『百濟研究』 13, 1982.

_____, 「漢江流域에 있어서의 百濟文化研究」, 『百濟研究』 15, 1984.

_____, 「初期百濟史와 考古學」, 『百濟研究』 17, 1986.

尹龍二, 「百濟遺蹟發見의 中國陶磁를 통해 본 南朝와의 交涉」, 『震檀學報』 66, 1988.

李根雨, 「『日本書紀』에 인용된 百濟三書에 관한 研究」, 한국정신문화연구원 한국학대학원 박사학위논문, 1994.

_____, 「熊津時代 百濟의 南方境域에 대하여」, 『百濟研究』 27, 1997.

李基東, 「百濟 王室交代論에 대하여」, 『百濟研究』 13, 1982.

_____, 「廣開土王陵 碑文에 보이는 百濟關係記事의 檢討」, 『百濟研究』 17, 1986.

_____, 「馬韓領域에서의 百濟의 成長」, 『馬韓·百濟文化』 10, 1987.

_____, 「百濟國의 成長과 馬韓倂合」, 『百濟論叢』 2, 1990.

_____, 「百濟國의 政治理念에 대한 一考察」, 『震檀學報』 69, 1990.

_____, 「百濟의 勃興과 對倭國關係의 成立」, 『古代韓日文化交流研究』, 1990.

_____, 「百濟社會의 地域共同體와 國家權力」, 『百濟研究』 26, 1996.

李基白, 「百濟王位繼承考」, 『歷史學報』 11, 1959.

_____, 「百濟史研究의 課題」, 『百濟研究』 15, 1984.

_____, 「三國時代 佛敎受容과 그 社會的 意義」, 『新羅思想史研究』, 1986.

_____, 「百濟 佛敎 受容年代의 檢討」, 『震檀學報』 71·72, 1991.

李道學, 「漢城末 熊津時代 百濟王系의 檢討」, 『韓國史研究』 45, 1984

_____, 「漢城末 熊津時代 百濟 王位繼承과 王權의 性格」, 『韓國史研究』 50·51, 1985.

_____, 「百濟의 起源과 國家形成에 관한 再檢討」, 『韓國古代國家의 形成』, 민음사, 1990.

_____, 「漢城後期의 百濟 王權과 支配體制의 整備」, 『百濟論叢』 2, 1990.

_____, 「百濟 漢城時期의 都城制에 관한 檢討」, 『韓國上古史學報』 9, 1992.

_____, 「百濟 初期史에 관한 文獻資料의 檢討」, 『韓國學論集』 23, 1993.

_____, 「4세기 征服國家論에 대한 檢討」, 『韓國古代史論叢』 6, 1994.

李明揆, 「百濟의 對外關係에 대한 一試論」, 『史學研究』 37, 1983.

李丙燾, 「百濟七支刀考」, 『震檀學報』 38, 1974.

_____, 「近肖古王拓境考」, 『韓國古代史研究』, 1976.

_____, 「百濟學術 및 技術의 日本傳播」, 『韓國古代史研究』, 1976.

李永植, 「百濟의 加耶進出過程」, 『韓國古代史論叢』 7, 1995.

李鎔彬, 「百濟 初期의 地方統治體制研究」, 『實學思想研究』 12, 1999.

李宇泰,「百濟의 部體制」,『百濟史의 比較硏究』, 1993.

李殷昌,「農工具」,『韓國考古學』, 1972.

李仁哲,「4세기 후반 백제의 북방경계」,『淸溪史學』16 · 17, 2002.

李晶淑,「新羅 眞平王代의 王權 硏究」, 이화여대대학원 박사학위논문, 1995.

李鍾玟,「百濟時代 輸入陶磁의 影響과 陶磁史的 意義」,『百濟硏究』27, 1997.

李鍾旭,「百濟의 佐平」,『震檀學報』45, 1976.

_____,「百濟의 國家形成」,『大邱史學』11, 1976.

_____,「百濟王國의 成長」,『大邱史學』12 · 13, 1977.

_____,「百濟初期史 硏究史料의 性格」,『百濟硏究』17, 1986.

_____,「百濟 泗沘時代의 中央政府組織」,『百濟硏究』21, 1990.

_____,「韓國 初期國家의 政治發展段階와 政治形態」,『韓國史上의 政治形態』, 1993.

李鍾泰,「三國時代의「始祖」認識과 그 變遷」, 국민대대학원 박사학위논문, 1997.

李賢惠,「4세기 加耶社會의 交易體系의 變遷」,『韓國古代史硏究』1, 1988.

_____,「삼한사회의 농업생산과 철제 농기구」,『歷史學報』126, 1990.

_____,「馬韓 伯濟國의 形成과 支配集團의 出自」,『百濟硏究』22, 1991.

_____,「韓國古代의 犁耕에 대하여」,『國史館論叢』37, 1992.

李昊榮,「三國時代의 財政」,『國史館論叢』13, 1990.

李熙眞,「4세기 중엽 百濟의 加耶征伐」,『韓國史硏究』86, 1994.

_____,「加耶의 消滅過程을 통해 본 加耶-百濟-新羅關係」,『歷史學報』141, 1994.

林起煥,「高句麗 集權體制 成立過程의 硏究」, 경희대대학원 박사학위논문, 1995.

林永珍,「石村洞一帶 積石塚系와 土壙墓系 墓制의 性格」,『三佛金元龍敎授停年退任紀念論集』1, 1987.

_____,「百濟漢城時代古墳硏究」, 서울대대학원 박사학위논문, 1995.

林孝宰,「石村洞 百濟初期古墳의 性格」,『考古美術』129 · 130.

林孝澤,「副葬鐵鋌考」,『東義史學』4, 1985.

張元燮,「百濟初期 東界의 形成에 관한 一考察」,『靑溪史學』7, 1990.

全德在,「4~6세기 농업생산력의 발달과 사회변동」,『역사와 현실』4, 1990.

全榮來,「百濟南方境域의 變遷」,『천관우선생환력기념 한국사학논총』, 1985.

_____,「百濟 地方制度와 城郭」,『百濟硏究』9, 1988.

鄭永鎬,「百濟初期 遺蹟에 대하여」,『馬韓·百濟文化』7, 1984.

朱甫暾,「百濟 初期史에서의 戰爭과 貴族의 出現」,『百濟史上의 戰爭』, 2000.

池健吉,「忠南海岸地方의 百濟古墳 2例와 出土遺物」,『百濟文化』8, 1977.

車勇杰,「百濟의 祭天祀地와 政治體制의 變遷」,『韓國學報』11, 1978.

_____,「慰禮城과 漢城에 대하여」,『鄉土서울』39, 1981.

_____,「漢城時代 百濟의 建國과 漢江流域 百濟 城郭」,『百濟論叢』4, 1994.

崔槿默,「百濟의 對中關係小考」,『百濟研究』2, 1971.

千寬宇,「復原加耶史」,『加耶史研究』, 1991.

崔夢龍,「榮山江流域의 百濟文化研究」,『百濟研究』15, 1984.

_____,「漢城時代 百濟의 都邑地와 領域」,『震檀學報』60, 1985.

_____,「漢城時代 百濟의 領域과 文化」,『韓國考古學報』22, 1989.

崔夢龍·權五榮,「考古學的 資料를 통해 본 百濟初期의 領域考察」,『천관우
　　　　　선생환력기념 한국사학논총』, 1985.

崔在錫,「『新撰姓氏錄』批判」,『大邱史學』38, 1989.

_____,「百濟의 王位繼承」,『韓國學報』45, 1986.

崔鍾奎,「濟羅耶의 文物交流」,『百濟研究』23, 1993.

崔鍾澤,「黃州出土 百濟土器例」,『韓國上古史學報』4, 1990.

_____,「漢沙里遺蹟의 住居樣相과 變遷」,『마을의 考古學』제18회 한국고고
　　　　　학전국대회 발표요지, 1994.

洪思俊,「三國時代의 灌漑用池에 대하여」,『考古美術』136·137, 1978.

高寬敏,「百濟近仇首王の對倭外交」,『朝鮮學報』133, 1989.

東潮,「朝鮮三國時代の農耕」,『橿原考古學研究論文集』, 1979.

笠井倭人,「中國史書による百濟王統譜」,『日本書紀研究』8, 1975.

末松保和,「朝鮮古代諸國の開國傳說と國姓」,『靑丘史草』1, 末松保和著.

_____,「朝鮮三國 高麗の軍事組織」,『靑丘史草』1, 末松保和著.

武田幸男,「魏志 東夷傳에 있어서의 馬韓」,『馬韓文化研究의 諸問題』, 1989.

白鳥庫吉,「百濟の起源について」,『白鳥庫吉全集』第3卷, 岩波書店, 1970.

山尾幸久,「日本書紀의 百濟系史料」,『百濟研究』21, 1991.

三上次男,「漢江地域發見の四世紀越州窯靑磁と初期百濟文化」,『朝鮮學報』81,
　　　　　1976.

神崎勝,「百濟王家の始祖傳承について」,『日本古代の傳承と東アジア』, 吉川
　　　　　弘文館.

有光敎一,「羅州潘南面新村里第9號墳發掘調査記錄」,『朝鮮學報』94, 1980.

栗原朋信, 「『書紀』神功 應神紀の「貴國」の解釋からみた日本と百濟の關係」, 『古代東アジア史論集』 下巻, 吉川弘文館, 1978.

井上秀雄, 「百濟의 貴族에 대하여」, 『百濟研究』 13, 1982.

_____, 「百濟の律令體制への變遷」, 『律令制』, 1986.

津田左右吉, 「百濟に關する日本書紀の記載」, 『滿鮮地理歷史研究報告』 8, 1921.

平野邦雄, 「繼體 欽明紀の對外關係記事」, 『古代東アジア史論集』 下巻, 吉川弘文館, 1978.

坂元義種, 「三國史記百濟本紀の史料批判」, 『韓』 38, 1975.

찾 아 보 기

ABSTRACT

A study of the Fourth Century Baekje History

Jong – Won, Kang

In the third century, before and after the King Koi dynasty, Baekje not only organized the independent Pu into the central goverment but also enlarged its power to Kunhyon in China. The scheme had failed in this cours, therefore succession to the throne transferred from the Goi – line(古爾系) to the Chogo – line(肖古系) as a result of the minimization of royalties. But in the fourth century Baekje concentrated on the improvement of a domestic system and at the same time realized the centralistic aristocracy through the foreign expantion.

1. First of all, this is the process of succession to the throne in the fourth century. The King Biryu, who acceded to the throne for the first time, might be a collateral line of the King Chogo not the direct line, even though he advocated chogo line. It was made possible to succeed to the throne of the direct Chogo line by the King Gunchogo. And the unitary historical development of Baekje based on the this fact.

2. Secondly, this is the shape of political powers in the fourth century.

There were central political powers represented as 'shinmin(臣民)' in the eary fourth century, a king himself and the Jins, that is the royal family, and bureaucratic powers who became aristocrat by taking a government post in the late fourth century. Gunhyon powers in China were also taken into central government service and one of the representative persons was Gohung(高興).

Local political powers of the early fourth century can be validated through archeological relics. Bibliographical references show the possibility that the east Pu included the Huls(屹氏) and the Gons(昆氏), while the west and south Pu could not possess the independent political power because they were absorbed into the central management.

3. Thirdly, this is the operation of political situation under the reign of the King Biryu and the King Gunchogo. During the reign of the King Biryu, the operation of political situation can be divided into the former period when royalty was stablized and strengthened and the latter period when the King Biryu's political career declined because of the Jin's reappearance. The late fourth century can be divided into the period of foreign expansion in the reign of the King Gunchogo and the King Gungusu and the decline after that time.

4. Fourthly, this is the process of the establishment of a centralistic ruling system from the central and the local aspect respectively. It is in the reign of the King Gunchogo that a government organization(官制), an official rank system(官等制), and the color and style of the official dress(服色) were specialized and revised. Moreover, the establishment of a statutory ruling system and the compilation of the National History(書記) make it clear that the history of Baekje progressed uniquely.

A local ruling system of the fourth century in Baekje was Pu‑Castle system(部城制). Pu had a strong property of local division and Castle was the practical center of local control. From the central government the direct officials were dispatched. The proper time for dispatch had a close relationship with the movement of the people. And the regular dispatch of the district officials came to realize in the reign of the King Gunchogo.

5. I focused on the process of the foreign expansion policy of Baekje in the fourth century. In the late fourth century Baekje attempted to expand the political influence on Gaya area and carry out the obedience policy towards south Mahan on the foundation of the domestic stability in the early fourth century. The expansion policy of Baekje was conducted effectively and this seemed to cause Goguryo to invade Baekje in the twenty fourth year of the King Gunchogo. But the King Gunchogo not only did a effective

defense against the attack from Goguryo but also held the control over Daebang highland through an attack on the west reign of Sugok Castle(水谷城). Baekje had won a war against Goguryo until the reign of the King Kungusu. On the basis of this power, Baekje had established diplomatic ties with China and Japan which made Baekje have high place. Though Baekje was in international difficulties for the southward expansion of Goguryo from the close of fourth century, active foreign expansion policy contributed to established the centralistic aristocracy in fact as well as in name.

강종원

충남대학교 사학과(문학사)
동 대학원 사학과(문학석사, 문학박사)
공주교육대학교 박물관 조교
충남대학교 고고학과 조교
충남대, 공주교대, 한남대, 한밭대 출강
(현) 충남발전연구원 연구위원
       한밭대학교 출강

주요논문으로는

신라 왕경의 형성과정
백제 근초고왕의 왕위계승
백제 한성시대 정치세력의 존재양태
4세기 백제 정치사 연구(박사학위논문)
백제 비류왕의 즉위와 정국운영
백제 좌장의 정치적 성격
공주 장선리 토실유적에 대한 시론(공저) 등 다수가 있다.

4世紀 百濟史硏究

초판인쇄 | 2002년 11월 20일
초판발행 | 2002년 11월 25일
발행인 | 김선경
지은이 | 강종원

발행처 | 도서출판 서경문화사
       서울 종로구 동숭동 199 - 15(105호)
전화 | 743 - 8203, 8205
팩스 | 743 - 8210
등록년월일 | 1994년 3월 8일
제 1 - 1664호

ISBN | 89 - 86931 - 52 - 4   93900
정가 | 15,000원